韬奋出版思想研究

黄勇 著

文汇出版社

前　言

光　明　处

走近韬奋，走进生活书店，已经有很长的时光。到过哪些地方，见过哪些专家，看过哪些资料，想过哪些问题，有的清晰，有的模糊，有的消逝了，但有些人有些书有些话，一直在看，时看时新。

俞晓群向陈原请教："研究现代出版有什么路径可循？"陈原说："抓住两条主线，一个是人，一个是书，思路就会变得清晰。"陈原先生说的人指的是出版家，也就是沈昌文先生说的"有思想的出版家"。

端木蕻良 1935 年从北平来到上海，在"一座狭隘的小楼"里，和韬奋握了手："韬奋先生，中等身材，戴着一副黑边眼镜，穿着十分简朴，走路很敏捷，握手亲切有力，讲起话来娓娓动听，态度极其诚恳。当时，他开创的出版事业，已经在海内外起了极大的影响，他的功绩已经为我国新闻出版事业开辟了新的道路。"

傅国涌以为历史的尘埃终究掩盖不了前辈的声音和足迹，在这本"有个人风格的新闻史"——《追寻失去的传统》中，他说起了邹韬奋的道路："邹韬奋（1895—1944）主编的《生活周刊》创造了中国期刊史上的奇迹，成为广大读者热爱的刊物，在民族抗战的风云中，这个有热血、有理想、献身新闻自由事业的知识分子在与国民党的不断抗争中，最终走向了左边，这不是韬奋一开始就有的选择，而是一步步走过来的，因此他在20世纪前半叶所走过的道路富有典型意义。"

周有光不仅在三联书店出过书，而且与生活书店的创始人邹韬奋有着同学友谊，他说："书店的价值，不在它规模的大小，而在它所出版的书在历史上发生过什么影响，是促进社会发展，还是促退社会发展。三联的三家书店，生活书店、读书生活出版社和新知书店，在抗日战争之前的三十年代，都对中国文化界的启蒙运动发挥了积极作用。"

胡乔木说到1933年入党的胡愈之："协助韬奋起草了生活书店章程，并在1933年进一步协助韬奋把生活书店改组成一个生产合作社，规定了成套的经营管理原则，使生活书店的组织形式更适合于进步文化出版事业的需要。生活书店在国民党统治区内出版了大量的革命和进步书刊，为在我国传播马克思主义理论，宣传党的抗日民族统一战线的主张，起了十分重要的作用。"

李频在综述"60年的韬奋研究"后说："韬奋是一个鲜活的存在。过去的研究更多地探究、描绘了他文化的侧面，其实作为出版思想家的侧面更值得关注。但要有宏阔的文化视野和深邃的历史眼光才能有所洞察，突破目前某些表面化、平面化的研究。应该在中国现代出版史、中国现代出版思想史的背景下梳理韬奋研究中的一些难点和重点，组织人员重点攻关。"他的文章发表的时间是2004年。

我将目光定格在"杰出的出版家""出版事业的模范""生活书店""开辟了新的道路"，于是就有了这个自定的课题——《韬奋出版思想研究》。年代：1895年到1945年，从中国战败到中国战胜；时间：1932年至1944年，韬奋的十二年出版生涯。冬去春来，一本书接一本书地读，一章接一章地写，一遍又一遍地改，终成这本小书。

出版家是有前辈的。我选择了1895—1926这一时期对韬奋有影响的先行者：报人梁启超、出版家张元济、主编胡适、创办人黄炎培。他们是思想家、教育家，也是出版家，影响着当时社会，也影响着韬奋。

出版家是有风范的。韬奋从福州到上海，从南洋公学到圣约翰大学，从纺纱交易所到中华职业教育社，从主编《生活》周刊到创办生活书店，一路走来，"且做且学，且学且做"，终成"杰出的出版家"，有著作、有精神、有影响、有风范。

出版家是有理想的。韬奋的理想从做一个新闻记者到独立办报、办刊、办书店，再到建立一个独立自由富强繁荣的新中国，职业理想、出版理想、政治理想融为一体。他是为理想而奋斗终生的。

出版家是有出版物的。生活书店作为新型出版机构，实行"经营集体化、管理民主化、盈利归全体"。韬奋不是一个人在奋斗，而是有一个坚强的团队。这一团队在邹韬奋的引领下发展壮大，以抗战建国为主题，出版了一大批进步书刊。

出版家是有风格的。生活书店是一个新型的出版机构，它有着进步的作者，它有着精干的团体，它有着受市场欢迎的出版物，在内容、装帧、运营等方面形成了具有规模化、进步性和战斗力的出版风格。

出版家是有主张的。出什么书、不出什么书，在不同的书店、书局有不同的要求。在韬奋看来，生活书店出版的书籍应具有进步性和革命性。在事业性与商业性、作者与读者、内容与形式等方面，韬奋有着自己的立场和主张：永远立于大众，竭诚为读者服务。

出版家是有传承的。韬奋不是一个人在做书店，而是一群人在做书店：胡愈之、徐伯昕、李公朴、艾思奇、黄洛峰、钱俊瑞、徐雪寒、华应申……饱含韬奋出版理想和理念的"生活传统""生活精神"，流淌到1948年10月26日成立的生活·读书·新知三联书店。韬奋的思想穿越时空，在出版界闪烁。

在战火纷飞的岁月，韬奋不得不一次又一次颠沛流亡。"人生流离，书是故乡。"在韬奋写的书里、出的书里，充满着温暖和光明。

研究韬奋，读懂了出版、出版家：

出版就是给人以温暖、希望和光明。

出版家就是引领人走向温暖光明处。

黄 勇

2019年4月

作者说明

在写作本书的过程中,有一些情况和问题,以及采用的解决办法,特作以下说明。

(一)邹韬奋原名恩润,字恩深,号荫书。韬奋是他的一个笔名,他说:"韬是韬光养晦的韬,奋是奋斗的奋。"我在书中称他为"韬奋"。

(二)我在阅读、选文时,采用的是上海人民出版社1995年版《韬奋全集》(14卷),也时常选用《经历》《韬奋文录》《韬奋》《事业管理与职业修养》等单行本。引文时尊重原文,不作改动。

(三)我在计算韬奋年龄、叙述韬奋经历时,采用的是上海交大出版社2015年版《韬奋年谱长编》。

(四)我在了解生活书店的人、书、事时,采用的是学林出版社1983年版《韬奋与出版》、2007年版《〈店务通讯〉排印本》,三联书店1995年版《三联书店图书总目:1932—1994》、2013年版《生活书店史稿》、2004年版《三联书店文献史料集》。

(五)我在了解1944年以后人们对韬奋的回忆、评述时,采用的是《忆韬奋》《爱书的前辈》《我与三联》《三联书店革命出版五十周年纪念集》《书韵流长》等。看了茅盾《我走过的道路》,查阅了三四十年代韬奋的同行者的文集、回忆录、日记,这些图书里存有一个"真实的韬奋"。

(六)我在目前难以以合适的话语概述韬奋的思想和主张时,多采取引用原文的办法,以免失真失当。

(七)我在查阅、收集、采用韬奋研究已有的公开出版物时,念想着那些未披露和未公开出版的资料档案。推动韬奋研究走向深入,还需要它们的尽早面世。

目　录

前言　光明处　　1

作者说明　　1

第一章　韬奋的先行者　　1
　一、报人梁启超　　3
　二、出版家张元济　　17
　三、主编胡适　　32
　四、创办人黄炎培　　48

第二章　韬奋的出版之路　　61
　一、出版家和出版　　63
　二、出版家的铸就　　69
　三、出版家的精神　　87

第三章　韬奋的出版理想　　95
　一、职业理想　　97
　二、出版理想　　104

三、社会理想　　115

第四章　韬奋的出版实践　　129
　　一、生活书店的新型特性　　131
　　二、生活书店的中坚力量　　142
　　三、生活书店的作者队伍　　162

第五章　韬奋的出版风格　　171
　　一、题材风格　　173
　　二、装帧风格　　197
　　三、运营风格　　201

第六章　韬奋的出版主张　　211
　　一、事业性与商业性　　213
　　二、作者与读者　　222
　　三、内容与形式　　234

第七章　韬奋的同行者　　245
　　一、出版商汪孟邹　　247
　　二、读书人李公朴　　263
　　三、革命家徐雪寒　　277
　　四、总经理徐伯昕　　286

参考文献　　297

后记　怕不怕　　301

第一章

韬奋的先行者

生活书店
1932 年 7 月 1 日成立于上海。

20世纪初年,言论较为自由,办报办刊之风盛行。在新型知识分子群体中出现了一批集报刊主笔、编辑和出版家于一身的报人。他们用手中的笔针砭时弊,启迪民众。"他们"这一群人首推梁启超。

一、报人梁启超

> 1895年。
> 这一年,李鸿章72岁,康有为37岁,梁启超22岁。
> 这一年,11月5日,韬奋出生于福州永安县。

胡适在1923年写给高一涵、陶孟和的信中说:"二十五年来,只有三个杂志可代表三个新时代,可以说是创造了三个时代。一是《时务报》,一是《新民丛报》,一是《新青年》。而《民报》与《甲寅》还算不上。"[①] 从《时务报》在上海横空出世到《新民丛报》在日本停刊,中国人牢牢地记住了一个人的名字——梁启超。

从"岛民"到"维新变法人士"

1873年2月23日,梁启超出生于广东省新会县熊子乡茶坑

---

① 《胡适往来书信选》,中华书局1976年版。

村。字卓如，号任公，别号沧江，又号饮冰室主人，有三十多个笔名。

新会县位于广州城西南面，熊子乡居于新会县南端。梁启超在《三十自述》中描述："乡名熊子，距崖山七里强，当西江入南海交汇之冲。其江口列岛七，而熊子宅其中央。余实中国极南之一岛民也。"①

梁启超四五岁开蒙就读，"八岁学为文，九岁能缀千言，十二岁应试学院"，中了秀才。11周岁中秀才，这是明清两代乃至有史以来通过严格考试而考出的最年少的秀才，轰动了省城、县城，成为当时一件大新闻。

梁启超少年登第，这对梁家确是件了不起的大事。第二年（1885），梁家送梁启超进广州学海堂读书，这是"省城专治经学之所"，梁启超所走的依然是传统读书人的传统道路。到1889年，梁启超第一次遇到贵人相助，人生的路径发生了重大转折。

1889年，梁启超在广州参加乡试中举，名列第八。主考官李端棻非常欣赏他的才华、见识和胆略，以堂妹李惠仙相许，由副主考官王可庄做媒。李端棻是内阁学士，是一位思想开明的维新派人士。梁启超结识李端棻，中举、订婚，可谓一举多得，为他日后的发展提供了难得的机遇。

1890年春，梁启超由李端棻资助旅费，第一次赴京参加会试，落第不中。路过上海时，从书店购得《瀛寰志略》，读之始知世界有五大洲各国；又看了上海制造局翻译的一些西书。这些书籍，开阔了梁启超的视野，从此他对欧美政治、文化等产生了浓厚的兴趣。这一年秋天，梁启超通过陈千秋认识了康

---

① 崔志海编：《梁启超自述》，河南人民出版社2004年版，第1页。

有为。梁启超第一次拜见康有为，一谈之下，康有为如"大海潮音，作狮子吼"，使梁启超似"冷水浇背，当头一棒"！与康有为结识，是梁启超人生发展的又一个重要转折。从此以后，他退出学海堂，抛弃经学，投入康门。"万木草堂"的求学经历，对梁启超一生的影响至关重大，他说："一生学问之得力，皆在此年。"

1895年3月，梁启超和康有为入京参加会试。这是梁启超第四次来京，正值清政府与日本签订丧权辱国的《马关条约》。消息传出，群情激愤。梁启超受康有为之命，鼓动各省上折拒和议。5月2日，康有为、梁启超发动了著名的"公车上书"，邀集一千余名举人联名上书朝廷，要求拒和、迁都、实行变法，从而揭开了维新运动的序幕，梁启超与康有为一道，迅速成为维新变法的领袖人物。

参与办报到独自办报

"公车上书"把中国知识分子动员起来，成为知识分子队伍集结的起点。"公车上书"指出，"中国大病，首在壅塞"，应该"开报馆"，"通时务"，开官智，开民智。"公车上书"之后，梁启超根据康有为办报馆、开学会的构想，积极进行筹备。于是，在设学堂之前，先行办报制造舆论，成为康梁新事业的先导。从此以后，梁启超就把办报作为自己终身事业的首选。

第一次办报

梁启超第一次参与办报是办《万国公报》，这是康有为于1895年8月17日在北京创办的。它是维新派的第一份报刊，双日刊，每期一册有编号，无出版年月，每册连封面共10页约

4 500 字，随宫门钞免费赠阅。这就是梁启超所说的"沿门丐阅时代"。

《万国公报》有两部分内容：一是转录广学会及其他报刊文章，二是由梁启超、麦孟华撰写百余字短文。梁启超"日日执笔为一数百字之短文"，介绍西方各国商务、矿务、铁路、农学、兵学等，首重宣传"富国""养民""教民"之法。

《万国公报》初发行时 1 000 份，后来增至 3 000 份，影响力逐渐扩展。12 月 16 日，《万国公报》改名《中外纪闻》，成为强学会的机关报，仍为双日刊，每册 10 页，每月向订户收取报费银三钱。报纸继续宣传中外近事，鼓吹改革，并向朝廷提出变法建议。

梁启超是强学会的专职书记员，又是《中外纪闻》主编、主笔，他在办报过程中展示了才华，也得到了锻炼。正因为强学会及《中外纪闻》的影响巨大，受到顽固派的多方攻击，1896 年 1 月 20 日，《中外纪闻》被迫停刊。

主笔《时务报》

梁启超真正投身报业始于《时务报》。

1896 年 8 月到 1898 年 9 月，是维新派报刊最兴旺的时期，创办的报刊中至少有三十多种公开打出"变法维新"的旗号，影响最大的是《时务报》。1896 年 1 月，《中外纪闻》《强学报》被迫停刊，梁启超离京至沪，8 月 9 日在上海与黄遵宪、汪康年创办了《时务报》，旬刊，石印，每册约 3 万字，每期 20 多页，检阅和存放极为方便。

《时务报》的宗旨：一是开民智，二是求自强。设有"论说""谕折""京外近事""域外报译"等栏目，"中外时事介绍""域外报译"占一半的篇幅。《时务报》共出69期,在前期,每期都有梁启超的妙文,有时有两三篇。梁启超在《时务报》上共发表文章60多篇,他确是名副其实的主笔。

这时的梁启超二十三四岁,精力过人,才华初露,新思想如火山爆发。他在《创办时务报原委记》中充满激情地说:"每期报中论说四千余言,归其撰述;东西文各报一万余言,归其润色;一切奏牍告白等项,归其编排;全本报章,归其复校;十日一册,每册三万字,经启超自撰及删改者几万字,其余亦字字经目经心。六月酷暑,洋蜡皆变流质,独居一楼上,挥汗执笔,日不遑食,夜不遑息,记当时一人所任之事自去年以来,分七八人始乃任之。"

梁启超的《变法通议》《论中国积弱由于防弊》等一系列文章,系统阐述维新变法理论,均有为当时社会闻所未闻的精彩论断和哀号疾呼,如狂飙,如雷鸣,振聋发聩。"一时风靡海内外,数月之内,销行至万余份,为中国有报以来所未有,举目趋之,如饮狂泉"。[1]《时务报》因梁启超而风靡全国,成为和天津《国闻报》并驾齐驱的在戊戌变法时期影响最大的报刊;梁启超亦因办《时务报》而风行全国,名重一时,"自通邑大都,下至僻壤穷陬,无不知有新会梁氏者"。[2]

梁启超在主编《时务报》期间,参与策划并积极支持《知新报》《农学会报》《蒙学报》《演义报》《萃报》的创办活动,为它们撰写序言、文章。梁启超擅长用浅显流畅的文字来阐述重大的时事问题和深刻的道理,文章常有激情,有很强的鼓动性。他

---

[1] 《饮冰室合集·文集》第6卷,第52页。
[2] 胡思敏:《戊戌履霜录》,《戊戌变法》第四册,第47页。

对封建专制制度的大胆抨击和对西方资本主义制度的大力宣扬，在知识分子中具有很大的感染力。严复称梁启超："任公文笔，原自畅遂。其自甲午以后，于报章文字，成绩为多，一纸风行海内，观听为之一耸。"① 毛泽东评说梁启超："他最辉煌的时期是办《时务报》和《清议报》的几年。那时他同康有为力主变法。他写的《变法通议》在《时务报》上连载，立论锋利，条理分明，感情奔放，痛快淋漓。加上他的文章一反骈体、桐城、八股之弊，清新平易，传诵一时。他是当时最有号召力的政论家。"②

1897年夏，经理汪康年与主笔梁启超分歧、冲突更为激剧，梁启超感到无法再待下去了。11月受黄遵宪、谭嗣同相邀，梁启超就任时务学堂总教习，结束《时务报》主笔之职。《时务报》自第55期起再无梁文。

主编《清议报》

1898年9月，"百日维新"失败，梁启超流亡日本。在兴中会的合作资助下，12月23日在横滨创办《清议报》。经理兼编辑署名日本人冯镜如，实际由梁启超任主编，旬刊，每期40页。以"主持清议，开发民智"为宗旨，"为国民之耳目，作维新之喉舌"。开辟"万国近事""外论汇译""时论译录""地球大事记"等栏目，介绍西方近代各种学说、时政。

《清议报》创刊后，连续刊载《戊戌政变记》《论变法必自平满汉之界始》《戊戌六君子传》《独立论》《爱国论》《瓜分危言》《自由书》《猛省录》《亡羊录》《国民十大无所论》《少年中国说》等大量文章，一如既往地系统介绍西方政治理论及时事

---

① 《致熊纯如书》，《学衡》第12期。
② 中共中央文献研究室：《治国与读史》，中央文献出版社2008年1月版。

新闻，猛攻慈禧太后的专制。梁启超后来说："在横滨开一《清议报》，明目张胆，以攻击政府，彼时最强烈矣。"

梁启超首次提出"国民"概念，开创了短评、时评等体裁，至今流行的"记者""党报""机关报"等新闻专用名词，都是他在《清议报》最先创用的。

《清议报》行销国内及海外，由是，梁启超的声名再度大振，不论在康门弟子中还是在社会上，梁启超的声望都与日俱增。

《清议报》自1899年8月26日第25册开始，即连载梁启超的《饮冰室自由书》。自他被迫去檀香山后，麦孟华秉承康有为的旨意接办《清议报》，凡"革命""自由""独立""自主"等名词，一律禁止刊登。事隔一年后，梁启超重掌《清议报》，于1901年10月复刊《饮冰室自由书》。《饮冰室自由书》有80余篇重要文章，如《自由祖国之祖》《国权与民权》《忧国与爱国》《灭国新法》，文章都以精锐之笔，说微妙之理，促使中国人自立、自信、自强，达到自由民主与富国强兵的目的。

1901年12月21日，《清议报》出版第一百册，梁启超在报馆召开隆重的纪念及庆功大会，概括《清议报》有四大优点：倡民权、衍哲理、明朝局、励国耻，提出要向"国报"及"世界报"水平迈进。不料，第二天被人放了一把火，将报馆烧毁，出版了整三年的《清议报》因而停刊。

总负责广智书局

1898年戊戌维新失败，"六君子"被屠杀，康有为和梁启超被清政府通令灭族缉杀，两人只得逃离中国，流亡异域，走上四海为家的生涯。他们主要辗转活动在东南亚及港澳等地，以待日后东山再起。1898年底，维新派康、梁以"保皇会"名义，用股份制方式，向港澳华人、北美和大洋洲华侨出售股票，集资后在上海创办了"广智书局"。广智书局创办于1902年，书局的地点设在上海棋盘街中市。

虽然广智书局托名商人冯镜如在沪开办，但其幕后是由流亡横滨的梁启超遥控指挥，属于保皇会下属的实业机构，因此从成立伊始，该书局便带有秘密政治组织的性质。广智书局翻译出版了大量介绍西方新学术、新思想的著作，是晚清西学东渐大军的领跑者。20世纪初年的上海出版业，除了商务印书馆外，广智书局是较有影响的出版机构。当年，《国民日报》《中国白话报》等报刊上不断刊出"文明绍介"栏目，所介绍的图书大多由开明书店、商务印书馆、广智书局等出版机构出版。

梁启超本人以提供文稿作为"技术股"，占有三分之一的股份。书局由梁启超总负责，在海外遥控运作。在上海则由冯镜如任经理，由他和何澄一负责管理日常事务性工作。译员有梁启超、梁启勋兄弟，还有许多维新派人士，其中不少人是康有为的弟子。

从现存的史料来看，广智书局在成立之时曾经制定了宏大的出版计划。在《清议报》第一百册里，梁启超进行了广告宣传，并列出了书单，包括"已译待印书目""编译中学教科书""广智书局小丛书"等。广智书局出版的图书涉及政治、经济、历史、地理、哲学、法律、医学、社会、军事、教育等门类，同时还出版了历史、地理、物理、化学、数学、德育、体育等学科的教科书。初步统计，广智书局出版图书达400余种，平均每年出书近30种。在书局最初成立的1902年、1903年，两年共出版图书160余种，占广智书局出版物总数的41%。自1904年至1909年的6年时间中，广智书局出版图书185种，占出版图书总数的

45%。1910年至1915年，广智书局出版图书数量仅占总出版物的12%左右。

广智书局出版的图书具有以下特点：

第一，重视政治类、史地类图书的译介，重视实学图书出版。广智书局政治类图书占总图书种类的六分之一强，史地类图书占总图书种类的三分之一多。这种译书主张与《西学书目表》《大同译书局叙例》所言具有一致性，"以政学为先，而次以艺学"，"洗空言之诮，增实学之用，助有司之不逮，救燃眉之急难"。广智书局认为凡有用之书，皆随时刊布。

第二，译介图书"以东文为主，辅以西文"。在广智书局的所有出版物中，译自外国图书194种，占总出版物数量的一半左右。而在译介的外国著作中，译自日本学者的作品又占据了多数，其中包括《英国宪法史》《埃及近代史》《俄罗斯史》《世界近代史》《希腊独立史》《俄蚕食亚洲史略》《东亚将来大势论》和《近世社会主义》等。仅有极少数作品译自或者转译自美、英、法等国学者的著作。这与当时在华的外国出版机构译介的图书有极大差异。

第三，出版的中国学者著作中以康、梁作品为主，译介作品的承担者多为中国留日学生。初步统计，广智书局共出版梁启超自著图书26种，翻译著作6种；出版康有为著作11种，主编期刊1种。担任外文图书翻译的译者主要有赵必振、麦孟华、麦仲华、麦鼎华、梁启超、周逵、罗伯雅、陈鹏、罗普等人。赵必振翻译了17种日文图书，成为广智书局译介出版物的主力军。

第四，出版图书种类繁多，图书出版没有系统规划。从统计出的广智书局书目可知，书局翻译的图书包罗万象，涉及当下学科分类中的所有学科。出版图书繁杂，导致出版物没有系统性。

这在一定程度上源于广智书局对利润的追求。社会需要什么样的书籍，就出版什么图书。从《东坡尺牍》《明儒学案》《求阙斋日记类钞》到《十九世纪大势变迁通论》，从《亚西利亚巴比伦史》到《欧洲十九世纪史》，从《地球与彗星之冲突》到《义和团战争图》，从各学科教科书到新版小说，可谓应有尽有。广智书局还校印前人诗文、尺牍、日记、类钞、碑帖等作品，出版此类图书共计46种。

书局在最初成立的几年中，在上海书场颇有影响。但是，书局将盈利作为一个重要目标，使其逐渐丧失了特色与地位。广智书局最初看好科场考试的图书需求，译介之书成为科场士子的宠儿。广智书局的历史、地理、政治类图书经常出现"赶印不及"的现象，一些书年内再版并不稀奇。清政府废除科举考试之后，学堂大兴，教科书又成为广智书局的出版对象。然而，广智书局没有能够成为学部审定的教科书出版机构，所出版图书积压甚多。

初创时期，经营尚可。1902年版的《饮冰室文集》，何擎一编，辑录了1896—1902年初的著作，计60万字。梁启超写了序言和小传即《三十自述》。1910年广智书局重印此集时，增订补编四卷，19万字。1905年版《分类精校饮冰室文集》，搜集了梁启超1895年至1905年夏所作之文，计约200万字，比较完全地辑集了梁启超的早期著作，备受读者喜爱。仅1902—1903年，梁启超从中分得的红利就有上万银圆。后惨淡经营，1925年停业，出盘给广益、世界两书局。

创办《新民丛报》

1902年2月8日，《清议报》停刊不到一个半月，梁启超借款在横滨创办了《新民丛报》。这是一份综合性半月刊，专栏多达 25 个，从政治经济、历史地理到宗教学术、小说文苑，无所不包，东西南北、古今中外，无所不谈。内容之丰富、言论之深刻、编辑之认真、印刷之精美都是"中国报界前此所未有"。

梁启超以"饮冰子"之笔名继续发表《饮冰室自由书》，自此梁启超自号"饮冰室主人"，以"饮冰者"自励。梁启超用"饮冰子"为笔名，以"饮冰室"为书屋名，随时告诫自己，救民救国之重任在肩，内心焦灼不安，应该刻不容缓、龙腾虎跃地进行战斗。

《新民丛报》中最有代表性的系列文章是《新民说》，共 20 节。与以前不同的是，梁启超迫于形势，不得不放弃"保皇"口号，而代之以"新民"之说，他指出"中国所以不振，由于国民公德缺乏，智慧不开"，因此，"欲维新吾国，当先维新吾民"。中国的"新民"既要具备国家思想和权利、自由等思想，还要具有公德、自尊、合群、自治、尚武、进取、冒险、进步、毅力等品格和政治能力，提高文化素质，增强智力，由此奠定"新国"的基础，求得政治进步及国家独立，建立一个商务繁荣、工业发达、政治自由的民主立宪国家。

郭湛波在《近三十年中国思想史》里设立专章分析梁启超的思想，认为其新民说的主旨是要建设新道德——公德，"公德之标准，在利群，要有国家思想、权利思想；人民要自由、自治；要有进取冒险的精神，中国数千年不进步之原因，在一切障碍未铲除，所以要破坏。并且人民要有自尊心、合群的思想及毅力。"他指出，梁启超的这种思想，"实代表西洋资本社会的思想，与数千年宗法封建思想一大的洗刷"。[①]

[①] 郭湛波：《近三十年中国思想史》，北京人文书店 1936 年版。

1903年10月,梁启超在东京创办《新小说》月刊,刊载历史小说、政治小说、科学小说、传奇小说等,如《新中国未来记》《世界末日记》《二十年目睹之怪现象》《痛苦》《九命奇冤》等,宣传革命、反封建制度,大部分用白话文写成,成为中国近代新体小说的开创者。《新小说》随《新民丛报》发行,共发行两卷24期,深受读者欢迎。

《新民丛报》之文章条理清晰,言论崭新,"笔锋常带情感",为国民之警钟。黄遵宪评说:"《清议报》胜《时务报》远矣,今之《新民丛报》又胜《清议报》百倍矣。惊心动魄,一字千金,人人笔下所无,却为人人意中所有,虽铁石人亦应感动,从古至今文字之力之大,无过于此者矣。"①

《新民丛报》出版后一时供不应求,人们争相购阅。该刊发行最多时达14 000多份,各地私人翻印不计其数;代销点仅国内就有97处,遍布49个市县,西南、西北、东北等边远地区都有人在传阅《新民丛报》。

他独创的"新民文体"和他的文章,无论在当时还是在他身后都产生巨大的影响。《少年中国说》《新民说》那一泻千里、汪洋恣肆的文字,不知激荡着多少中国少年奋发图强。梁漱溟说:"当任公先生全盛时代,广大社会俱感受他的启发,接受他的领导。其势力之普遍,为其前后同时任何人物——如康有为、严几道、章太炎、章行严、陈独秀、胡适之等等——所赶不及。我们简直没有看见过一个人可以发生象他那样广泛而有力的影响。"②

《新民丛报》历时五年半,1907年8月停刊。这是梁启超一

---

① 于文江、赵丰田:《梁启超年谱长编》,上海人民出版社2009年版,第274页。
② 《忆往谈旧录》,中国文史出版社1987年版,第74—75页。

生中创办时间最长、影响最大、最成功的一个刊物。其后虽有《国风报》《庸言报》《大中华》月刊，但不足道也。1919年9月创刊的《解放与改造》杂志，目的是"想从学术思想上谋根本之改造，以为将来新中国的基础"。1920年梁启超从欧洲回国后，参与主编，改名《改造》，他执笔写了发刊词，发表过15篇论文，直到1922年9月停刊。在此之后，梁启超再也没有办过报刊。

曹聚仁在《中国学术思想史随笔》中评说："报章上文字，和一般读者发生关涉，总以平易畅达为上，试问我们这一代的人有谁不曾受梁启超的影响呢！""过去半个世纪的知识分子，都受了他的影响。"[①]

"我们这一代的人""过去半个世纪的知识分子"，包括张元济、胡适、黄炎培，当然也包括年少的韬奋。

少年韬奋"看入了迷"

1910年，16岁的韬奋考取了福州工业学校，从传统私塾跨入新式学堂。这是韬奋一生中的一次重要转折。两年里，他苦学英语，常阅读梁启超的文章，由此视野大为开阔，接触了许多新知识，产生了许多新的想法，他的作文有了自己独特的见解。

1912年，18岁的韬奋考取南洋公学，从小学到大学，在南洋公学一待就是七年。据韬奋在《经历》中回忆："他的书橱里有着全份的《新民丛报》，我几本几本的借出来看，简直看入了迷。"[②]

---

① 《中国学术思想史随笔》，三联书店1986年版，第351页。
② 《韬奋》，三联书店2004年版，第112页。

梁启超的影响不只局限在文字阅读和写作技巧方面，更重要的是入脑入心。梁启超发表在《时务报》和《新民丛报》上的那些饱含爱国主义激情和对新国、新民、新思想酣畅淋漓的阐说，也让韬奋激荡和敬佩，难怪韬奋说阅读《新民丛报》，"增强了我要做个新闻记者的动机，那影响却是很有永久性的"。

《新民丛报》的文章让韬奋"不能释卷"，聆听梁启超的演讲更让韬奋澎湃。1916年12月15日，43岁的梁启超在南洋公学发表演讲，主题就是青年学子如何才能实现自身的价值。梁启超的演讲，寓实业救国和社会批判于一体，并与新型知识分子的社会使命和人生价值的实现巧妙地联系起来，让人耳目一新而备受鼓舞。22岁的韬奋在该记录的后记中感叹道："当吾听先生演讲时，吾目无他视，耳无他闻，惟先生是视，惟先生是闻。非吾不能专心，殆先生言论之诚恳有以吸之。既已散会，吾意无他注，惟先生之言论是注；吾心无他思，惟先生之言论是思。以为全国学者，当奉为座右之铭，冀以自淑而淑吾国，则吾国前途，庶其有豸。"① 自此以后，通过专业训练自立自强，不随波逐流，不依附权势，以敬业爱业的近代职业精神"自淑而淑吾国"，成为韬奋为人处世、办报办刊办书店的"座右之铭"。

1929年1月19日，56岁的梁启超在北平逝世，35岁的韬奋在《生活》周刊上发表悼念文章，已无初听演讲时的澎湃，多了冷静与理性："我国学术界失了一位导师，这是一件很可悼惜与同情的事情。"

他认为："就现今的政治立场上言，梁已是过时的人物，过时的人物于环境及时势之倏变，没有不感苦痛的。但政见异同是

---

① 《韬奋全集》第1卷，第114页。

一事，而他爱护祖国之切，与三十年来在思想界予国人以发聩振聋之功，又另为一事。"

他进一步说："我们以为做事的时候，要使做事与为学兼程并进；我们一方面做事，同时要设法增加自己的新知识，然后两方面始有进步，像梁先生，他就自少至老，好学不倦。他一方面尽管讲学办报，而一方面却无时不在那里努力学问，增富新知。"

他在回顾梁启超反袁这段经历后总结性地指出："一人的价值视其为群服务的精神，梁先生这样的不避艰苦为国尽力的精神，我们觉得很有给人想念的价值。"①

二、出版家张元济

> 1903年。
> 这一年，蔡元培35岁，梁启超30岁，张元济36岁。
> 这一年，韬奋9岁。

1936年6月，蔡元培、胡适、王云五联名向学术界发出征文启事："张先生是富于新思想的旧学家，也是能实践新道德的老绅士，他兼有学者和事业家的特长。他早年就敝屣虚荣，致力文化业，服劳工所不能服的劳，不计成败，不顾毁誉。三十余年如一日，所以能把一个小印刷店提到全国第一个出版社的地位。"

"小印刷店"指的是商务印书馆；"张先生"就是后来被称为

---

① 《韬奋全集》第2卷，第554页。

"中国出版第一人"的出版家、思想家、教育家、文献学家张元济。

从六品章京到译书院院长

1867年10月25日，张元济生于广州，字筱斋，号菊生。

1880年，14岁的张元济随母亲举家返回原籍海盐。1889年23岁赴乡试中举；1892年26岁赴京会试中贡士，获同进士出身，被授翰林院庶吉士，同科中有蔡元培、叶德辉、唐文治等。一路走来，依旧走的是传统士大夫的路径，不过此时的社会已在激荡之中。

1894年举行散馆考试，张元济名列第36名，转到刑部任贵州司主事。就在他踏上仕途不久，中日甲午战争爆发了，中国战败并签订了《马关条约》。他在《戊戌政变的回忆》中说："甲午中日战争，结果我们被日本打败，大家从睡梦里醒过来，觉得不能不改革了。"甲午战败，成了张元济一生中的重要转折点。1896年8月，张元济与唐文治、汪大燮等报考总理各国事务衙门，被录取为章京，即处理文书事务的官员。他开始关心时务，探求变革中国的办法，对西学产生了盎然兴趣，努力拓展自己的视野。

他最初参加的活动是"陶然亭聚会"。中日战争爆发以后，一批关心时事的京官时常相约共登陶然亭，发表对时局的看法，筹商挽救之策。张元济在公务之暇，也不时参与其间，但去的次数不多，也不在列名奏折上署名。他认为光谈政治不能解决问题，要维新救亡得另辟蹊径。

1895年冬，张元济、陈昭常等八人组成了一个小规模组织——健社，其宗旨为"约为有用之学，盖以自强不息交相勉，冀稍挽夫苟且畏缩之风"。健社所要致力的"有用之学",就是以英文、算术为两大内容。张元济开始自学英语,几个月学下来,已识得数千单词,他觉得尚未贯通又专门拜师求教。1896年考取总理衙门待递补期间,他抓紧时间学习英语和国际公法,同时办理西学堂事务。初名"西学堂"不再用"健社",因为一来学习的人多了,二来用"社"的名义极易招事。

1897年依严复建议,"西学堂"改名为"通艺学堂",收的学生不但有年轻官员,还有官员的子弟。通艺学堂的办学不同于当时所有学堂之处,是民主办学。学校最高职务为学董,负责教学事宜;堂董负责校务;另有议事员四人,负责监督。学董、堂董、议事员全由学生公推选举,不开支薪水。学生随时可以提出建议,而学董、堂董应及时答复处理办法。1896年6月8日,张元济给汪康年去信说出了心声:"今之自强之道,自以兴学为先。科举不改,转移难望。吾辈不操尺寸,惟有以身先之。逢人说法,能醒悟一人,即能救一人。"[1] 救亡图存、教育维新已在张元济心中扎下了根。翰林侍读学士徐致靖在给皇帝的密折中对张元济的评语是:"刑部主事张元济,现充总理衙门章京,熟于治法,留心学校,办事切实,劳苦不辞;在京创设通艺学堂,集京官大员子弟讲求实学,日见精详。若使之肩任艰大,筹划新政,必能用途愉快,有所裨益。"[2]

通艺学堂的创办是张元济一生中一件非常有影响力的大事,他投入了所有的热情和智慧。但戊戌变法失败,官场上"革职永不叙用",张元济不得不中止了通艺学堂的事务,将它移交京师

---

[1] 《张元济全集》第2卷,商务印书馆2007年版,第169页。
[2] 《国是既定用人既先谨保维新救时之才请特旨破格委任折》,载《康有为全集》第四集。

大学堂,结束 6 年京都的官场日子,举家南下到心仪已久的上海,经李鸿章的推荐面见盛宣怀,进入南洋公学。

南洋公学成立于 1897 年,1899 年已成立外院(小学部)、中院(中学部)、师院(师范)、上院(大学部),译书院虽未成立,但已有很多译书出版。盛宣怀认为张元济懂得英文,熟悉西学,办事认真,是筹备译书院的理想人物。

甲午战争以后,西学东渐进入一个新的阶段,大批译书机构在各地相继出现,如上海译书公会、大同译书局、东亚译书局、浙江特别译书局、新民译书局等,但这些机构并未译出多少有价值的书。南洋公学译书院最初情形也是如此,在日本顾问协助下译了一批日文兵书,但没有什么社会影响。

张元济接办后,做了两件值得称道的事情:一是在为盛宣怀起草的奏折中,建议将各省官书局改为译书局,并列出"东西文政学新理有用之书"目录,分别指定各省限期译印出来。二是与严复合作,出版了严复译著。严复的出名,不在于军事教育而在于翻译,西方资产阶级基本理论著作被介绍进中国,是从严复开始的。严复的重要译著从《原富》开始,都由张元济为之组织出版,支付远远高于当时一般的稿酬(一般译稿约千字 2 元)。严复《原富》15 万字,南洋公学支付买稿费 2 000 元,再给印数 20%的版税。从 1903 年出版《社会通诠》开始,商务印书馆开始按定价的 40%付版税。

张元济把译书看作"鼓动人心""培植人材"的重要手段,现在在译书院可以亲力亲为了。从此,他和出版结下了不解之缘,开始了长达 60 年且有重要建树、有久远影响的出版生涯——以新式出版来普及教育、开启民智。

1897 年,31 岁的张元济在京都创办通艺学堂;1897 年,26

岁的夏瑞芳在上海创办商务印书馆。这本是两条平行线，各走各的路，未曾想到时光的指针走到 1901 年，张元济和夏瑞芳相见，请商务印书馆代印严复译的《原富》。

商务印书馆是 1897 年在上海开张的一家小型印刷厂，7 户人家集资 3 750 元，购买的印刷机是日本的新机器。新的印刷机印刷出品肯定好过便宜的机器。"《昌言报》开始三期印刷完全和《时务报》时代一样，而到第四期突然面目一变，三号铅字成为四号铅字，并且比之过去给人一种鲜明的感觉。因为铅字好了。仔细观察，从这一号目录的这边有'上海商务印书馆代印'字样。"①《时务报》和《昌言报》，张元济每期都读，自然注意到商务印书馆。在译书院时，只出版了严复译的两本书，都是商务印书馆代印的。

在一年多的业务往来中，张元济和夏瑞芳互相了解。张元济对夏瑞芳的勤勉、办事效率和事业雄心有很好的印象；夏瑞芳钦佩张元济的学识和人品，在他心目中，这位学贯中西的翰林公是他设想的编译所的理想的主持人。1901 年，张元济入股商务印书馆。1902 年，商务印书馆分成印刷所、发行所、编译所，张元济推举蔡元培为编译所所长，蔡未到任。1903 年初，南洋公学因经费来源被袁世凯夺走，规模骤减，译书院取消，张元济收拾行装赴商务印书馆担任编译所所长。就这样，北京少了一名六品章京，上海多了一位出版大家。

张元济后来回忆自己当年："昔年元济罢官南旋，羁栖海上，获与粹翁订交，意气相合，遂投身于商务印书馆。"② 1905 年，

---

① 实藤惠秀：《日本文化对中国的影响》，日本映雪书院 1941 年版。
② 《商务印书馆 110 年大事记》，商务印书馆 2007 年版。

张元济因大赦令曾去北京学部、外务部，因厌倦官僚体制和僵死官场习气返身商务印书馆，多次拒绝了各种官职邀任而矢志于出版事业。技术工人出身的实业家和翰林出身的出版家的结合，拉开了商务印书馆在中国近现代文化史上恢宏演出的大幕。

商务印书馆的张元济时代

1903年对张元济来说是一个重要的年份，他正式加入商务印书馆，历任编译所所长、经理、监理、董事长等职，把一生奉献给了商务印书馆，被称为商务的灵魂人物。

1903年对商务印书馆来说更是一个标志性的年份，张元济的加入为商务带来了出版的方向、学养和人脉，也标志着当时知识精英的高层进入出版业。

1903年张元济正式跨入商务印书馆任编译所所长。编译所在机构设置上与印刷所、发行所平行，负责翻译、编纂和出版事务，成为商务出版业务的中心机构。

编译所早期之人才汇聚，一方面源自张元济和夏瑞芳的积极发现，招引人才；另一方面来自商务同仁之间的互相引荐。一是乡梓关系的引荐，如蒋维乔和庄俞的引荐，使国文部形成了一个由常州籍人士组成的"常州帮"，理化部由于杜亚泉的关系形成"绍兴帮"；二是通过师生、同学关系、教友关系相互引荐；三是因商务印书馆的事业追求慕名而来的人才。当时编译所人才可谓兼容并包，达一时之盛。

编译所的成立及相应编译人才的入馆，从根本上改变了商务印书馆的业务构成。它的出版业务迅速发展，很快超越印刷而成为主体业务。1902年的出书量为15种，到1903年迅速增长到51种，从1906年起年出书量超过100种。根据《商务印书馆图书目录

（1897—1949）》，1902—1950 年上半年，商务共出书 15 116 种，28 058 册。①

从 1903 年入馆到 1926 年退休，张元济在商务的一举一动无不着力于普及教育、启迪民智，这包括两条主线：一是新式教科书的编写、各类工具书的编纂、西方名著的编译；一是创办期刊。

新式教科书的编写

张元济进入商务头几年中做的一件大事，就是主持新式教科书的编纂和出版。1902 年到 1903 年，清政府先后颁布"壬寅学制"和"癸卯学制"，对学制系统、教学内容有关的各项章则作出新的规定。张元济敏锐地抓住这一时机，延聘高梦旦、蒋维乔、杜亚泉、庄俞、伍光建等组成一支强有力的编辑人员队伍，经过一年多的编写、校订，《最新国文教科书》第一册在 1904 年 3 月出版，初版 4 000 册在 6 天内销卖一空，一印再印，未及数月，行销 10 万册。这套教科书即《最新国文教科书》分初小、高小、中学，共有 91 种。初小、高小两类在几个月中就印了百万册之多。

1904 年起，商务每年出版数十上百种教科书，到 1911 年已出齐初小、高小至中学各年级的各科课本共 375 种 801 册；从 1904 年到 1911 年底，商务教科书发行量占全国课本份额的 80%。1903 年到 1939 年，商务印书馆共出版 22 套中小学教科书。正是在张元济的精心策划和组织下，商务的教科书一直以高质量、高水准处于国内教科书的领先地位。

张元济极其重视教科书的质量，强调教科书的权威性和普及性，他的严谨和严格让商务教科书有着很强的生命力。蔡元培对

---

① 张静庐辑注：《中国现代出版史料》（乙编），中华书局 1955 年版。

《最新国文教科书》大加赞誉。杜亚泉编的蒙学课本《文学初阶》沿用了半个世纪；傅云森编写的《新学制历史教科书》从1922年到1929年6月竟印了102版；夏曾佑编写的《最新中学中国历史教科书》到1955年还再版使用。张元济在日记中为应对中华书局挑战而精心校订的《共和国教科书》详释了编写原则："国文应言文一致，句法宜顺不宜拗，宜有练习课，用俗译；修身应专举最寻常之事，少载嘉言懿行之难于少年模仿者，本国人物为主，图画为主；历史应不叙时代，仿外国演剧体，能加歌诀等加入亦可；地理应注重绘画及模型，使确知山川道路之所在。"[①] 这一言简意赅的编写原则放在一百年后的今天仍放光彩。

"商务印书馆早期的社会贡献在于向社会提供最简单而科学、丰富的识字课本，让千千万万年来创造文明而不能接受狭义文化的劳动者的子女获得最一般的识字条件，从而能接受现代社会生活的要求，进一步能享用思想界的成果。"[②] 开启民智就有水到渠成的效果。

汉译世界名著的编译

张元济对西学名著的关注始于西学堂，亲自操作见于译书院，严复《原富》十册在1901—1902年由南洋公学译书院全部出齐。张元济执掌编译所后重点出版严译名著，有初版的，也有将原有木刻或石印初版重新以铅印本印行的。陈应年在《严复与商务印书馆》一文中记录各本印行详情：《群己权界论》初版于1903年，至1920年已7次印刷；《社会通论》初版于1904年，至1915年已第7次印刷；《法意》在1904—1909年间出齐，到

---

① 《张元济日记》，河北教育出版社2001年版，第162页。
② 汪家熔：《张元济》，上海辞书出版社2012年版，第195—196页。

1913 年已 4 次印刷;《名学浅说》初版于 1909—1921 年,已 11 次印刷;《天演论》1905 年重新出版,至 1921 年已 20 次印刷;《群学肄言》1903 年出版订正本,至 1919 年已 10 次印刷;《穆勒名学》1912 年铅印出版,1913 年重印,1921 年再出新版。[①] 在 1931 年,商务印书馆再次汇印《严译名著丛刊》八种,每一种后面都加了中西译名对照表。

严复率先系统地介绍了进化论、唯物主义的经验论、古典政治经济学、资产阶级政治理论和逻辑学,带给中国人一种新的世界观和方法论,是中国近代思想史上的一个重大飞跃。

严复以一册《天演论》而蜚声学林,林纾则以一卷《巴黎茶花女遗事》而风行海内。林纾在 1899 年以后专门从事欧美文学作品的翻译,他是在商务出书数量最多的一个作者,他一生译出的 180 多种文学作品,绝大多数都收入《说部丛书》和《林译小说丛书》。郑振铎评价说:"自他之后,中国文人才有以小说家自命的;自他之后,才开始了翻译世界的文学作品的风气。中国近二十年译作小说者之多,差不多可以说大都是受林先生的感化与影响的。"[②]

严复的弟子伍光建于 1907 年翻译《侠隐记》(《三个火枪手》)是中国第一部白话翻译小说,他为商务翻译了大量西洋小说,被胡适推重为"忠实原文、直译笔法的先锋"。

在致力于人文和社会科学、文学的新知输入之时,张元济在引进自然科学方面的成就巨大。经张元济之手,商务印书馆先后编印了一大批科技著作,逐渐形成颇具规模的《汉译名著丛书》《自然科学小丛书》等,这些书籍从各个方面初步展示了人类科

---

① 蔡元培等:《商务印书馆九十年》,商务印书馆 1987 年版。
② 郑振铎:《林琴南先生》,载《中国文学研究》下册。

学与文明的发展与成果，提高人们迅速利用科学知识深入探索和开拓的能力及速度。

商务印书馆从建馆到1949年，总共出版译著3 880种，占出版总数的25.63%，约占全国译书的50%。① 商务出书以翻译见长之传统，一直延续至今。

各类工具书编纂

商务印书馆最重要的两项至今有影响的出版物是《最新教科书》和《辞源》，都与高梦旦紧紧相联。他进编译所后多次建议编一部综合性辞书。《辞源》开始编纂时没有定书名，原计划五六人花两年时间编成，后来增到常年二三十人，历时8年才出版，耗资13万元。1911年商务将《辞源》稿的单字头先排印出版，命名《新字典》，1912年9月10日出版，至10月18日共销出40 033部，这在当时是一个"天数"。《辞源》问世于1915年，初版20万部，当月即再版印刷10万部。1931年出版续编，1939年8月将正续编合为一册，称《辞源合订本》。至1949年，《辞源》印量达400万部。② 这部规模更大的新式辞书，奠定了我国新型辞书的基础。

张元济组织力量编印了《中国人名大辞典》《中国医学大辞典》《植物学大辞典》《动物学大辞典》。张元济非常重视编纂出版双语工具书，1908年出版颜惠庆主编的《英华大辞典》，郭秉文、张世鎏主编的《汉英双解韦氏大辞典》，黄士复等主编的《综合英汉大辞典》，张世鎏、平海澜等编著的《英汉模范字典》，潘序伦编的《会计名词汇释》等专业词典，前后总计约有30部。

---

① 李家驹：《商务印书馆与近代知识文化的传播》，商务印书馆2005年版，第179页。
② 史春风：《商务印书馆与中国近代文化》，北京大学出版社2006年版，第213页。

这些工具书的出版，打下了商务印务馆成为我国工具书出版重镇的基础，也为社会提供了一大批高品质的工具书。

创办期刊

商务印务馆在张元济的引领下先后创办出《东方杂志》（1904）、《教育杂志》（1909）、《小说月报》（1910）、《少年杂志》（1911）、《学生杂志》（1914）、《妇女杂志》（1915）、《英文杂志》（1915）、《儿童世界》（1921）、《儿童画报》（1922）、《自然界》（1926），传播新思想，热心教育，关心妇女儿童，开创了期刊界的先河和里程碑。

商务印书馆的期刊及其方向，庄俞总结为："定期杂志之属，为阅读界至佳至要之刊物，本馆发行多种。为提高本国学术地位，增进国民知识程度之助。讨论时政，阐明学术者，则有《东方杂志》；研究教育以促进步者，则有《教育杂志》；谋国内学生界交换知识，互通声气者，则有《学生杂志》；谋增进少年及儿童普通知识者，则有《少年》杂志，《儿童世界》及《儿童画报》等；讨论妇女问题者，则有《妇女杂志》；谋促进学生英语知识者，则有《英语周刊》；研究中外文学者，则有《小说月报》；研究中国自然物及自然现象者，则有《自然界》杂志，无不内容丰富，材料新颖，见称于读者。和学术机关团体之定期刊物，颇多由本公司发行者如学艺，农学、史学、舆地学等兹不详赘。"① 出版有《国学论丛》《哲学评论》《经济季刊》《农业杂志》《东艺》等季刊，《小学教育》半年刊，《社会学界》年刊等。据统计，商务印书馆先后共出版 19 种各类杂志。

张元济说："数百年旧家无非积德，第一件好事还是读书。"

---

① 《商务印书馆九十五年》，商务印书馆 1992 年版，第 736—737 页。

百年中国，许多人都在寻找富强中国的道路，张元济选择了以出版来推动教育，为中华民族的文明强身健体，可歌可赞。正因为张元济编修出版了这么多有意义、有价值的书刊，传播文化，启迪民智，为中国的文化事业做出了贡献，因而张元济又得了"中国现代出版第一人""中国近现代出版巨匠"的称号。

曾担任商务印书馆总经理的陈原写道："回头一望，这家老店几乎不是一家出版社，更不是一家书店，如果人们知道它曾经有过文化联合体（出版、印刷、发行、图书馆、各级学校、仪器厂、文具厂、玩具厂、电影厂……）的设想和实践时，人们甚至会惊讶地发现，创办了这家书馆的先行者们，是怀着忧国忧民、救国救民的崇高抱负来创业的。"①

商务印书馆不单是一个印刷机构，不单是一个出版机构，在张元济的构想中，商务印书馆就是一艘文化航母，正如陈云在商务建馆八十五周年时题词所言："应该说商务印书馆在解放前是中国的一个很重要的文化教育事业单位。"

商务印书馆作为"文化教育事业单位"，它以一业为主、两翼并进。两翼中的一翼是实体，是一系列的文化设施——电影厂、玩具厂、文具标本仪器厂、印刷机械制造厂和尚未成形的唱片厂；另一翼是一系列的教育机构：幼儿园、小学、中学、师范、商业讲习所，以及函授学校。自 1909 年开始，商务印书馆开设的商业补习学校，连续开办了七届，为社会培养了一大批人才，尤其是学生通过三个月的学习再到商务印书馆各部门实习，先后有 300 多人毕业，不少人在商务印书馆出任分馆经理等职务。同时不断开设励志夜校、艺徒学校等，鼓励职工更新知识，谋求职

---

① 汪耀华：《1843 年开始的上海出版故事》，上海人民出版社 2014 年版，第 15 页。

务的递升。这又是商务印书馆的高明之处。

鉴于当时的市政背景，商务印书馆自 1910 年开设了函授师范讲习社，1915 年开办了函授学社，这些函授学校先后有近万人参加学习，毕业者数千人。1933 年，上海市教育局批令商务印书馆函授学社改名为上海市私立商务印书馆函授学校。1938 年，还扩设了中学部和大学部。中学部分设国文科、英文科、算学科、自然科等学科教学；大学部分设了 15 个系，开设数、理、化、经济、文、史、医、农等 60 门课程。这些为未能进入高等院校的学生或因战争失学、失业的青年提供的学习机会，受到了民众的极大欢迎。

1926 年 4 月，张元济辞去监理之职，决定退休。胡适获知，于 5 月 27 日写信给张元济力劝："商务此时尚未到你们几位元老可以息肩的时机，所以我极盼先生再支撑几年的辛苦，使这一个极重要的教育机关平稳地渡过这风浪的时期。"

商务印书馆不仅为社会培训大批人才，更难能可贵的是张元济用人唯才。张元济在编译所期间，多方罗致人才，起用一批有真才实学的编辑，并聘请一批熟悉中西学术的新人。"编译所自从光绪二十九年正月，至民国十九年十月止，前后二十八年共计进编译员一千三百六十二人"。

张元济为欧美、日本的留学生敞开大门，聘请他们为商务工作，而不是招募旧式学者或与他有相似背景的好友。"当此二十八年中，商编进用东西留学归国者七十五人。"从中国新式学校毕业的年轻学生也同样受到欢迎，并按工作成绩给予晋升，于是在商务印书馆的编辑中出现陈独秀、茅盾和郑振铎的名字就不足为怪了。

今天，在位于北京王府井大街的商务印书馆，进门可见墙上挂着两组照片：一组"我们的作者"——胡适、郭沫若、老舍、冰心、冯友兰、钱穆、费孝通、钱钟书、吕叔湘、许国璋等；一组"我们的员工"——陈云、胡愈之、沈雁冰、叶圣陶、郑振铎、周建人、竺可桢、陈翰伯等。

"我们的作者"是一串长名单，"我们的员工"是一串更长的名单，还有一串名单——从商务印书馆走出创办中华书局、开明书店、世界书局、生活书店等等的陆费逵、章锡琛、叶圣陶、沈知方、胡愈之、金仲华……林熙说："自民国成立以来那20年间，国内著名的学者、作家、名人、名士，几乎没有一个不和商务发生文字关系。"

"学者、作家、名人、名士"包括严复、梁启超、胡适，也包括年少的韬奋。

少年韬奋已是商务印书馆的作者

1903年，38岁的张元济任商务印书馆编译所所长，参与编纂的《最新初等小学国文教科书第一册》出版，《东方杂志》创刊；这一年，邹家请来塾师，教10岁的韬奋读《孟子》，韬奋开始接受严格的经史子集的传统教育。

1912年，46岁的张元济出版《共和国教科书》；京师大学堂改名北京大学，严复任校长；国民党在北京成立，举孙中山为理事长；中华民国南京临时政府公布《中华民国临时约法》，规定中华民国实行立法、行政、司法三权分立的政治体制。这一年，18岁的韬奋从福州来到张元济战斗过的南洋公学，在外院读高小三年级。

1915年，21岁的韬奋已在中院，经济拮据，他利用课余时间努力学习写作赚取稿费，"不久我又发现了一个投稿的新园地——商务印书馆出版的《学生杂志》"。① 商务印书馆《学生杂志》第 2 卷第 5 号刊发邹恩润《不求轩困勉录》一文。当年韬奋有 4 篇作品发表在《学生杂志》第 5 号、8 号、9 号和 10 号，这一情况持续到 1918 年。他在《学生杂志》上发表的文章可分三类：一是论述文，如《不求轩困勉录》《爱校心之培养》《论学生专务考试之流弊》；二是通讯报道，将医学博士俞凤宾、大师梁启超来南洋公学的演讲整理成文；三是科普文，如《激烈紫色射光之新功用》《世界最强烈之探照灯》。经过 4 年的磨练，韬奋最初的写文章赚稿费转化产生了一种志趣，萌生了当新闻记者的理想——"那就是自己宜于做一个新闻记者"。

1921 年 6 月，27 岁的韬奋毕业于圣约翰大学。一年后，毛遂自荐来到中华职业教育社，负责编译职业教育丛书。这套丛书由商务印书馆出版，有：《职业教育研究》（1923 年 3 月）、《职业智能测验法》（1923 年 7 月）、《职业指导》（1923 年 12 月）、《职业指导实验（第二辑）》（1925 年 1 月）、《职业心理学》（1926 年 7 月）、《书记之知能与任务》（1926 年 7 月）。这些书署名邹恩润编译或编纂，这意味着走出校门的韬奋已成为商务印书馆的作者。

1926 年，年满六十的张元济进入半退休状态，他花极大的精力于古籍的收藏、影印、校勘，将自己的藏书楼涵芬楼改名为东方图书馆。1932 年"一二八"事变，日军飞机轰炸商务印书馆，位于宝山路的总管理处、编译所、四个印刷厂、仓库、尚公小学、东方图书馆全部化为灰烬。张元济仰天长叹，心中燃起熊熊的抗日烈火。1937 年春天，他编写了一本小册子——《中华民族的人格》，唯一一本他自己格外看重的作品。他从《史记》《左

---

① 《韬奋全集》第 7 卷，第 143 页。

传》《战国策》中选取 8 篇故事译成白话文，并在每篇后加以评点。"只要谨守着我们先民的榜样，保全着我们固有的精神，我中华民族不怕没有复兴的一日。"

1937 年 6 月 14 日，韬奋在狱中接到张元济亲笔写的信及新书《中华民族的人格》。韬奋于 16 日晨提笔给张元济回信："韬十年前主办生活周刊时即蒙先生爱护有加，赐书勉励。长者扶掖之隆情厚谊，十年来未尝须臾或忘也。""拜读大著中华民族的人格，实获我心，韬等所始终坚持生死不渝者，正为先生所谆谆训诲者也。此书在国难危迫如今日，尤弥足珍贵。"①

两代出版家在这一民族存亡之际紧紧握起拳头达成一致——抗战救国。

三、主编胡适

> 1910 年。
> 这一年，陈独秀 31 岁，梁启超 37 岁，胡适 20 岁。
> 这一年，韬奋 16 岁。

北京大学图书馆馆长毛子水 1962 年留下手笔："这个为学术和文化的进步，为思想和言论的自由，为民族的尊荣，为人类的幸福而苦心焦思，敝精劳神以致身死的人，现在在这里安息了！"

"这个人"就是《努力》《新月》《独立评论》之主编、北京

---

① 《韬奋全集》第 7 卷，第 552 页。

大学教授校长胡适。

从留美学生到北大知名教授

1891年12月17日,胡适出生于上海大东门外即今日的川沙镇,乳名嗣穈,学名洪骍。

1904年,13岁的胡洪骍从皖南历经千辛万苦来到上海,从梅溪学堂、澄衷学堂再到中国公学、新中国公学,6年多的求学,转换了四个学堂学校,没有拿到一张毕业文凭,却有了自己的表字。1906年在澄衷学堂读书时他接触到严复译的《天演论》,取"物竞天择,适者生存"的"适",用"适之"二字作为表字(二哥字绍之,三哥字振之)。

1910年是胡适人生中最重要的年份。7月,他从上海赴北京参加"庚款"留美官费生考试,怕考不上被人笑话,才临时改用"胡适"这个新名字。从此以后,胡洪骍就正式变成胡适。发榜时他排在第55名,这一级录取人数为70人,"胡适"榜上有名。

1910年8月16日,19岁的胡适告别亲友。经过一个月的海陆奔波,9月17日来到美国东部小城绮色佳（Ithaca）,康奈尔大学所在地。

在康奈尔大学,他第一次打网球、赛跑、游泳、跳舞、观剧;第一次读《圣经》、入教堂、听演说、做辩论;第一次学洗马、驾笼辔、剪树、接种、浇水、捉虫;第一次做气象学报告、观投影科普画片、辑录卡通漫画;第一次组织中国演说会、中国学生政治研究会,主持世界议事会;第一次参与美国全国运动大赛,与哈佛大学竞舟,与耶鲁大学竞球;第一次感受美国总统大选。1912年全年,他像一个真正的美国公民那样兴奋地跑来跑去,佩戴一枚象征支持进步党党魁老罗斯福的大角野牛象的襟章。

他通读各国小说、剧本、名人传记和哲学著作，学做英文诗，并将《诗经》里的部分诗歌译成英文。他选修了德语和法语，将法国作家都德的《最后一课》译成中文，更名为《割地》，登在《上海大共和日报》上。他熬夜至凌晨，奋力重译拜伦的《哀希腊歌》，挑战梁启超、马君武、苏曼殊的译本。

1912年春，为学农所苦累的胡适放弃农科，转入文理学院。1914年6月，胡适完成了八个学期的学习，参加康奈尔大学的本科毕业典礼，获学士学位。1915年9月，因仰慕实验主义大师杜威，注册进入哥伦比亚大学哲学系，师从杜威教授读博士。

从康奈尔大学到哥伦比亚大学，从学农科到学文学再到学哲学，七年的留学给胡适近距离了解美国、观察美国提供了诸多视角。胡适在美国目睹美国著名大学对于社会的巨大影响力，他憧憬着中国也能出现如此引领社会方向的大学。他在日记中写道："吾他日能见中国有一国家大学可比此邦之哈佛，英国之牛津、剑桥，德之柏林，法之巴黎，吾死瞑目矣。"

1916年1月，陈独秀正式就任北京大学文科学长，积极帮蔡元培校长罗致人才。他在给胡适的信中写道："孑民先生盼足下早日归国，即不愿任学长，校中哲、文学教授均乏上选，足下来此亦可担任。学长月薪三百元，重要教授亦有此数。"[①] 胡适收到信喜出望外，到北大当教授远超他的心理预期。

胡适立马投入博士论文写作，《中国古代哲学方法之进化史》费时9个月，约9万字，1917年4月27日完稿，5月22日面试。归心似箭的胡适连博士文凭也顾不上拿了，打点行装，告别友

---

① 《胡适来往书信选》（上册），中华书局1979年版，第6页。

人，1917 年 7 月 10 日到达上海。

1917 年 9 月，26 岁的胡适只身来到北京大学，成为北大最年轻的教授。同年进北大的还有周作人、刘半农；先后进入北大的有陈独秀、李大钊、钱玄同、高一涵、陈大齐、朱希祖、刘文典、沈尹默、沈兼士、马裕藻等。一时北大人才济济，气象更新。

胡适在北京大学第一次公开登场是 9 月 21 日开学典礼上的精彩演讲——《大学与中国高等学问的关系》，表达了他想把北大办成美国式现代化大学的理想。校长蔡元培对胡适印象极好，称他是"旧学邃密"而且"新知深沉"的一个人，很快任命胡适为北大英文部教授会主任，月薪从 260 元增加到 300 元，这是教授的最高月薪。初为教授的胡适，第一学期就有 4 门课。现能查到"五四"前后七八年间，胡适在北大开设的主要课程有：《中国哲学史大纲》《西洋哲学史大纲》《中国哲学》《近世中国哲学》《中国中古思想史》《清代思想史》《伦理学》《英文学》《英美近代诗选》《英汉对译》等。授课跨系，科目亦多，任务繁重。

经过一段时间，选修胡适课程的学生渐渐多了起来，有本校生、外校的旁听生、落榜生、外国人、教授、中学教员、中学生，还有家庭主妇。当胡适发现有人来"慕课"时，和蔼地说：请给我留下个名字。偷听、正式听，都是我的学生，我想知道一下我的学生的名字。从此，旁听生的身份就光明正大起来。

胡适在北大一待就是十年。1927 年，离开北大，寓居上海，任中国公学校长；1931 年 11 月底，再度回到北大。1931 年 2 月 10 日，依然儒雅斯文的胡适重新登上北大讲台，为中文系和史学系开讲中古思想史课程，听课的学生约有三百人，整个礼堂挤得满满的。已经有五年半没在北大讲课了，胡适在这里找到了真正的自己，如鱼得水，浑然忘我。

胡适讲课声音悦耳，学生爱听。胡适"讲起课来铿锵有力，抑扬顿挫，庄谐并陈，从没有'这个''那个'一类的浮辞口语，每一个字，每一句话，都能引人入胜，听进耳里，印在心中，珠玑连篇，才气横溢，真是令人信服"。[①]

胡适不仅在讲课、讲座、传道授业方面广受好评，而且他的声名鹊起和他著书立说紧密相联。胡适教了一年的《中国哲学史大纲》，讲义也编印出来了，这是以他的博士论文为基础，加以扩充而成，总计12篇，1919年2月由商务印书馆出版，蔡元培在序文中高度赞扬了这本书。《中国哲学史大纲卷上》有一个突出的特点，就是它是用白话和新式标点写成的。这在中国学术史上，应该是一个创举。在文学领域，他推出了第一部新诗集——《尝试集》，第一部白话戏剧——《终身大事》，第一部白话翻译外国文学作品集——《短篇小说》，还率先将考证运用于古典小说研究，其中以《红楼梦考证》一文影响最大。

授课，著述，参与学校管理，招揽人才，促进对外交流，所有这些为北大增添了新气象，也让胡适赢得了巨大的声誉。胡适不仅成为北大的知名教授，而且成为新文化运动的主导人物，影响着北大，也引领着当时社会的思潮。

编《竞业旬报》到办《独立评论》

胡适曾说："哲学是我的职业，文学是我的娱乐，政治只是我的一种忍不住的新努力。"办报办刊则是胡适自少年时就开始的一种自觉行动。

---

① 白吉庵：《胡适传》，人民出版社1993年版，第1页。

校园办报

1906年9月，胡洪骍化名"期自胜生"，在《竞业旬报》第一期发表《地理学》文章，这是他第一次发表白话文文章；第五期发表他翻译的小说《暴堪海舰之沉没》，首次用了"适之"的笔名。1908年7月起，胡适由投稿的作者变成了编者和记者，从24期起归他编辑，出到40期停刊。从胡适在《竞业旬报》发表的近百篇诗文来看，他的思想路数是自觉追随梁启超的思想主张，着重于"破除迷信，开通民智"。这一段校园办报的经历对胡适是一种磨练，胡适在这些文章中把他后来思想成熟后的基本倾向预现出来了。胡适对这一段既当作者又当编辑兼做记者的经历做了一个自我总结："这几十期的《竞业旬报》给了我一个绝好的自由发表思想的机会，使我可以把在家乡和在学校得着的一点点知识和见解，整理一番，用明白清楚的文字叙述出来。""我不知道我那几十篇文字在当时有什么影响，但我知道这一年多的训练给了我自己绝大的好处，白话文从此成了我的一种工具。七八年之后，这件工具使我能够在中国文学革命的运动里做了一个开路的工人。"①

1910年，胡适踏上美国，成为同年创办的《留美学生年报》的编辑。1914年年报改为季报，胡适任主笔。1917年任总编。他在该刊发表各类文章约30篇，其中《文学改良刍议》一文先发表在《留美学生季报》上。

1915年9月，陈独秀在上海创办《青年》杂志，因有重名之嫌，第2卷起改称《新青年》。胡适当时在美国，他与陈独秀书信往还，并向《新青年》投稿。1916年9月，第2卷第1号《新

---

① 《胡适自述》，华文出版社2013年版，第85、91页。

青年》登载了胡适白话文翻译的俄国泰来夏浦的小说《决斗》，这是《新青年》的第一篇白话文文章。每期《新青年》，陈独秀都邮寄给胡适，胡适也每期必读。"文学革命"的议题，正是从他们关于选稿的讨论中开始的。在一次通信中，胡适谈到国内文学弊端，把给友人朱经农的信中谈到的新文学之八要点一字不易地抄给陈独秀。1916年10月，第2卷第2号《新青年》第一次发表了胡适的长信，胡适第一次提出"新文学之要点，约有八事"。

1917年1月，第2卷第5号《新青年》发表了胡适的《文学改良刍议》，大张旗鼓地要求"改良文学"，所改良者列为八项：须言之有物；不摹仿古人；须讲究文法；不作无病之呻吟；务去俗套烂语；不用典；不讲对仗；不避俗字俗语。胡适对八项改良，一一作了论述。发表胡适的《文学改良刍议》后，陈独秀嫌改良不够，提笔写了态度更为激烈的《文学革命论》。

1917年就此成为一个时间标杆，《新青年》、"新文化运动"就此在神州大地震响。1917年9月，胡适从美国归来，继续在《新青年》发表了一系列文学理论文章和实验主义哲学论文，诸如《归国杂感》《易卜生主义》《美国的妇人》《贞操问题》《不朽》《不老》《新生活》《我对于丧礼的改革》《新思潮的意义》《工读主义的试行观察》《非个人主义的新生活》，这些文章多以西方个人主义思想为参照，批评传统文化中的种种陋习。1918年，《新青年》改组为同人刊物，扩大编辑部，由陈独秀、胡适、李大钊、钱玄同、高一涵、沈尹默六人轮流编辑。于是，形成了一个以《新青年》为核心的新文化团体，成为倡导新文化运动的中心。

《新青年》像春雷一般惊醒了整个时代的青年，每期新刊一出版，大家争相传阅一睹为快。那时候的热血青年可以说没有不被《新青年》影响的。

创办《努力》周报

1921年6月1日，胡适、丁文江、任鸿隽、王徵四人发起成立秘密的团体——努力社，他们以"努力"命名创办一份周报——《努力》周报。1922年5月7日，《努力》周报第一期出版了。胡适做了《努力》发刊词，最后的两节是：

> 朋友们，
> 我们唱个"努力歌"：
> 不怕阻力！
> 不怕武力！
> 只怕不努力！
> 努力！努力！
>
> 阻力少了！
> 武力倒了！
> 中国再造了！
> 努力！努力！

胡适每周四、周五编周报，从此开始书生议政，全力以赴撰写政治性时评。主要作者有丁文江、陶孟和、高一涵、朱希祖、徐志摩、陈衡哲等，丁文江、陶孟和、高一涵还参加编辑工作。《努力》周报第二期发表了由蔡元培领衔，胡适主笔，蔡元培、王宠惠、罗文干、汤尔和、陶行知、王伯秋、梁漱溟、李大钊、陶孟和、朱经农、张慰慈、高一涵、徐宝璜、王征、丁文江、胡适16人签名的《我们的政治主张》一文。这是一篇专门谈"好政府主义"的宣言，提出了政治改革的三个基本要求：我们要求一个"宪政的"政府，我们要求一个"公开的"政府，我们要求一种"有计划的政治"。他们提出了"好政府"的理想。所谓"好政府"，在消极的方面是要有正当的机关可以监督防止一切营私舞弊的不法官吏。在积极的方面是两点：（一）充分运用政治的机关为社会全体谋充分的福利。（二）充分容纳个人的自由，爱护个性的发展。文章发表后，北京七所高校校长公开在《努力》周报发表联署声明，表示支持。社会各界人士也热情地展开讨论。

接下来的"科学能不能提供令人满意的人生观？"这一议题，引起了科玄大论战，有二十多位学者加入了讨论，影响深远。《努力》周报的影响力不断扩大，发行量一度达到8 000份。

1923年10月5日，曹锟贿选成为中华民国第五任大总统，在胡适眼中，支配国事的人成了"神经病人"，努力社同人谈政治的热心再也提不起来了，决议停办《努力》周报。1923年10月31日终刊，共出刊75期。胡适在第75期发表了《一年半的回顾》，概括了《努力》之努力和期望。

如果说以前由陈独秀主办的《新青年》和《每周评论》，胡适只是介入或者说深度介入，那么，《努力》周报则是胡适按照自己的意志主持的第一个政论周报，从此，胡适一生和这种政论性的刊物结下了不解之缘，主办或参加主办的政论刊物有1920年代初期的《努力》周报，后期的《新月》，1930年代的《独立评论》，1950年代的《自由中国》。

一直想转换办刊方针的胡适期待着《努力》周报尽快复刊，成为精彩的月刊或半月刊，向着思想的革新的新方向，成长为中国第一个自由主义刊物。《努力》月刊的广告登出，商务印书馆和亚东图书馆非常看好，公开争夺该刊的出版权。汪孟邹说愿借债来办，王云五表示无论什么条件都可以遵依。这两家都是胡适的出版商，这两人都是胡适多年的老朋友。

汪孟邹1878年出生于安徽绩溪，1913年从芜湖来上海创办了亚东图书馆，他是胡适的乡友，也是胡适和陈独秀认识的引荐人。胡适自1919年到1933年在亚东出版了一批有影响力的著译，还介绍很多学者、作家到亚东出书，当时，有人说胡适是亚东不挂名的总编。

胡适和商务印书馆的关系也非同寻常。胡适的第一本著作《中国哲学史大纲卷上》交商务印书馆出版，他和商务印书馆的高层张元济、高梦旦、王云五往来密切，1933年后他将《胡适文存》等"大书"交商务印书馆再版。

新月书店董事长

20世纪20年代的上海，是全国新闻出版的中心，也是现代文学出版的策源地。由于张作霖在北京文化界实行高压政策，新文化的中坚力量几乎全部移到上海，各文学团体都在这里重整旗鼓。新月社骨干社员徐志摩、余上沅、梁启超、饶孟侃、潘光旦、闻一多、丁西林等簇拥在胡适周围，于1927年7月1日成立了新月书店。

胡适被推为董事长。他主张民主经营，实行筹资集股有限制，大股100元，小股50元。开张前，共筹到2 000元。余上沅是新月书店的首任经理。

新月书店设有书局、总发行所、编辑所，同时筹办《新月》月刊、《诗刊》季刊、政论性周刊《平论》。新月书店1927年成立，致力于出版事业，一方面印书，一方面售书，6年间出版物有百余种。

作为董事长，胡适答应把《白话文学史》修改出来交新月书店出版。1928年5月31日，《白话文学史》上卷终于写成，共20多万字；6月18日正式出版，成为新月书店出版的畅销书，不到半年就再版。胡适给自己定的版税初版为15%，再版为20%。

胡适著、译、校、选的各书，《胡适文存》初集、二集、三集，英文版《先秦名学史》《尝试集》《中国哲学史大纲卷上》《戴东元的哲学》《神会和尚遗集》《短篇小说（第一集）》，新月书店均有代售。

《新月》月刊于1928年3月10日创刊，最初由胡适、徐志摩、余上沅筹划，后有争议，改为集体编辑，到第4卷第4期开始，《新月》编辑者的列名中才有了胡适。

《新月》最初是很有纯文学色彩的杂志，胡适发表了一些考据文字，翻译了一些外国作品。1929年4月，从第2卷第2期开始，胡适发表了《人权与约法》，使《新月》开始有了时政色彩。文章批评政府对人权的践踏，督促制定宪法，这样的诉求使《新月》鲜明地打上了胡适自由主义思想的烙印，亦即信仰"思想自由"，主张"言论出版自由"。胡适再发《知难，行亦不易》，挑战对孙中山的个人崇拜，警惕其中所隐含的独裁专制思想；《我们什么时候才可有宪法——对于建国大纲的疑问》，呼吁政府的法制基础建设。以上三文遭到国民政府的严重警告，《新月》杂志只能在上海租界内发售，不能邮寄到各省。本来销行遍及全国的《新月》，遭受重创。

然而，胡适不但没有沉默，反而在1929年9月10日出版的《新月》第2卷6-7合刊上发表了《新文化运动与国民党》一文，直言不讳地批评国民党在思想言论自由、对文化问题的态度上，走上了专制。这期间，胡适还写了《我们要我们自己的自由》《我们对政治的主张》《从思想上看中国问题》等文，均未发表。他还在《大公报》《中国基督教年鉴》《平论》周刊等报刊上发表了一些政论文字。胡适还将自己和罗隆基、梁实秋等人的文集结集为《人权论集》，由新月书店单独出版。他在译文中理直气壮地说："我们所要建立的是批评国民党的自由和批评孙中山的自由。上帝我们尚且可以批评，何况国民党与孙中山！"[①] 这段时间成为胡适一生中对国民党批评最严厉的时期。1930年2月5日，《新月》第2卷6-7合刊被国民党政府查禁。4月10日，胡适又作《我们走那条路》，提出和平渐进的改革之法，刊于第2卷第10号。5月3日，国民党政府又发出训令，查禁新月书店出版的《人权论集》。11月28日，胡适写完《介绍我自己的思想》，署下"离开江南的前一日"后，匆匆北上归于北大。

《新月》勉强支撑到1933年6月，第4卷第7期永久地停刊，新月书店随即盘给了商务印书馆，新月社宣告散伙。

创办《独立评论》

1932年5月22日，散发着油墨气息的《独立评论》创刊了，这与创办《努力》周报时隔十年。

"独立"作为刊名：一是经济独立，不要任何党派津贴；二是思想言论上保持独立精神。胡适在创刊号上作《引言》："我们叫这个刊物做《独立评论》，因为我们都希望永远保持一点独立的精神，不依傍任何党派，不迷信任何成见，用负责任的言论来发表我们各人思考的结果：这是独立的精神。"

[①] 《胡适文集》第五集，北京大学出版社1998年版。

"我们"这一名词包括独立评论社社员和工作人员。杂志初创时的社员只有十一人，最多时也不过十二三人。主要成员有：胡适、丁文江、蒋廷黻、傅斯年、任鸿隽、陈衡哲、翁文灏、吴景超、张奚若、陈之迈等。他们既是撰稿人，又是工作人员；他们不仅捐出薪俸的百分之五作为办刊经费，而且不取一分稿酬。他们的想法就是在国难之时表达对国家社会问题的思考和主张。

《独立评论》主要谈论当时中国面临的国际形势，以及中国自身存在的问题，本着实事求是负责任的态度探讨现实问题，发表自己的主张。《独立评论》讨论的中心议题主要有"信心与反省""充分世界化与全盘西化""尊孔问题""读经问题"，以及关于政治、外交、经济、教育、医疗、农村等领域的许多重要议题。

《独立评论》在创刊之初就意识到自身知识见解有限，判断主张难免失误，诚请社会各界批评，欢迎各方人士投稿。后来，陆续在杂志上撰稿的作者达300人之多，且不取任何稿酬。胡适后来感叹："《独立评论》共出了二百四十四期，发表了一千二百零九篇文章，——其中百分之五十五以上是社外的稿子，——始终没有出一文钱的稿费。所以，我叫这个时代做'小册子的新闻事业的黄金时代'。"

刊物一直由胡适主编，丁文江、蒋廷黻、傅斯年等协助编务。这几年，胡适每周一终日为杂志工作，常在书房里编辑、整理、校对，为作者改稿，亲自撰写稿件，每期写编后记，以至于他一个人编了五十多期。1934年4月9日，他在日记中写下："近几个月来，《独立》全是一个人负责，每星期一总是终日为《独立》工作，夜间总是写文字到次晨三点钟。"

《独立评论》的声誉和影响与日俱增，创刊号首印 2 000 册，定价 4 分，只刊登 6 篇文章，第 2 号加印到 3 000 册，后来越来越供不应求，一年内发行数字升到 8 000 册，到四周年时最高时飙升到 13 000 册。

几年来《独立评论》的读者增加了数倍。《独立评论》的读者大多是高校学生、公务员、开明的商人、青年军官，他们对《独立评论》诸位学人的了解，不是通过他们的学术著作，而是通过这个广为流传的刊。刊物的种种观点、见闻对国民党政府、共产党、普通大众都产生了影响。蒋廷黻 1934 年自豪地说："我们做的文章至少总可以算是认真想过才做的。只此一点，《独立》当然是今日国内第一个好杂志！"① 1936 年 5 月，胡适在《"独立评论"的四周年》中谦虚地说："这个刊物真能逐渐变成全国人的公共刊物了。"

《独立评论》虽号称"独立"，但是有着政治倾向，在国难之时和民族危机之际，在政治立场上更加支持和拥戴蒋介石，又经常言辞尖锐地批评。最为严重的一次是 1937 年 230 号刊出《冀察不应以特殊自居》，触怒冀察政务委员会委员长宋哲元，拿人封扣刊，这一停就是 4 个月。1937 年 7 月 25 日，张佛泉在《我们没有第二条路》立誓："我们决没有第二条路，只有抵抗。"随着北平的沦陷，《独立评论》被迫停刊，此后再也没有复刊了。

从 1932 年 5 月 22 日创刊到 1937 年 7 月 25 日停刊，5 年来共出 244 号，平均每年出 50 期，发表文章 1 309 篇，胡适撰稿 123 篇。这份创办于抗战前夕的杂志，在抗战爆发后停刊，在特殊时

---

① 《胡适日记》(1934 年 1 月 28 日)。

期发表一系列的政论和见闻,影响了当时的社会、政府和学人。后有人劝说胡适恢复《独立评论》或另用一个名字,主导言论,胡适回答得很干脆:"我们无法子可以再办一个真正'独立'的刊物了。"

一个时代结束了。

1936年,毛泽东在延安接受斯诺访问时说:"《新青年》是有名的新文化运动的杂志,由陈独秀主编。我在师范学校学习的时候,就开始读这个杂志了。我非常钦佩胡适和陈独秀的文章。他们代替了已经被我抛弃的梁启超和康有为,一时成了我的楷模。"①

"非常钦佩胡适"的包括毛泽东、张元济、黄炎培,也包括比胡适小4岁的韬奋。

韬奋对胡适的态度发生了大变化

如同胡适1912年弃农学文的路径,韬奋1919年弃工学文,9月转学考入圣约翰大学三年级,主修西洋文学,译杜威著的《民本主义与教育》。韬奋、杜威、胡适因《民本主义与教育》有了关联。

韬奋接手《生活》周刊后,先后发表过5篇胡适的文章,还发表了介绍胡适言论的文章20多篇。

1927年11月16日,韬奋对胡适进行采访,当晚,韬奋撰写了《访问胡适之先生记》,发表在《生活》周刊第3卷第5期。这是韬奋第一次也是唯一一次和胡适面谈。

"我走进胡先生的书房,他正在万籁俱寂中执笔疾书,著他

---

① 埃德加·斯诺:《西行漫记》,三联书店1979年版,第125页。

的《白话文学史》,见我来了,笑容可掬的立起握手,招呼我坐。随口告诉我说,这部书有四十万字,将由新月书店出版。这部书真可谓一部巨著了。"

"我先把本刊的宗旨告诉他,并说你先生曾经说过,少谈主义,多研究问题,本刊是要少发空论,多叙述有趣味有价值的事实,要请你加以切实的批评与指导。胡先生说:'《生活》周刊,我每期都看的。选材很精,办得非常之好。'说到这里,更着重地申明:'我向来对于出版物是不肯轻易恭维的,这是实在的话。……我并听得许多人都称赏《生活》周刊。'"

"后问先生对于中国前途的观察,有何意见发表。他笑着说:'我不谈政治。'我说撇开政治而谈社会,我觉得近年来我国社会在思想方面确有进步,你以为如何?他说:'近年来我国社会确有进步,只要有五年的和平,中国便大有可为。'"

"我说各国在思想界总有一二中心人物,我希望胡先生在我国也做一位中心人物。他说:'我不要做大人物。'我进一步问他:'那末要做什么人物?'他说:'要做本份人物,极力发展自己的长处,避免自己的短处……各行其是,各尽所能,是真正的救国。'"

韬奋述说采访结束后的心情:"后来和他握别后,满怀的愉快,赶紧写出来告诉读者。"[①]

从尊称"胡适之先生"到"胡适博士",意味着韬奋对胡适的态度发生了大变化,其原因在于双方对抗日抗战的立场和主张。

胡适主张温和冷静,主张不抵抗主义,在《独立评论》创刊号发表《上海战事的结束》一文,文中公开赞评国民党政府的妥

---

① 《韬奋全集》第1卷,第875—879页。

协态度，赞扬丧失主权的《淞沪停战协定》。胡适在对日问题上一系列的妥协态度，令韬奋批驳的态度越发激烈，不再称"胡适之先生"而直呼"胡博士"，写下了《听到胡博士的高谈》《送胡适博士赴美》。韬奋此后不再谈论胡适，投入到抗日救国的洪流中。

四、创办人黄炎培

> 1917年。
> 这一年，蔡元培49岁，张元济50岁，黄炎培40岁。
> 这一年，韬奋22岁。

1917年5月6日，对40岁的黄炎培来说是一个非常重要的日子。这一天，中华职业教育社在上海成立。发起人有来自教育界的蔡元培、黄炎培、严修、范源濂、袁希涛、陈宝泉、张伯苓、周诒春、蒋维乔、邓莘英、顾树森、郭秉文等，又有来自实业界、出版界、政界的伍廷芳、唐绍仪、汤化龙、王正廷、张元济、陆费逵、史量才、穆藕初、余日章、蒋梦麟，计有44人。他们虽然所受教育背景不同，学术思想有分歧，但对职业教育怀有共同的情结、期盼和希冀。

寻路四十年

1878年10月1日，黄炎培生于江苏省川沙县城关镇（今为上海市浦东新区川沙镇），字楚南，后改字任之，别号抱一。

黄炎培 14 岁丧母，17 岁丧父，18 岁外祖父去世。黄炎培无论在生活上抑或精神上都成了无依无靠凄凉哀苦的孤儿，冷峻的环境迫使他比同龄人显得早熟、老成。他 22 岁以松江府第一名中取秀才，与王纠思成婚；25 岁应江南乡试中举人。他走的是传统士大夫的规定路径。人生的第一个转折点发生在 1901 年，黄炎培在亲友的资助下考入洋学堂——南洋公学特班选读外交科，遇上了特班中文总教习蔡元培先生，23 岁的秀才面对的是 34 岁的翰林，在蔡元培的谆谆教诲之下，黄炎培飞快地成长，"教育救国"像一颗种子落入他的心中生根发芽。

1902 年因南洋公学特班解散，黄炎培返回川沙，将川沙观澜书院改为川沙小学堂，一生从事教育事业自此始。1903 年 6 月 18 日，黄炎培应邀来到南汇县新场镇演讲，听者人山人海，不料被密告为革命党人，被南汇知县捕捉归案入牢。演说会的组织者星夜求助于美国总牧师。他们清晨赶到县衙，拖到中午，衙门才放人。黄炎培四人由洋牧师率领扬长而去，仅过半小时，督抚"就地正法"的电令抵达。这段与死神擦肩而过的历险，是黄炎培一生中最富传奇色彩的一页。

黄炎培等人连夜登船避难日本，在茫茫大海的航行中，他们都改了名号。黄炎培原号楚南，此时改为韧之。韧者，非一时血气冲动也："韧字的意义，刃是刀，韦是牛皮。要杀敌，要坚韧。"①

黄炎培自日本归沪后，与蔡元培相居很近，过往甚密。蔡元培办《俄事警闻》，邀黄炎培写稿；编辑《选择》，又让黄炎培细读。

---

① 《八十年来：黄炎培回忆录》，中国文史出版社 2017 年版，第 37 页。

1905年，同盟会成立，孙中山委任蔡元培为同盟会上海分会会长，并授命他发展会员。在蔡元培的介绍下，黄炎培加入了同盟会，"1905年，真加入革命党了"。第二年，蔡元培离沪，黄炎培任上海同盟会干事。

如果说蔡元培是黄炎培的第一个引路人，那么张謇则是第二个引路人。1905年，张謇发起组织江苏学会总会，邀请黄炎培任常务调查干事，又升为副会长。黄炎培办事干练、实在，深得张謇之倚重，黄炎培亦视张謇为恩师。

1914年黄炎培从官场引退，反省自问：从1906年起，前前后后奔赴呼号八年之久，纵然葬送了一个大清王朝，但新生的中华民国却被袁世凯、张勋之流玩弄于股掌之上，实在令人心寒。黄炎培冷静观察，认为"中华民国成立以来，国体虽定共和，政局几经嬗变……此纷纷扰扰之原因，与其归之于道德问题、知识问题不如归之于教育问题"。教育办不好，政治也一定搞不好。经过八年的闯荡，从"立宪救国"回归"教育救国"。在新的社会环境下，"教育救国"从何入手呢？他一时尚未考虑妥当，"我要向各地去看社会情况、教育情况"，"我要调查各地中学毕业生的出路"。

他以《申报》特派记者的身份，先后走访了安徽、江西、浙江、山东和河北五省，考察当地教育。所到各处，最令他震惊的现象是教育与生活严重脱节，学不致用，毕业即失业。怎么办？

1915年4月，黄炎培赴美国考察。在美三个月，他感受最深的是美国的教育制度，杜威的实用主义教育理论如春风般吹拂着黄炎培，他从美国回来后即着手推广职业教育。

1917年5月6日，这一天，中华职业教育社在上海成立。黄炎培在《中华职业教育社宣言书》中说："本社之立，同人鉴于方今吾国最重要最困难问题，无过于生计；根本解决，惟有沟通教育与职业。同人认此为救国家救社会唯一方法。故于本社之立，矢愿相与终始之。"《宣言书》特规定中华职业教育社所办事业计有：调查、研究、劝导、指示、讲演、出版、表扬、通讯答问、设立职业学校、设立教育博物院、组织职业介绍部。中华职业教育社的权力机关为议事部，实权机构为办事部，由议事员公推出办事部主任，首任办事部主任为黄炎培，总书记为蒋梦麟。

作为中国第一个专门研究、宣传、推广职业教育的机构，中华职业教育社将"使无业者有业，有业者乐业"作为它的奋斗目标。从此，黄炎培与中华职业教育社就血脉相连了。

办学校和办报刊

黄炎培一面积极办校，自办的学校有：上海、重庆中华职业学校，南京女子职业传习所，镇江女子职业学校，重庆、上海中华商业专科学校，上海比乐中学，四川灌县都江实用职业学校，昆明中华职业中学、中华小学。他还受实业界委托设计学校，或指定地点创办职业学校。各省参观团到上海参观职校回去以后，也纷纷委托设计办校。职业教育一时成为新的风尚。据当时的教育部1943年统计，全国共有职业学校384所，学生67 227人。另一面，不断创办刊物。办学校和办刊物是一体两面，不可分离的。办刊物是从《教育与职业》月刊开始。

《教育与职业》月刊

1917年9月16日，中华职业教育社第一次办事员会议决定，将职教社成立后编印出版的以刊载社中情况为主要内容的《社务丛刊》停刊，另辑印《教育与职业》月刊，作为职教社的机关刊物。

1917年10月20日，《教育与职业》创刊，蒋梦麟任主编，最初定每卷12期，年出1卷。第1期刊发黄炎培的《南洋之职业教育》《本社宣言书之余义》。

从1917年10月创刊到1949年12月停刊，32年间共刊出208期。这期间，先后有蒋梦麟、顾树森、王志莘、邹韬奋、廖世承、陈选善、潘菽、孙运仁等知名人士参加了编辑出版工作。

《教育与职业》杂志开创了我国系统宣传、倡导职业教育之先河，其早期内容主要分为三大板块：一为介绍欧美日本职业教育发展模式的文章，前后多达300余篇；二为刊载职业教育界开展职业学校教育、职业补习教育、职业指导、农村教育和女子职业教育的理论和实践性文章；三为记录中华职业教育社各项工作的文章。

《教育与职业》杂志还根据不同时期的形势发展，相继推出了"职业指导""新学制职业教育""农村教育""补习教育"等40余期专号，从理论基础和实践经验方面对若干专题进行了全面探索，详细介绍中华职业教育社提出的解决方案，对推动解决当时一些职业教育的重大和急迫性问题起到了积极的导向作用。

《教育与职业》杂志在全国设立的代售点，最多时达到23处，遍布十多个省，还远及中国香港、新加坡。当时教育界著名的《教育杂志》曾对《教育与职业》杂志作出如下评价："本杂志为中华职业教育社发表意见之总机关，中华职业教育社为中国唯一研究职业教育之机关，故《教育与职业》杂志亦为中国唯一研究职业教育之参考书，出版以来风行海内外，其价值不问可知。"

《生活》周刊

《生活》周刊是 1925 年 10 月 11 日由中华职业教育社于上海创办，刊名由办事部副主任杨卫玉所取，刊名由办事部主任黄炎培所书，王志莘任主编。

王志莘出生于 1896 年，1910 年入钱庄当学徒，后就读于南洋公学。1915 年中学毕业，先后在定海县中学、上海留云小学执教谋生。后又到新加坡当教员、报馆编辑，也经营过橡胶种植园。1921 年考入上海商科大学，修读银行理财，兼任中华职业教育社编辑及会计主任。1921 年 1 月至 1922 年 12 月主编《教育与职业》，期间和黄炎培一起赴南洋进行教育考察，发表《中国职业补习教育之经过及现状》，这是我国全面总结职业补习教育历史发展的第一篇文献。1923 年上半年，经黄炎培推荐，王志莘赴美入哥伦比亚大学学习银行学，编译《青年与职业》一书，列入职教社"职业修养丛书"。正是因为王志莘对职业教育的理解、热衷和贡献，加之有着丰富的编刊经验，当 1925 年王志莘获得经济学硕士学位回国后，很自然地成为《生活》周刊主编的最佳人选。

《生活》周刊最初为一张 4 开小报，印数 1 000 份，主要赠送职教社社员和有关教育机关。《教育与职业》杂志社在 1926 年 10 月所发布的《敬言同社诸君子》所言："本社对于同社纳费诸君，向赠《教育与职业》月刊，藉通消息，惟月刊多讨论职业教育问题，性质较专，不若以改进一般生活为宗旨之《生活》周刊，较属普通性质，故现决定改赠《生活》周刊。"①

出版当天，《申报》特刊登广告予以宣传："此为中华职教

---

① 《〈生活〉周刊第一期出版》，《申报》1925 年 10 月 11 日。

育社辑行之周刊，其主旨在研究社会生活及经济之状况，以为职业教育设施之根据，并指导青年从事正当生活之途径。"

黄炎培撰写《生活》创刊词，发表在第 1 期。创刊词如下：

> 世界一切问题的中心，是人类；人类一切问题的中心，是生活。
>
> 求生活不得，是一大问题；不满足于其生活，亦是一大问题。物质上不满足，而生活穷困，穷困之极，乃至冻饿以死，今既时见之矣；精神上不满足，而生活愁闷，愁闷之极，乃至自杀，今又时闻之矣。
>
> 天生人，予人以生活之资也，乃受焉而未尽其利；且予人以生活之才也，乃备焉而未尽其长，则生产问题起焉；一部人享优越之生活，致他部人求最低度之生活而不得，则支配问题起焉。
>
> 人与人相处而有社会问题焉，究之，则人与人间之生活问题而已矣；国与国相处而有国际问题焉，究之，则国与国间之生活问题而已矣。
>
> 武人也、政客也、游民也、土匪也、街头之乞丐也、狱中之罪犯也，乃之［至］青楼之红粉、沙场之白骨也，凡人世间公认为可恨而可怜者，无非此问题所构成而已矣。
>
> 吾鉴夫此问题意味之日益严重，与其范围之日益广大也，欲使有耳，耳此；有目，目此；有口，口此；合力以谋此问题之渐解，作"生活"。①

1926 年秋，王志莘转入银行界供职，辞去《生活》周刊主编。

---

① 《生活》第 1 卷第 1 期，1925 年 10 月。

创办《国讯》

"九一八"事变后,许多青年学生纷纷投信职教社,询问大局状况和救国方法。起初,职教社一一写信回答,后来他们发现这种一对一的办法效果不好。于是,职教社同仁会商后,决定创办一份杂志,由黄炎培亲自担任发行人。

1931年12月23日,《救国通讯》正式发行,初为不定期刊,不收费,通讯处设在上海法租界陶尔斐斯路25号。黄炎培在创刊号上说,本刊分"国难要闻""国难大事记""各地消息""同志通讯""特载"等栏目,免费寄阅,"至国难平复,或发讯人办理时,通告截止"。

《救国通讯》本是一份因国难、为国难而生的杂志,从创刊起,将救国与修养相结合,"以救国为职志,以全民抗战为途径,同时却深深感觉到个人修养,实为抗战必胜、建国必成的中心基础条件"。黄炎培认为,没有"高尚纯洁的人格"、"博爱互助的精神"、"侠义勇敢的气概"、"刻苦耐劳的习惯"这四种根本修养就不配救国,即使救也救不了。

《救国通讯》发行后,索阅的人一天比一天多,读者对它的希望也一天比一天殷切。1934年1月10日,从第61号起,改名为《国讯》,由不定期刊改为半月刊,略收刊费。黄炎培撰文《为什么救国要有高尚纯洁的人格》《为什么救国要有博爱互助的精神》《我们救国该有什么样的修养》,对四种修养详作解释:"鼓着周身的勇气,淋着满腔的热血,为的是国家,为的是民族,把自己的损失自己的危险,一切都不顾,这才是天下古今最高最大的侠义。"

1935年1月11日,自第84期起,《国讯》改为旬刊,约定由黄炎培、江恒源、杨卫玉、潘文安、何清儒担任基本撰述,并决定以四条修养为基础,将倡导"生产自救"和"经济自卫"作为刊物今后持论的主张。

作为以立人救国为主旨的杂志,《国讯》以唤起民众、倡导团结御侮为指导方针,致力于报道国难的消息,刊登有关救亡运动的文字,自创刊后,就一直深受大众瞩目。由于记载详实,言论公正,深得社会赞誉,特别是1935年后,发行量急剧增加,每期印发骤增至12 000余份,风行海内外。

黄炎培在《国讯》上刊发一系列文章,如《华北当前的危机》《大可注意的察事前途》《吾人在非常时期将以何者为最大贡献乎?》《如何唤起民众》《难关年年有》《市面恐慌过去了么》《怎样救济工商业》《"九一八"怎么想?怎么干?》,揭露日本侵华的野心,多方面向国人提出救国的途径、希望和要求:"要咬着牙去想,要拼着命去干,不单是口头说。起来!起来!难道一年一年这样的'九一八'让他过下去么?咄!咄!"

1937年8月13日"淞沪会战"爆发,11月12日上海市区沦陷,12月《国讯》暂告停刊。停刊8个月后,1938年8月13日复刊,出版第179期。黄炎培在《复刊词》中说,《国讯》是一个"为国难而生,为国难而死,为国难而更生"的刊物,继续发挥抗战救国的基本精神,以达到必胜、必成的目的。

《国讯》复刊后,黄炎培长期主持它的编辑和出版工作,他以此为武器,极力关注、支持、号召、宣传抗战。从第179期开始不定期连载黄炎培的《抗战以来》长文。《抗战以来》是他数年间以对抗战的所见、所闻、所感为内容而作的系列长文。在黄炎培的支持下,《国讯》不时地刊登有关抗战的消息、诗歌、文论,旗帜鲜明地反对"过于悲观"的"必亡论"、"过于乐观"的"速胜论",从政治、经济、军事等方面阐述了持久抗战、抗战必胜的道理。

1941年10月10日,黄炎培在《自由》一文中说:"吾们借这个刊物,和读者诸君相见,到今足足十年了。这十年中间,前前后后,文章不知有几千篇,不知劳手民植过几千万字,劳邮差送过几百万封。实实在在,只有很坦白的单纯的一句话,就是说:'我们定要把垂危的中华民族挽救起来,复兴起来。'""吾们绝无所求,只求全国上下万众一心,抗敌自救,对外恢复中华民国领土与主权的完整,取得中华民族的解放与自由;对内取得人民的福利。"

1944年5月,黄炎培写下《我们为什么这样努力办〈国讯〉》一文,有针对性地批驳一些人非议职教社应一心办教育,不应分心办刊物。黄炎培认为这些人是没懂得"我们办《国讯》的意义"。"我们办《国讯》,越办越努力"的根本原由就在于办教——办职业教育不能自外于政治。"试问国民运用这些政权,若是这些人思想龌龊,行为卑鄙,自私自利,有己无人,只知借政权来做个人发财、团体分赃的工具,一旦跨进政府,更是无所不为,国家还有希望吗?我们以为一方面主张民主、倡导宪政,一方面必须加重倡导个人修养。"

1948年4月8日,国讯书店、《国讯》杂志因发布民主进步思想,被国民党当局查封、停刊。"为了抗日,社与上海地方协会联合发行《国讯》,前后支撑了十多年,1948年4月8日,终于以'替共匪宣传'被迫停刊。"

《宪政》月刊

《宪政》月刊是一份以"促进民主、宪政、抗战、团结"为宗旨的政论性、学术性的杂志。自1939年9月国民参政会第一届会议起,黄炎培就积极参与宪政活动,提出有关议案,发表对宪政问题的看法。1943年11月起,黄炎培、张志让、杨卫玉、钱新之等发起成立宪政出版股份有限公司,经过一个月的筹备,《宪政》月刊于1944年元旦在重庆创刊。黄炎培为发行人,张志让为主编。

黄炎培希望在全国人民期望民主、宪政实现的时候,《宪政》月刊能够真正成为推动全国宪政运动和政治民主化的一个重要媒介。《宪政》大声疾呼实现真正的民主宪政运动,号召"中国人民应该团结一体,为抗战、为宪政、为民治而奋斗"。创刊号一出,立即在大后方引起轰动,三天即售完。

黄炎培在《宪政》月刊上发表一系列文章,宣传宪政,推动宪政运动。从1944年1月4日起,发起组织"宪政座谈会",每月举行一次,邀请文化界、实业界、银行界、政界的知名人士参加,对推动民主宪政运动起到了积极作用。

黄炎培在《民主》一诗的结尾叮嘱人们牢牢记住三句话:

一切一切,我为的是什么?是民众。

我靠的是什么?是民众。

我是什么?是民众中间一分子。

1946年3月,《宪政》月刊被查封,共出27期。

韬奋跨进了中华职教社的大门

1921年7月,韬奋大学毕业了,跨出了圣约翰大学,经毕云程引荐到纱布交易所做了英文秘书。

1922年6月,韬奋思虑再三,提笔写信给前辈学长黄炎培。黄炎培接信后,约韬奋面谈,看了韬奋在《约翰声》月刊发表的中英文作品,又向穆藕初和当时在申报馆营业部工作的一位圣约翰同学了解韬奋的为人,他们对韬奋都有好评。不久,黄炎培根据考察所得,决定请韬奋到中华职业教育社担任编辑股主任。

28岁的韬奋得贵人相助,顺利跨进了中华职业教育社的大门。"当时我在职教社所主持的事有两种:一种是职教社所出版的月刊,名叫《教育与职业》,还有一种便是编辑职业教育丛书。此外每半年编写一册关于中国职业教育的英文小册子,寄往各国教育机关作宣传之用。""以当时职教社的经济力量,只能请我担任半天的职务,因为只能出六十元的月薪。"还有半天到科学名词审查会编辑各科名词,一年后到中华职业学校做英文老师兼任英文教务主任。

韬奋编译的第一本书是《职业智能测验》,他后来在《经历》中专门记述了受批受教的过程:"我只依据着英文书的内容和顺序,依样画葫芦似的把它翻成中文,用足劲儿译成了三万多字,给黄先生看看。在我自问很卖力的了,可是黄先生第二天却拿着我的译文,跑到我的桌旁,对我所编译的文字作诚恳而严格的批评。他所指出的要点是我们编译这本书的时候,不要忘却我们的重要的对象——中国读者。我们处处顾到读者的理解力,顾到读者的心理,顾到读者的需要,而我所已完成的东西在编法和措辞方面都依照英文原著,合于英美人胃口的编法和措辞,未必即合于中国读者的胃口。"[1]

韬奋接受黄炎培的批评,从头改进,写完一万字就给他看,并把全书的纲要也写出来给他看。这一次,黄炎培看后大加称赞。这件事给韬奋很大教训,也让他掌握受用一生的办刊秘诀:

---

[1] 《韬奋全集》第7卷,第174页。

"我认为这是有志著述的人们最要注意的一个原则：在写作的时候，不要忘记了你的读者。"①

韬奋自1922年6月中旬加入中华职业教育社，深受黄炎培"职教救国"思想的影响，他积极参加中华职业教育社的各种活动，发起参与了"一星期职业指导运动"，而且作为职教社推行研究的一位重要领导者，在开展职业教育理论探讨的同时，撰写了大量有关职业教育和职业指导的文章。据统计，从1922年到1926年间，他在《新教育》《教育与职业》《中华教育界》《教育杂志》《教育与人生》等刊物上发表了文章50余篇；编译了6种职业教育和职业指导著作，均由商务印书馆出版。

到1923年，韬奋还清了债务，积攒了几百块钱，可以把婚事办了。妻子叶复琼生性笃厚，在事业上也是贤内助，相助韬奋翻译出版了杜威名著《民本主义与教育》。好景不长，1925年初，叶复琼因患伤寒而离开了人世。

韬奋在悲伤中熬过几个月后，经杨卫玉介绍，1926年1月1日，与苏州女子职业中学美术科主任沈粹缜结为伉俪。沈粹缜无怨无悔地放弃了自己的职业，全力支持韬奋。

1926年秋，王志莘转入银行界供职，辞去《生活》周刊主编。黄炎培等经过慎重考虑，决定由时为职教社编辑股主任的邹韬奋从10月始接办《生活》周刊。

《生活》周刊由此揭开新的篇章，韬奋进入了事业上第一个辉煌时代——《生活》周刊时代。

---

① 《韬奋全集》第7卷，第175页。

第二章

韬奋的出版之路

事業管理与職業修養

邹韬奋

《事业管理与职业修养》

韬奋著,1940年11月生活书店印行。

王振铎说：在百年新闻出版史上，只有五位称得上大师级的人物，报刊为梁启超、陈独秀；图书为张元济、陆费逵；而将书报刊集合为一体之大师，只有邹韬奋先生。①

一、出版家和出版

"出版"一词是外来词，据考证是从日本引进的。"出版"一词在我国书刊上的应用，最早是在1890年或1895年。② 王建辉认为梁启超在1899年8月8日写的《自由书》序中最早使用了"出版"一词。③

出版是书籍或杂志的生产、流通的过程

出版是一种独特的文化存在形式，通过出版物传递出版人的价值导向和精神追求。陈原认为："我们所从事的出版工作，是一个非常复杂的系统工程；其所以非常复杂，首先是因为这项工程不是一般的物质生产，它是一项必须时刻具备创造性（或者充满创造性）的工作。出版这个系统工程不是一个简单的，或单纯的物质运动过程，而是一个富有创造性的精神产品转化为物质形

---

① 《邹韬奋研究》（第一辑），学林出版社2004年版，第101—105页。
② 王益：《"出版"再探源》，《出版发行研究》1999年第6期。
③ 王建辉：《出版与近代文明》，河南大学出版社2006年版，第37页。

态的复杂运动过程——也就是说，将创作物转化为书本的过程。"①

根据 1997 年 1 月 2 日国务院颁布、2001 年 12 月修订的《出版管理条例》第二条，出版物是指报纸、期刊、图书、音像制品、电子出版物等。"出版物——我在这里特别指图书——是文化和文明的集中体现。一个时代的文化，一个社会的文明，在很大程度上蕴藏在图书里，当然，它——文化和文明——最初表现在图书里，然后传播到这个时代这个社会的一切角落；尔后蕴藏起来——这时叫做文化积累。图书，在任何情况下，都是传播文化和积累文化的最有效的工具。"②

考虑到 1895 年至 1945 年的时代背景和出版物特征，本书所阐述的出版是狭义的出版，即"出版是书籍或杂志的生产、流通的过程"；本书所论述的出版物主要是图书、期刊这两种类型的出版物。

出版是与时代息息相关的，每一个时代的出版都不可避免地烙上了时代的印记，只有顺应时代的步伐才能在其中立足并获得发展。从晚清到民国，西方人一直将上海当成他们的传教中心和出版中心。1843 年 12 月 23 日，英国传教士麦都思来上海创办了拥有中国近代印刷设备的第一家出版机构——墨海书局；1860 年，美华书局迁来上海；1864 年，土山湾印书馆创立；1876 年，英国人美查的点石斋石印局开业。随着洋务运动的开展，官办出版机构开始兴起，1863 年，曾国藩创立金陵书局；1868 年，江南制造局翻译馆成立；1881 年，同文书局成立。这些外国人办的

---

① 陈原：《总编辑断想》，辽宁教育出版社 2001 年版，第 12 页。
② 陈原：《总编辑断想》，辽宁教育出版社 2001 年版，第 16 页。

出版机构连同官办的出版机构，标志着中国现代出版业的开始。

上海是全国的出版中心

19世纪末，近代中国印刷出版业的发展出现了第一波高潮。1898年6月，清政府开放报禁并准许官民自由办报，商界、知识界乃至学校创办的新型股份制出版企业以崭新的姿态呈现：1897年成立的商务印书馆，1898年成立的广益书局。中华民国成立以后，新书局或书店纷纷在上海开张：1912年成立的中华书局，1913年成立的亚东图书馆，1915年成立的泰东图书局，1916年成立的大东书局，1917年成立的世界书局，1921年成立的人民出版社，1926年成立的开明书店，1932年成立的生活书店。这些机构名称、叫法不一：印书馆、书局、书店、图书局、图书馆、翻译馆、出版社，其内容大致相同，就是出版图书、期刊的机构，它们的营运范围比今天的出版社广泛得多。

为加强出版管理，北洋政府1914年12月公布《出版法》，1915年11月公布《著作权法》。1928年，国民政府公布《著作权法》及《著作权法施行细则》；1930年12月，国民政府公布《出版法》；1931年10月国民政府公布《出版法施行细则》。

19世纪末20世纪初大量涌现的上海民间行业商会，构成了上海出版业发展的制度和组织环境。1899年春，以出版雕版书、石印书、翻印古书为主的书坊同业组织——上海书业公所正式成立，到1906年，参加书业公所的组织不少于119家。1905年，以出版新书为主的书店同业组织——上海书业商会在上海望平街成立，到1906年，会员已有22家。1906年上海第一个报业同业组织——上海日报公会成立。上海书业公所、上海书业商会、上海日报公会这三个民间组织的成立，可看作上海出版界形成的标志。1930年，上海书业公所、上海书业商会和上海新书业公会合并，成立统一的上海书业同业公会，入会的会员单位有44家。到抗战前夕，上海有大小出版社100家左右。①

20世纪二三十年代，上海是全国的出版中心，朱联保在《近现代上海出版业印象记》一书中，②以他的亲身经历，描绘了一幅上海出版界地图：

> 三十年代是文化街最繁盛的时期，我亲眼看见的书店，在河南中路上，自南而北，店面朝东的，有文瑞楼、著易堂、锦章书局、校经山房、扫叶山房、广益书局、新亚书店、启新书局、文明书局、商务印书馆、中华书局、会文堂书局等，其店面朝西的，有群益书社、正中书局、审美图书馆、民智书局、龙门联合书局等。
>
> 在广东路中段，有亚东图书馆、文华美术图书公司、正兴画片公司等。
>
> 在福州路上，自东而西，店面朝南的，有黎明书局、北新书局、传薪书局、开明书店、新月书店、群众图书杂志公司、金屋书店、现代书店、光明书局、新中国书局、大东书局、大众书局、上海杂志公司、九州书局、新生命书局、徐胜记画片店、泰东图书局、生活书店、中国图书杂志公司、世界书局、三一画片公司、儿童书局、受古书店、汉文渊书肆等；店面朝北的，有作者书社、光华书局、中学生书局、勤奋书局、四书局门市部、华通书局、寰球画片公司、美的书店、梁溪图书馆、陈正泰画片店、百新书店等，可见文化街

---

① 冉彬：《上海出版业与三十年代上海文学》，上海文化出版社2012年版，第36页。
② 朱联保：《近现代上海出版业印象记》，学林出版社1993年版，第6—7页。

上，书店确实是多的。在弄堂内、大楼内的，还不在内。

此外，在山东中路、昭通路上的中小型书店尚未列举。三十年代已经歇业，四十年代新出现的书店，亦未谈到。因这里只回忆三十年代文化街上见到的书店，至于中区文化街以外各条路上的书店出版社，在苏州河以北四川路一带，可说是第二条文化街，那地方除商务印书馆分馆外，有新知书店、群益出版社、良友图书印刷公司、水沫书店、天马书店、春野书店、南强书店、大江书铺、湖风书局、创造社出版部等十余家，而且都是在三十年代前后，出版进步书刊的。

有书店、书局就有书商、出版商、出版家。张静庐在《在出版界二十年》一书中对书商和出版家做了明确的界定："出版商与书商的分界线，不仅社会上一般人弄不明白，就连地方当局和主管的上级机关也没有将它划分清楚，因而将绝对不同营业路线和营业方式的书商和出版商，硬给你箍在一起。"在张静庐看来，书商是完全以买进卖出为主要业务的商人，包括木版书商、碑帖商、石印书商、标点书商、教科书商。出版商是指有目标、有信念、有出版权的机构和经营者。他明确表示："我是个'出版商'而不是'书商'。"[①] 在书中，他提到了"出版家"，但没有对"出版家"做界定和说明。

邹韬奋是出版家吗

王云五 1970 年 9 月在台湾商务印书馆月度会议上，对商务印书馆七十年的出版物做了评价，提出："我认为一个出版家能够

---

① 《在出版界二十年》，上海书店 1984 年 9 月版。

推进与否，视其有无创造性的出版物。""有创造性的出版物"才称得上出版家。商务印书馆七十年只有 30 种创造性的出版物，中小学教科书、《东方杂志》、《辞源》、各科词典、四部丛刊、百衲本二十四史，这六种为张元济所主持，结论为张元济是出版家。

陈子善在《忆范用先生》一文中提出："在我看来，出版家的一个重要标志，就是敏锐、大胆地发掘作者，竭尽心力地出好作者的书。"①

陈原在《书迷》一文中指出出版家和书的关系："所有伟大的出版家（或者自己愿望成为一个伟大的出版家）都自幼就'嫁'给或'娶'了书这个行当。他不是天主教神父，他也结婚，但他确定将灵魂嫁或娶了书这个事业。他爱书胜过一切。他为书而生，他为书而受难，甚至为书而死。这种人是十足的书迷。没有这种痴情，成不了气候。打开中国近代出版文化史，举凡张元济、夏粹方、高梦旦、胡愈之、邹韬奋、叶圣陶、徐伯昕、黄洛峰、华应申，以及章锡琛、陆费伯鸿、汪原放、张静庐无不是书迷。为书奋斗终身！"②

出版家不是自封的，也不是钦定的，他有着主观的理想追求，有着客观的出版成果，他是有理想的、有思想的、有代表作品的，创办书店或期刊，推出有影响力的出版物。

从 1897 年以来，中国现代出版业风起云涌中出现许许多多的出版家。1997 年 5 月 8 日，时任国家新闻出版署署长的于友先先生在商务印书馆建馆暨中国现代出版一百周年座谈会上的讲话

---

① 《书痴范用》，三联书店 2011 年版，第 89 页。
② 陈原：《总编辑断想》，辽宁教育出版社 2001 年版，第 9 页。

中说道:

> 梁启超、严复、张元济、蔡元培、章炳麟、夏瑞芳、王国维、陈独秀、鲁迅、李达、陈望道、恽代英、叶圣陶、邹韬奋、萧楚女、茅盾、郑振铎、瞿秋白、丰子恺、林汉达、李公朴、冯雪峰、恽逸群、艾思奇、胡乔木、胡愈之、陈翰伯、姜椿芳、梅益等等,不仅是杰出的出版家,而且有许多也是我国一百年来最杰出的政治家、思想家和文学家。

数一数,一共29位,他们是中国现代出版业的代表人物,但不是全部。

六年后,于友先再评说29位中的两位——张元济和邹韬奋:"如果说张元济是中国现代出版家第一人的话,那么,邹韬奋则是中国现代革命出版家第一人。这两位出版巨人都为中国现代出版业作出了无与伦比的贡献。"[①]

说张元济是出版家、出版大师,是因为他有一系列有影响力的出版活动和创造性的出版物,那么,邹韬奋作为杰出的出版家的"无与伦比的贡献"又是什么呢?

二、 出版家的铸就

1926年是邹韬奋人生中最重要的年份。

这一年10月,31岁的邹韬奋踏上了他的理想腾飞的平台——以中华职业教育社编辑股主任的身份接办《生活》周刊,从此,他和《生活》周刊就血脉相连了。

---

① 于友先:《现代出版产业发展论》,苏州大学出版社2003年版。

从主编《生活》周刊到创办生活书店

1937年韬奋在狱中写道:"能使我干得兴会淋漓,能使我的全部身心陶醉在里面的事业,竟渐渐地到来,虽则只是渐渐地到来。这是什么呢?这是民国十四年十月间创办的《生活》周刊!"①

"渐渐地到来",意味着不是一两个月,不是一两年,而是五六年,是从1921年跨出圣约翰大学校门到迈入《生活》周刊,是从《时事新报》练习后转身回《生活》周刊。

1921年7月,韬奋怀着理想、伤感、债务和文学学士学位跨出了圣约翰大学。"我本来是要想入新闻界的,但是一时得不到什么机会,以前'走曲线'求学,现在又不得不'走曲线'就业了。"② 这条曲线不长,大约一年时间,功夫不负有心人。1922年6月,在进行考察、面谈后,黄炎培决定请韬奋到中华职教社担任编辑股主任,负责编辑《教育与职业》月刊、编译《职业教育丛书》。这就是他说的"出了校门就踏上了编辑之路"。

值得一提的是,韬奋在《时事新报》"一年的练习"。

他在《经历》中详述了这一年的经历和收获,白天全天在《时事新报》,每天晚上回《生活》周刊。他在《时事新报》的职位是秘书主任,做的是关乎全馆全流程的事宜。

"除编辑部的通信稿外,全馆的各部信件都集中在我的办公桌上。关于全馆各部的来信,都先经我阅看,除应由总经理办理的文件由他抽出酌办外,其余的文件便都由我注明办法,分送给

---

① 《韬奋全集》第7卷,第191页。
② 《韬奋全集》第7卷,第165页。

各部去办，各部根据情形，分别起草复信的底稿后，仍汇送到我的办公桌上，由我核定后缮发。其中遇着要和总经理商量的事情，便立刻和他商量后决定办法。这样一来，我和全馆各部的事情，都有着相当的接触，所以说这个职责给我以一个很好的'练习'机会。"

跟随总经理潘公卿，学到的不仅有办报之经验，还有做事之从容不迫；跟着董事长张竹平，领教他应付事务的精明详密；跟着总主笔陈布雷，掌握了写文章的谋篇布局，也给陈布雷留下办事认真、能写文章的印象。

这一年专业的、高强度的系统训练，让他完成了从编辑到主编的转化，也为他办好《生活》周刊打下了基石。他在《经历》中给这一年做了总结："我在时事新报馆工作的一年，是我生平更有意义的'练习'的时期，我常觉得我的这一年的'练习'，比进什么大学的新闻科都来得切实，来得更有益处。"[①]

韬奋一年后辞离《时事新报》，1930年被任命为《生活》周刊社长兼总编，全身心投入《生活》周刊。经韬奋等人的精心打造，《生活》周刊从最初的机关刊物变为"有价值、有趣味的周刊"，再到"本刊最近已成为新闻评述性质的周报"，"渐渐变为主持正义的舆论机关"。随着《生活》周刊内容的充实，版式的创新，主旨的革新，发行量不断地激增。《生活》周刊的发行量从最初不足1 000份，韬奋接办后上升到2 800份，第3卷每期印数已达20 000份；1929年第4卷1期，由单张改为本子，改版后印数由4万份陡增到80 000份；1931年第6卷42期以"国庆与国哀"为标题出了一本特刊，这一期印数大增，从此以后每期印

---

① 《韬奋全集》第7卷，第195页。

数增长到 155 000 份,创下了当时中国杂志发行的最高纪录,真正称得上一纸风行。

经过那个年代的著名记者赵浩生回忆道:"至今我还清清楚楚地记得,每期《生活》周刊在学校饭厅门前的地摊上出现时,同学们都一改拥进饭厅去占座位抢馒头的活动,而如饥似渴地抢购《生活》周刊。一册到手,大家就精神物质食粮一起狼吞虎咽;而最迫不及待要看的,就是韬奋的时事评论和连载的游记。《生活》周刊并不限于时事、报道,更使青年读者敬重热爱的,是思想和学习的指导。我和当时所有的青年一样,我们心情是国事如麻,寇深事急,抗敌御侮的热血沸腾,求知上进的欲望如渴似饥。《生活》周刊恰恰满足了青年的这两个需要。当时每一个人都感到《生活》是我们的生活,韬奋是我们的导师。"①

随着《生活》周刊的影响力逐渐扩大,它也引起了国民党当局的注意。胡愈之向韬奋建议创办生活书店,这样不仅可以出书、卖书,即使《生活》周刊被封禁了还有书店,阵地依然存在,可以换个名字继续出版刊物。

1932 年 7 月 1 日,生活书店成立。生活书店源于《生活》周刊,它们的精神是一脉相承的;生活书店又有别于《生活》周刊,它是一种划时代的新型出版组织。

1932 年秋,韬奋因为"言论较多,触犯较重,受暗杀的危险也比较大",被迫出国考察。一年后,1933 年 12 月,《生活》周刊以"言论偏激"被"密令封闭",但仅止于周刊,没有牵连到生活书店。

从《生活》周刊到生活书店,从 1926 年到 1932 年的六年,

---

① 《我是韬奋先生的学生》,《解放日报》1990 年 11 月 13 日。

韬奋完成了从周刊主编到书店创办人的转型。

1935年8月，韬奋从美国回上海后，主要精力依然放在办刊上，他以创办人的身份相继创办了《大众生活》、《生活日报》、《生活星期刊》、《抗战》三日刊、《全民抗战》。这期间，生活书店作为新型出版机构发展迅速，它的业务沿着办杂志、出图书、开书店三条线相容地前进着，最高峰时它有期刊30多种，出版图书1 000多种，在大后方的大中城市有56家分支店。

1937年7月，韬奋结束243天的牢狱生活，重点关注生活书店的经营发展。1938年8月13日，他在《店务通讯》第21号"每周谈话"栏目上发表"迅速扩展后积极整顿"。从这一号开始，他每周写一篇谈话，紧密联系书店的实际情况，以谈心的方式阐明自己的意见和想法，使书店员工深受教育。韬奋接受毕云程的建议，选择了42篇辑成单行本《事业管理与职业修养》，1940年由生活书店出版。出版后，受到热烈欢迎，曾多次重印。此书出版，标志着韬奋成为理论和实践相结合的真正意义上的出版家。

著译等身的出版家

韬奋勤于写作，他有新闻记者的敏锐眼光，有政论家的沉着冷静，用传神之笔写就大量充满激情和新知的文章、著作。这是韬奋不同于其他出版家的显著特征之一。

韬奋的夫人沈粹缜在《邹韬奋的早年生活》说："韬奋对待工作的一个显著的特点是：勤奋，不浪费一点时间。他的许多著译，都是利用晚间有限的时间完成的。不论著述或翻译，每晚总要写二三千字，几乎成了他的习惯。在日常生活上，韬奋没有任何嗜好，不喝酒，也不吸烟……要说他有什么嗜好，唯一的嗜好是读书。"

艾思奇在《中国大众的立场》一文中说:"从第一次大革命前后起,韬奋同志就开始了写作的生活,差不多二十年的期间,他几乎是每天不停笔地工作。这是中国政治上多变的期间,同时也是中国人民在挣扎、在反抗、在斗争、在联合的期间,这里有国民党一党专制的建立,有'剿共'和军阀内战,有'九一八'事变,有全国人民的爱国运动和救国会活动,有中国共产党的团结抗日的号召……在这中间,韬奋同志的工作,是与人民的斗争不能分开的。他抓着了人民政治上生活上所遇到的一切大小问题,给予适当的回答,他的影响之所以能很快地扩大起来,就因为他的文章,最能反映斗争中的中国广大人民的要求和情绪。"[①]

孙郁说:"邹韬奋短短的一生,一直克服文人腔和学者腔。最早的时候,他翻译杜威的作品,完全按照英文的特点直译,后来发现,与大众的品味相左,没有考虑读者的接受。于是,译风发生变化。后来编辑报刊、书籍,一直注意雅俗的协调,高低的互动,深浅的贯通。"[②]

胡绳在《韬奋著译系年目录》一书的"序"中说:"韬奋常自称为'记者'。他所写的大多数文章属于时事评论的性质。他极其亲切地和读者讨论为群众关心的大大小小的问题,他不顾个人利害,以满腔热情表达了人民的爱与憎,人民的愿望与要求。这些文章就内容说固然有时间性,但现在看来,不仅有史料价值,而且也还是使人读了感动和奋发。"

韬奋不像张元济、黄炎培一生记下大量日记,不像梁启超、

[①] 邹嘉骊:《忆韬奋》,三联书店2015年版,第64页。
[②] 孙郁:《脊梁式的人物:韬奋》,《读书》2015年11月。

胡适一生留下大批私信，他不停地写文章，在报刊上发表，辑集成书，1932年后全部由生活书店出版。这是韬奋不同于其他出版家的显著特征之二。

依出版时间顺序，选择其主要的著作一一介绍，既可以了解韬奋的人生经历，又可以解析韬奋的思想脉络。

《小言论》第一集，1931年10月初版，生活周刊社印行。本书共132篇，收集1928年至1931年上半年"小言论"栏目文章。韬奋在"卷首语"中说："读者诸君在这本书里寻不到什么专门学术，也寻不到什么高深主义，不过寻得一个很平凡的朋友作很平凡的谈话而已。"

《小言论》第二集，1933年1月初版，生活书店出版。本书共139篇，由寒松选辑1931年6月至1932年11月"小言论"栏目文章。韬奋在"卷首语"中说："以时事为评论的材料，原有枝枝节节的毛病，但评论所根据之观察点则不得不有其中心思想以为权衡，故于分歧杂错的个别问题中，未尝没有一贯的中心思想为背景，所谓'仁者见仁，智者见智'，殆亦此意。作者自己和自己作前后的比较，自觉思想上的方向日趋坚定，读者于前后各文中或亦可以看出一二，为是为非，师友间颇有不同的意见，倘蒙读者不吝指教，不胜感幸。"

《小言论》第三集，1933年12月初版，生活书店出版。本书共56篇，选辑1932年11月至1933年7月"小言论"栏目文章。

《萍踪寄语》初集，1934年6月初版，生活书店出版。韬奋在"弁言"中说："写到现在，以英国为一段落，已积有五十一篇，共约十万五千言左右。不幸《生活》周刊于去年十二月间'迫于环境，无法出版'，《萍踪寄语》仅登出一小部分，暂时搁置，现在先把以英国为段落的编成初集出版，就正于国内外的读者和朋友们。"

《萍踪寄语》二集，1934 年 9 月初版，生活书店出版。韬奋 1934 年 2 月至 5 月，经英国动身，经法国、比利时、荷兰、德国，返美后追记成书，共 14 篇，多发表于《新生》周刊。韬奋在"弁言"中说："特开'特别快车'，差不多一个月内，把这本以德国为段落的《萍踪寄语》二集赶成，以求好友们的指教。"

《萍踪寄语》三集，1935 年 6 月初版，生活书店出版。韬奋 1934 年 7 月赴苏联，记载游历苏联的印象，共 65 篇，少量发表在《新生》周刊。韬奋在"弁言"中说："苏联是积极努力于新社会建设的国家，情形日新月异；我回伦敦后对苏联的情形仍时常从快报上留意，因此写完本书时距我离开苏联虽已六七个月，也许和最近情形还相去不远；但因为苏联究是一个进步迅速的国家，这本书出版的时候距脱稿的时候或许又要在几个月以后，所以所叙述的情形只可作为大概的轮廓，或重要的趋势。这是要请读者诸友注意的又一点。"

《萍踪忆语》，1937 年 5 月初版，生活书店出版。共 37 篇，前 29 篇在《世界知识》发表，后 8 篇是在看守所里写的。韬奋在"弁言"中说："这本书对于美国的政治、经济、社会、文化各个方面，如政治背景，劳工运动，农民运动，青年运动，杂志和新闻事业等等，都根据种种事实，有所论述；尤其注意的是旧的势力和新的运动的消长，由此更可明瞭资本主义发达到最高度的国家的真相和它的未来的出路。这里面有着种种事实和教训，给我们做参考。"

《大众集》，1936 年 9 月初版，生活书店出版。收入韬奋在《大众生活》周刊自创刊号到终刊号所发表的文章。韬奋在"弁言"中说："这看来似乎仅是很短的三个半月的时间，但是我的工作，我的经历，我的思想，我的感触，好像正在紧接着开演的电影，紧张得使我透不过气来！说紧张，固然好像风驰电掣，时间闪烁而过，不像有三四个月之久；说经历的繁多曲折，却又好像比我办《生活》周刊七八年还要久！这不是我个人的关系，实在是《大众生活》所反映的时代是在剧变的过程中的缘故，尤其是这阶段是中国大众和学生救国运动的汹涌澎湃的时期。这个集子也许可以作为这一段时期的历史上的一面小小镜子吧！"

《坦白集》，1936年9月初版，生活书店出版。本集为韬奋1936年六七月间发表在香港《生活日报》《生活日报星期增刊》上的文章，分编为：关于团结御侮，关于国难，关于文化，关于苏联新宪法，关于《生活日报》，杂感，附录。韬奋在"弁言"中说："我生平的言论，向来是很公开地与天下以共见，我在香港所发表的言论，也是本着这同样的坦白的态度，所以我把这本集子取名《坦白集》。我一向没有加入任何党派，只是立在民众的立场，说我认为应该说的话，我此后还是要继续坚守这样的立场，竭尽我的心力，为中华民族解放和大众文化努力。这本小小《坦白集》的出版，就作为我的'息壤'吧。"

《展望》，1937年4月初版，生活书店出版。本集为韬奋1936年8月至11月底公开发表的文字，内容分编为评论、杂感、信箱、附录。韬奋在"弁言"中说："在这本书里，有个题目是《沉痛的回顾与光明的展望》，在这里也很有着令人深思的意义。'光明的展望！''光明的前途已向着我们招手！'（也是这篇文章里的话）。我就把'展望'称成我这本集子吧。"

《经历》，1937年4月初版，生活书店出版。本书是韬奋在狱中凭记忆所写下的关于自己二十年的生活经历的片段，包括两个部分，一是"二十年来的经历"，二是"在香港的经历"，三是附录"我的母亲"。共 61 章。韬奋在"开头的话"中说："关于这本《经历》，还有几句话想附带提及的，就是这本书并非什么自传，我也够不上有什么自传，只不过就我二十年来的生活过程中抽出一些关于就学就业的经历片段，和关心我的好友们谈谈，其中或者不无一些可供青年朋友们的参考，如此而已。这本书的写成，也许还靠我的被捕，因为在外面也许有更重要的文字要写，没有时间来写这样的书；而且在羁押中写别的著作，参考材料不易带，只有写这样的回想的东西，比较地便当些，所以无意中居然把它写完了。"

《激变》，1938 年 7 月初版，生活书店汉口分店版。本书收入韬奋在 1937 年"八一三"全面抗战发生后的三四个月，在《抗战》三日刊、《救亡日报》、《申报》上发表的文章。分为时评、专论、随笔、信箱四编。韬奋在"记在《激变》前面"中说："这三四个月在中华民族解放战争史上是一个划时代的激变的时期，这本书里的材料就是这激变时期的一种反映，而且在这里面所触及的许多问题，在今日还值得我们注意的，所以把它汇集起来，就把它叫做《激变》吧。"

《再厉集》，1938 年 12 月初版，生活书店出版。本书收入韬奋 1937 年 11 月至 1938 年 6 月，在《抗战》三日刊、《全民抗战》上发表的文章，分社论、短评、信箱、附录四编。韬奋在"序言"中说："这七个月中时间不算怎样久，但却是我国抗战再接再厉的紧张时期中，也就是所谓第二期抗战的一个时期，这时期里的变化都是在中华民族解放史上占着很重要的一页。这个小小集子就是作者在这个时期里所写的文字；取名《再厉集》，是要纪念这期抗战的再接再厉的精神。"

《事业管理与职业修养》，1940年11月生活书店初版。韬奋在"弁言"中说："我原想替它取名《民主的纪律》，又想替它取名《负责人与工作者的职业修养》，但是终于决定采用徐伯昕先生所建议的《事业管理与职业修养》。各文略依性质分为四类：（一）关于民主与集中，（二）关于干部与待遇，（三）关于服务的对象与态度，（四）关于工作与学习。前二类偏于事业管理，后二类偏于职业修养。""我想到由先后全体同人所惨淡经营艰苦辛勤培植起来的生活书店，积十五年经验，在事业的管理和职业的修养上确有它的特点，这些特点是从实践中发展出来的，也许可供社会上其他机关以及一般服务社会的青年参考，所以略加选辑，编成这本书。"

《抗战以来》，1941年8月初版，香港华商报社出版部出版。本书为韬奋应《华商报》之约所写的长篇连载文章结集，共77篇，附3篇关于政治改革的主张的参考文章。

1944年春，韬奋在病床上坚持写作《患难余生记》，只坚持了一个月，完成五万多字，第三章还没有写完，便因病势转剧不能再写下去。这成了他的遗作。

《对反民主的抗争》，韬奋出版社1946年7月初版，1947年1月再版，韬奋像1页，目次2页，正文175页。此书系邹韬奋1944年7月逝世后，生活书店同人对其未辑集出版的文章所作的一个选集。此书主要是韬奋1941年在香港期间所写文章的汇集，共收文27篇。封面手书乃从手稿中集字而成。生活书店同人为纪念他，一度将书店改名为"韬奋出版社"。

韬奋精通英文，不仅为他出国交流、考察提供极大便利，而且为他选择、翻译国外著述提供方便。这是韬奋不同于其他出版家的显著特征之三。

韬奋不仅是著作家，又是翻译家。从 1922 年到 1941 年，他翻译出版了 15 种不同风格的作品，其中有影响的作品有《民本主义与教育》(1928)、《革命文豪高尔基》(1933)、《读书偶译》(1937)、《从美国看到世界》(1939)、《苏联的民主》(1939)、《社会科学与实际社会》(1941)。

韬奋去世后，徐伯昕开始搜集韬奋的文章，后由茅盾、胡绳、史枚就已经搜集到而战后未刊为单行本的文章八十余篇，按年代 1925 年至 1937 年编排，印成《韬奋文录》，胡愈之作序，编者在"编后记"中说："所选录的文字，都求其最能代表韬奋先生的文体，最足以表现韬奋先生的精神，对今日的读者仍有浓郁的兴味，并且有直接的启发作用的。"

《韬奋文集》(1—3 卷)，三联书店 1955 年 10 月第 1 版，1978 年第 2 次印刷。第一卷为论文、杂感、随笔、与读者通信的"信箱"文字，共 37.6 万字。第二卷为《萍踪寄语》初、二、三集和《萍踪忆语》，共 52.8 万字。第三卷为《经历》《抗战以来》《患难余生记》《事业管理与职业修养》，共 37.3 万字。

1954 年夏，为纪念韬奋逝世十周年，由沈钧儒邀胡愈之、胡绳、徐伯昕、范长江、柳湜、史枚等，组成编委会，决定先请范长江负责审阅韬奋所有著作，提出编辑计划。范长江花了极大的精力，阅读了韬奋三十来部著作，约 500 万字，于 1954 年 8 月 9 日、8 月 28 日，分两次向编委会提出了书面意见。1956 年 1 月，《韬奋文集》三卷本由三联书店出版，范长江以"《韬奋文集》编辑委员会"的名义，作了《韬奋的思想的发展（代序）》一文。

《韬奋全集》14 卷，800 万字，收入邹韬奋自 1914 年起至 1944 年止，约 30 年间的全部著作和译著。中国韬奋基金会著作编辑部编，上海人民出版社1995年出版。

《韬奋全集》（增补本）共14卷。增补本是在《韬奋全集》的基础上经过多年努力搜集材料，增加新发现的著述多篇，分别按时间插入各卷中。上海人民出版社2015年出版。

韬奋一生写下了大量的著作和译作，对中国的政治、经济、社会、生活发表了精辟的见解和言论，对世界的状况作了翔实的考察。这些著译，不仅对研究韬奋的新闻出版思想具有重要价值，而且为研究现代中国历史和文化思潮提供了丰富的史料。

出版家的风范

"在他的短短的一生中，经历了无数次惊天骇地的狂风大浪。"[1] 1944年7月24日，一代出版家韬奋先生走完了他的人生，19年的新闻出版生涯太短太短，他给人们的印象很深很深。

韬奋作为出版家具有什么样的风范呢？我们可以从韬奋自述，生活书店的同仁、作者、友人的叙述和评说中找到答案。

1937年韬奋在《经历》中回忆当年创业的情景："我永远不能忘记在那个小小的过街楼里，在几盏悬挂在办公桌上的电灯光下面，和徐、孙两先生共同工作到午夜的景象。在那样静寂的夜里，就好像全世界上只有着我们这三个人；但同时念到我们的精神是和无数万的读者联系着，又好像我们是夹在无数万的好友丛中工作着！我们在办公的时候，也往往就是会议的时候；各人有什么新的意思，立刻就提出，就讨论，就议决，就实行！"

1935年进入生活书店担任总编辑的张仲实在《回忆三十年代的生活书店》一文中说："他创办和主持的生活书店，当然是按

---

[1] 胡愈之：《又一次想起韬奋同志》，《解放日报》1964年7月24日。

照这种精神办事的。它所出版的书籍杂志都是宣传党的主张、宣传抗日救亡、反映广大人民群众的愿望和要求的。因而，它们都受到广大读者的欢迎，风行一时。它所出各种杂志每期的销数，都冠于全国其他所有杂志。从一九三六年起，它更大量地出版宣传革命理论的读物，例如《青年自学丛书》、《救亡丛书》及社会科学读物，如我译的李昂节夫的《政治经济学讲话》等。另外还有《世界文库》，也很受读者欢迎。这些读物深入浅出，通俗易懂，深受广大青年的欢迎。这些读物提高了广大青年的政治觉悟，从而推动千万青年走上了革命道路。"

中华职业教育社副总干事孙起孟在《韬奋先生的干部政策》一文中说："生活书店是韬奋先生毕生精力贯注的事业，要看他对于干部政策的见解和运用，这是个最具体的证物。我们且不谈生活书店的书刊发生了多大的影响，只谈新出版业中的中上级干部很多都是生活书店出身这一点，就足以证明韬奋先生领导的成功。我很欣幸，有极多机会接触到生活书店的青年干部。凭实说，他们的基本修养未必高过别人，内中有一部分人从没有受过什么中等以上的教育，资质品性也并无特异之处。但一经在'生活'耽过几年，几乎个个在知能上、在见解上、在工作的热情上，都呈现出飞跃的进步。"

1936年和韬奋在苏州看守所共度243天的"七君子"之一沙千里在《痛念韬奋兄》一文中说："在苏州这一个时期，因为局限于看守所里，行动受到了限制，所以我所能知道韬奋的，多半是他个人生活方面的。那里他全部时间差不多都用在写作方面，虽然和在狱外一样也定有作息时间，但他工作的时间，自早至晚几乎全部是握着笔埋着头在著译，其聚精会神、集中思虑的情形，任何外面的吵扰，对他都不可能发生影响，即使我们在打球的时候，他也能在球场旁边一只特制的写作藤椅上运笔如飞地写作他要写的东西。"

1934年7月，韬奋在莫斯科和萧三相见，请萧三将《革命文豪高尔基》转交高尔基。萧三在《韬奋同志——文化界的劳动英雄》一文中说："这就是我第一次，也是最后一次看见韬奋同志的情景。别他以后，一直到如今，都记得他那中等的、瘦瘦的身材，他那对戴眼镜、近视的、但是非常诚恳的、智慧的眼睛，他那只殷勤的、热而有力的手。是的，他那只手是多么热、多么有力呵！他那只二十年不曾停挥的手，写过多少热血有力的文字，为了救国，为了帮助青年，为了推进进步文化！他的那对智慧、诚恳的眼睛看见了多远的前途，看见了今天虽然还有黑暗，而明天就会大放光明的前途！他的那颗热腾腾的心是多么爱青年、爱大众呵！"

1935年11月考入生活书店的周幼瑞，在《怀念韬奋先生》一文中说："我怀着紧张的心情走进书店的一间办公室，接待我的是一位戴着眼镜、穿西装、面带微笑的长者。他很亲切地问了我的出身、经历和家庭情况；又问了我对时局的看法和将来的志愿；还要我谈了书刊出版的意义和怎样为读者服务。由于这位长者态度和蔼、平易近人，我的紧张情绪很快消失，面试顺利通过了。11月5日，我被通知去书店上班，分配在发行课工作。经老同事介绍，才知道对我进行面试的长者就是久已敬仰的韬奋先生。"

1938年三四月间，臧克家从台儿庄前线到了武汉，见到了邹韬奋："一九三四、一九三五年，我的诗集《罪恶的黑手》、《自己的写照》接连由'生活'出版。记得前一本刚出版不久，我便接到了再版本。但开头第一篇诗却不见了，记得这首诗的头两句是：'希特勒的头顶着天空，德意志的太阳放不出光明'，是影射讽刺蒋介石的。检查官没有放过它。

"抗战不久，我和一些文艺战友一起到了战地做文化工作。写了两本反映抗战的诗集《从军行》、《泥淖集》，都是'生活'出版的。一九三八年三四月间，我从台儿庄前线到了武汉，为出版一本小册子，到'生活'去，见到了邹韬奋、张仲实同志，记得是在一座小楼的底层。

"我不厌其烦地絮叨了这些，但它们在当时影响其大，甚至危及一个人的生命与职业。说了这些，是揭露当时的社会黑暗，用意所在，却是赞扬'生活'在文化斗争方面，不屈不挠的战斗精神！杂志查封了，改个名字再出！生活书店的招牌，在人民心中大放亮光。"

1939年5月，生活书店胡耐秋和韬奋一起搬运物资："一九三九年五月三日，日寇飞机对重庆滥施轰炸，大火吞食了重庆最热门的街市——都邮街，从那边吹过来的烧焦了的书叶纷纷飘落在大街上。这时书店总管理处和栈房设在逼近闹市的小街深巷，虽已在较僻静的地区租定了新屋，但因人心慌乱，找不到搬运的人。同事们为抢救公共财物，排开了一条长蛇阵，传递搬运。韬奋同志看到，立刻也抢进了长蛇阵，用他那惯于向前倾斜的热诚的体态，抢着在同事中间接来递去。汗水糊湿了他的眼镜的玻璃片，他不听别人的劝阻，一面呵呵地笑着一面抹汗。同事们见他这样，也更加鼓起了精神，不到一天把重要的东西都搬走了。有些同事说，像这样的抢救在别的书店是不可能的。"

《大公报》记者子冈记述韬奋在重庆时的情景："在重庆学田湾，他住衡舍，我们住良庄，生活书店也近在咫尺。这时或是跑防空洞，或是在山坡上过路，时常遇见。在空袭警报时，韬奋也首先抢着作者的稿件。到他家去时，记得他的一家几口聚居斗室，推门也不见他，原来他的书桌就在门后，他往往伏案写稿或看清样，忙得不亦乐乎，但是还照样欢迎来客，热情交谈。"

"七君子"之首沈钧儒在《悲痛的回忆》一文中说："你译外文最快，一边看一边写，像在那里抄自己做好的文章一样。你译《苏联的民主》和《从美国看到世界》两书的时候，我常常坐在你桌旁。我说，韬奋，不要妨碍你。你总说，不要紧，不要紧，一面就很起劲地讲解给我听，一面仍是笔不停挥地写。我则呷一口你夫人替我泡的热茶，听一句你讲的'不可不知道'的书的要点和内容。且呷且听，且听且呷，那时我的愉快、我的安慰，现在追想起来真有非笔墨所能罄吐，我从这种地方得到你给我的益处实在太多。"

1939年10月《店务通讯》刊发了韬奋写的《韬奋自述》："我的生平志愿只是要做主笔，做新闻记者。目前被公推勉任本店总经理，也是出乎意料之外的，希望能早有同事接手。有了一妻，二子，一女。老父六十四岁，退休已近二十年，大家族由我和二弟共同扶养。弟妹很多，算不清楚，现在还有四个弟妹的学费用费要照顾到。特征近视，特性性急，牛性发时容易得罪人，近几年常自加意修养，也许可以好些。"

千家驹在《回忆〈大众生活〉在香港》一文中说："在这期间，我与韬奋的接触较多了，我们除每礼拜开编委会见面以外，还在别的一些集会上碰头。我逐渐认识到韬奋这个人是很风趣很幽默的，他不仅平易近人，而且谈笑风生，极易相处。他有时讲起笑话来更妙语如珠，我现在记得的好几个笑话都是从韬奋那里听来的。但一牵涉到政治性原则问题，则严肃认真，他决不拿原则去做交易。"

生活书店总编辑胡绳在《在流亡生活中的韬奋先生》中说："在游击区中，他有好几次跟着队伍在夜间行动。或者跋涉在山路溪涧之间，或者正逢着无星无月的下雨时候，这对于从没有过这种训练的人的确是非常困苦的。但他的精神在这时候始终显得十分积极愉快。有一个短时期，他和别的许多客人一起住在那里的阳台山上的一个茅寮里面。那是在很高的山顶，常常被卷在浓密的云雾里面。在这里，韬奋先生是兴致最高的人中间的一个。他教大家作健身操，领着大家一起做政治和学术上的讨论，和大家一起说笑话，讲故事。而当游击队请韬奋先生演说或写文章时，他总是很高兴地答应下来，而且很认真地做起来。"

戴白韬在《韬奋同志的革命精神》文中说："一九四二年的冬季，日寇正在大举扫荡苏北抗日根据地，我们移到空阔的海边一带活动。一个清晨，突然在海边垦区遇到韬奋同志，他兴奋得像个孩子似地跳起来。那时，他已害着严重的脑癌，一阵阵地头痛，使他有时不得不呻吟起来。但他仍然不放弃一切机会，向我们问长问短，一面谈，一面从怀里掏出笔记本来不停地写，他问得是那末仔细，那末虚心。"

茅盾1944年在《永远年轻的韬奋先生》一文中说："我以为最可爱者仍是他那一点始终保持着的天真！不计利害，不计成败，只知是与非，正与邪，有这样操守的人固不独韬奋一人；然而像韬奋那样一以天真出之，就我的寡陋的见闻而言，尚未见有第二人。对于畏首畏尾的朋友，他有时会当时不客气地批评，这是他的天真。为了忘记疲劳，会在噱头主义的歌舞影片之前消磨数十分钟而尽情大笑，这同样也是他的天真！或者有人认为这是他的盛德之玷，可是我觉得这正是他的可爱之处。"

郭沫若在《韬奋先生印象》一文中说："韬奋先生是最关心

青年的人，他真是一位理想的青年导师。而韬奋先生所给他人的印象，特别在我的心目中，也始终最得是一位青年。不仅他的精神是那么年轻，就是他的面貌、风度也总是那么年轻。他的身材适中，面目秀丽，口齿清白，态度纯真，我始终感觉着他只有三十岁左右那样的年龄。我相信别的朋友对于这一层一定也有共感吧。而韬奋先生是极热忱的爱国者，他的文章有神，为国事慷慨陈辞，感人至深也至广，这更是大家所公认的事。因为韬奋先生给我印象那么年轻，而痛陈国事的文字又那么磅礴有力，所以我印象地感觉着他就像汉朝的贾谊。"

徐雪寒在《韬奋同志对中国出版事业的伟大贡献》一文中说："他的热情奔腾迸发出生命火花的如椽巨笔，和他领导创办遍及后方前线、国内国外的生活书店出版事业相结合，才使他在30年代、40年前后10余年间，成为全国爱国青年的精神导师，形成鼓舞全国人民团结抗战的宣传堡垒，在抗战前后时期，影响了整整一代青年的成长发展。"

王子野说："他不仅是一位杰出的新闻记者和评论家，而且是一位非常出色的编辑工作者和出版工作者。出版工作的任何一个环节，从校对到编审，到装帧设计，到印刷，到发行，到经营管理，可以说他对每一行都精通，是出版工作中罕见的全面人材。他的编辑出版工作经验之丰富，在我国近代出版历史上是很少有人能与之比肩的。"

三、 出版家的精神

作为出版家，韬奋以什么样的理念和信念为《生活》周刊和生活书店注入活力和生命力,开创了一代新风,闯出一条新道路?细细地梳理韬奋十九年办报、办刊、办书店的风雨历程和他发表的大量文章和著作,可以清晰地归纳出韬奋的出版精神。

时 代 精 神

无论什么时代,都有它的时代精神。了解时代现实,把握时代的脉搏,紧跟时代的步伐,发出时代的最强音,这是韬奋办刊、办报、办书店的主旋律。

"立在时代的最前线"。中国近代是一个大变局大变革的时代,"百十年来事事新,吟成诗句定惊人。"内忧外患,风云变幻,从1895年到1945年,救亡演变成抗日救国、抗敌建国。韬奋借由《生活》周刊始,将《生活》周刊由机关刊物拓展成大众刊物。1931年"九一八"事变后,韬奋深感国难之痛,将《生活》周刊的编辑方针与时俱进做了大幅调整,"本刊最近已成为新闻评述性质的周报",要"就民众的立场,对政府,对社会,都以其客观的、无所偏私的态度,作诚恳的批评或建议;论事论人,一切以正义为依归;正义所在,全力奔赴,生死不渝。"① 韬奋开始强烈要求停止内战、一致对外,并全力投入抗日救亡运动中,《生活》周刊的内容也逐渐从城市职业者的趣味转向宣传抗日救国,成为抗日救国的舆论阵地。"在中华民族独立运动的进行中,一方面固不可不注意于本国政治社会问题的根本解决,同时对于反帝国主义的工作尤丝毫不容放松——尤其是对于进攻最猛侵略最急的日帝国主义者——我们认为要为中华民族求生路,

---

① 《韬奋全集》第4卷,第5页。

这两方面有兼程并进的必要。"①

韬奋以笔为枪,以书刊为阵地,将抗日救亡与启迪大众融于一体,揭露敌人的阴谋和残忍,促进大众的觉醒和觉悟。"韬奋先生在世仅短短四十九年。他把自己的后半生义无反顾、全心全意地奉献了进步的新闻出版事业,进到生命的最后一刻。作为'老三联'的后人,我们一直敬仰这位前辈:在日军侵华前,韬奋的笔是听诊器,能及时听到普通民众的心声,诊到底层人民的疾苦;在风起云涌的抗日烽火里,韬奋的笔是刀枪,直对侵略者和民族败类的心脏;同时,韬奋的笔又是一种凝聚剂,始终在危险中积极促成全民族的团结和觉醒。"②

时代在变化,时代在前行,"真有生命力的刊物,和当前时代的进步运动是不能脱节的"。1930年在《我们的立场》一文中,他说:"我们不愿唱高调,也不愿随波逐流,我们只根据理性,根据正义,根据合于现代的正确思潮,常站在社会的前一步,引着社会向着进步的路上走。所以我们希望我们的思想是与社会进步时代进步而俱进。"③

韬奋认为,进步文化事业是"有益于大众、有益于革命的文化事业,只有这样的进步文化事业才能随着时代的进步而一同进步,就另一意义说,同时也是时代进步的推动力"。

文化事业的发展不是靠空喊口号,也不能人云亦云,而是要深入民众,反映民众的心愿、心意、心声。"讲到新闻记者,除了报人要努力于正确的报道以外(在战争时期,正确的报道是特别艰苦的工作),我觉得最最重要的,是要努力为大众筹思怎样

---

① 《韬奋全集》第4卷,第412页。
② 《爱书的前辈们》,三联书店2015年版,第9页。
③ 《韬奋全集》第7卷,第256—257页。

具体地来解决当前的紧迫的种种问题。在这紧急的时期中，大众不要听抽象的理论，却都渴望着要有具体的办法，具体的建议。新闻记者当然不是万能的，但是至少他应该要做许多专家的'轴心'；尽推动，唤醒，汇集，提倡等等的责任，由此促成或加速种种紧迫的重要问题得到具体的合理的解决。"①

创 造 的 精 神

"要造成刊物的个性或特色，非有创造的精神不可。""最重要的是要有创造的精神。""创造的精神"其中心内容就是我们讲的创新，与"创造的精神"相对立的就是"尾巴主义"。韬奋说："尾巴主义是成功的仇敌，刊物的内容如果只是'人云亦云'，格式如果只是'亦步亦趋'，那是刊物的尾巴主义。这种尾巴主义的刊物便无所谓个性或特色；没有个性或特色的刊物，生存已成问题，发展更没有希望了。"②

办刊物、办报纸、办出版社是一个从无到有、从少到多、从弱到强的过程，在竞争激烈的市场中站住脚、形成强力，必须要有创造的精神。韬奋以《生活》周刊为例，从内容、形式、作者三个维度做了详尽的分析。

"内容的力求精警"。周刊的内容贵精不贵多，"精"不仅内容要精彩，而且要用最生动、最经济的笔法写出来，要使两三千字的短文所包含的精义敌过别人两三万字的作品，这样读者就有了"看一篇得一篇的益处"，节省时间，又得到某问题或某部门重要知识的精髓。今天重新翻阅90多年前的旧刊，仍被那时的

---

① 《韬奋全集》第7卷，第568页。
② 《韬奋全集》第7卷，第205页。

文章所吸引,如《丹麦改良农村之基本方法》《荷兰的日光工》《胡适之先生最近回国后的言论》《蒋前总司令的离婚问题》。

"编排的独出心裁"。很多人办刊、办报、出书忽略形式、装帧,相反,韬奋格外重视,格式和编排也极力独出心裁。他说《生活》周刊"单张的时候有单张的特殊格式,订本的时候也有订本时的特殊格式"。单张格式被人模仿多了,就添加画报;就是画报的格式和编排,也屡有变化。办刊如此,出书更是如此,今天重看30年代生活书店出版的图书,不论是开本还是装帧依然让人喜出望外。[①]

"作家的推陈出新"。30年代期刊、出版大发展,作家有限,就会出现这样的情况:"在东一个杂志上你遇见他,在西一个杂志上你也遇见他。甚至有些作家因为对于催稿的人无法拒绝,只有一篇的意思,竟'改头换面'做着两篇或两篇以上的文章,同时登在几个杂志上。这样勉强的办法,在作家是苦痛,在读者也是莫大的损失,是很可惋惜的。"[②] 有效的解决办法,在韬奋看来就是发现新人、培养新人,他的作者群,许多是无名的青年,后来成了重要的作家或思想家,如李公朴、杜重远、戈宝权、千家驹、子冈、臧克家、端木蕻良……可列出一长长的名单。

服 务 的 精 神

"'生活'为什么能得到国内外广大读者的这样爱护和支持呢?说来也很简单,它内部的基础建立在苦干的精神和民主的纪律,它外部的基础,除了书刊有着正确的内容外,最重要的是自

---

① 宁成春、汪家明:《三联书店书衣500帧》,三联书店2008年版。
② 《韬奋全集》第7卷,第206页。

从生活周刊社成立以来的传统的对于读者竭尽心力的服务精神。"①

原本的"中国大众"、"中国民众"在这里化为读者，即竭尽心力为读者服务，这种"服务的精神"不是一句口号，而是有着丰富的内涵。

"顾到读者的需要"。"读者"在韬奋心中扎下根，是黄炎培先生诚恳而严格的批评的结果。在写作时、在办报时、在编书时，"不要忘记了你的读者"成为韬奋的座右铭。他提出"要用敏锐的眼光、深切的注意和诚挚的同情，研究当前一般大众读者所需要的是怎样的'精神粮食'，这是主持大众刊物的编者所必须负起的责任。"② 如何了解和把握读者的兴趣和需要呢？韬奋有自己的秘招，这就是从《生活》周刊第二卷起，开设"读者信箱"。开始，他一个人拆信、选登、答复，看信、回信占据了他大部分时间，他每天要看几十封信，并安排回复，最长的回信，他写到上千字。后来来信如雪片般飞来，由4人负责，他要求所有回信让自己过目并签名。曾有人统计，十多年里，韬奋给读者的亲笔回信就有4万多封。就是通过读信，韬奋直接、深入地了解到读者的生活状态、内心需求。

"架起沟通的桥梁"。韬奋关注大众，为大众说话，说大众的话，他最重视的是《生活》周刊的一头一尾。"一头"是每期开篇的"小言论"。这虽是仅数百字的小文章，却是他每周最费心血的一篇："每次必尽我心力就一般读者所认为最该说几句话的事情，发表我的意见。因而，这一栏目也最受读者的注意，后来

---

① 《经历》，三联书店1958年版，第287页。
② 《经历》，三联书店1958年版，第78页。

有许多读者来信说,他们每遇到社会上发生一个轰动的事件或问题,就期待着看'小言论'上的文字。""一尾"就是每期末尾的"信箱"专栏。这里给广大读者提供了发表自己看法、提出自己建议的园地。回答读者问题的文字也是韬奋的精心之作。这种"一头一尾"的有效方式在后来的《大众生活》、《生活星期刊》、《生活日报》、《抗战》三日刊中都得到发挥。

"耐烦,就是不怕麻烦"。《生活》周刊有了"读者信箱",各地读者来信提出各种不同的要求。到1930年设立书报代办部,实际上就是读者服务部。生活书店就是在书报代办部的基础上成立的,到1940年,生活书店各地分店达56处之多,员工四五百人。分支店门市店从早到晚拥满热心的读者和购买书报的人们,还有许多读者认不得路、找不到旅馆、买不到车船票、有信转交,就想到了"生活"。韬奋看到了读者的信任,也担心店员不热心、不热情,就提出"不怕麻烦",要诚恳、热诚、周到、敏捷、有礼貌等服务要求,"'发展服务精神',要替本店创造无数的好朋友,不要替本店创造无数的冤家!"①

---

① 《事业管理与职业修养》,学林出版社2004年版,第85页。

在民族危机十分深重的今日，统一的目标，就是抗敌救国。离开了这目标，就无法统一起来。

锦棠作坦白笼中语 绍禹

在江苏高等法院看守所题词
（1937年6月29日）

第三章
韬奋的出版理想

《事业与成功》
1938年生活书店总经售。

三联书店总经理沈昌文在《少一些精神奴役的创伤》一文中说:"他们这一代出版家同我们有一个重大区别:他们主要是为了理想做出版,而我们,至少我,主要是为了谋生和求职。"①

"他们这一代"指的是包括韬奋在内的一大批出版家。

一、 职业理想

理想是人们在实践过程中形成的、有实现可能性的、对未来社会和自身发展的向往与追求,是人们的世界观、人生观和价值观在奋斗目标上的集中体现。理想是美好的、动态的,萌发于青少年时期。加里宁说:无论哪个时代,青年的特点总是怀抱着各种理想和幻想。这并不是什么毛病,而是一种宝贵的品质。

作为出版家,韬奋在青少年时代的理想和梦想是什么呢?

1910 年,16 岁的韬奋考入福建官立中等工业学堂,这是中国创办较早的一所新式的学校,多了英文、算学等新课程。韬奋初学英文时,颇感吃力。有些字母总是记不住,他就写在纸上,反复诵读,连续默写十几次,直到完全掌握。他精通英文之路由此起步,为他今后写作、翻译、办刊办报、出国考察打开方便之门。国文课教的是"经书"和唐诗,他喜欢读《左传》,也常读

---

① 沈昌文:《最后的晚餐》,上海书店出版社 2007 年版,第 117 页。

梁启超的文章。

从永安到福州,从旧式私塾到新式学堂,对韬奋来说,这是他一生中的一次重要转折。视野大为开阔,接触到许多新知识,关注社会变革中的风云人物。在校期间,初次见到孙中山,"我记得我初次看见孙中山先生系在民国元年,当时他刚辞临时总统职,周游各省,到福州时,该处官民欢迎甚盛,我当时才十几岁的一个小把戏,凑巧也在该处,杂在道旁人群中瞻望着",① 心中充满仰慕之情。孙中山的三民主义成为韬奋的民主政治思想的重要源泉。

1912年,18岁的韬奋从福州来到上海,进入南洋公学外院,读高小三年级。"我父亲所以把我送进南洋公学附属小学,因为他希望我将来能做一个工程师。""我在那个时候,不知道工程师究竟有多大贡献,模模糊糊的观念只是以为工程师能造铁路,在铁路上做了工程师,每月有着一千或八百元的丰富的薪俸。""父亲叫我准备做工程师,我也就冒冒失失地准备做工程师。其实讲到我的天性,实在不配做工程师。"②

韬奋很快发现自己对于算学、物理一类的科目缺乏"浓厚的兴趣和特殊的机敏",他在《经历》一书回忆当时求学的心情:"每遇着上算学课,简直是好像上断头台!当时如有什么职业指导的先生,我这样的情形一定可供给他一种研究的材料,至少可以劝我不必准备做什么工程师了。"虽然不感兴趣,但仍拼命用功地学,考的成绩都很好,"师友们都把我当作成绩优异的学生",韬奋自己明白一个道理:"一个人在学校里表面上的成绩,

---

① 《韬奋全集》第2卷,第633页。
② 《韬奋全集》第7卷,第134页。

以及较高的名次，都是靠不住的，唯一的要点是你对于你所学的是否心里真正觉得很喜欢，是否真有浓厚的兴趣和特殊的机敏；这只有你自己知道，旁人总是隔膜的。"

韬奋在下院中院时，最喜欢的课程是国文和历史，尤其是朱叔子先生的作文课。"我那时从沈永癯先生和朱叔子先生所得到的写作的要诀，是写作的内容必须有个主张，有个见解，也许可以说是中心的思想，否则你尽管堆着许多优美的句子，都是徒然的。"

从1912年跨入南洋公学到1921年走出圣约翰大学，在十年的求学期间，经济的窘迫好像一块巨石重重地压住韬奋的心境。家里一贯是穷，母亲早逝，父亲投资办厂未成而身负重债，给他的费用就完全断绝了。他不仅要自谋生计，而且还要照顾同在上海上学的二弟、三弟。"过一学期算一学期，过一个月算一个月。这学期不知道下学期的费用在那里，甚至这一个月不知道下一个月的费用在那里，这简直是常事。"[1] 他之所以能够读完中学并坚持读到大学毕业，完全是靠异乎寻常的自我努力才得以实现的。为了"救穷"把书念下来，韬奋采取三大措施：一是争取获得"优行生"资格以免缴学费；二是当家庭老师辅导功课增加收入；三是向报刊投稿挣点稿酬。

从1915年开始，他有意识地向报刊投稿，当年以"邹恩润"之名在《学生》发表了4篇文章。据《邹韬奋年谱长编》记载：1915年发表4篇文章，1916年发表11篇文章，1917年发表18篇文章，1918年发表3篇文章，1919年发表18篇文章，1920年发表62篇文章，1921年发表11篇文章。1937年，他在狱中追忆

---

[1] 《韬奋全集》第7卷，第135—151页。

了最初到申报馆领取稿费时的激动心情:"我便和我的弟弟同到棋盘街一个刻图章的小摊上去刻了一个,拿到申报馆去伸手拿钱。心里一直狐疑着,不知到底能够拿到多少。不料一拿就拿了六块亮晶晶的大洋!如计算起来,一千字至多不过一块钱,但是我在当时根本没有想到这样计算过,只觉得喜出望外。"① 这些成功的投稿经历,对于韬奋弃工从文、立志于投身新闻出版业,有着推动和强化的作用。

韬奋过着苦行僧般的生活,没有娱乐,没有爱好,只有勤奋苦学,只有在阅读梁启超、黄远生、章士钊的文章时,心中有着向往,当新闻记者的想法就在这时在心里扎下了根。

梁启超影响着那个时代,也影响着韬奋。

"我进了中院以后,仍常常在夜里跑到附属小学沈永癯先生那里去请教。他的书橱里有着全份的《新民丛报》,我几本几本的借出来看,简直看入了迷。我始终觉得梁任公先生一生最有吸引力的文章要算是这个时代了。他的文章的激昂慷慨,淋漓痛快,对于当前政治的深刻的评判,对于当前实际问题的明锐的建议,在他的那枝带着情感的笔端奔腾澎湃着,往往令人非终篇不以释卷。我所苦的是在夜里不得不自修校课,尤其讨厌的是做算学题目;我一面埋头苦算,一面我的心却常常要转到新借来的放在桌旁的那几本《新民丛报》!夜里十点钟照章要息灯睡觉,我偷点着洋蜡烛在帐里偷看,往往看到两三点钟才勉强吹熄烛光睡去。""这样准备做工程师,当然是很少希望的了!"②

20岁的韬奋已经知道梁启超的文章里面所建议的事情和所讨

---

① 《韬奋全集》第7卷,第142页。
② 《韬奋全集》第7卷,第136页。

论的问题，与自己所处的时代已不适合。"在中学二年级的时候就无意再看了，可是增强了我要做个新闻记者的动机，那影响却是很有永久性的。"

韬奋爱看章士钊的文章："我因为彭先生的入迷，也对于《甲寅杂志》加了特殊的注意，每期都从我这位朋友那里借来看。秋桐文字的最大优点是能心平气和地说理，文字的结构细密周详，对政敌或争论的对方有着诚恳的礼貌，一点没有泼妇骂街的恶习气。"韬奋对章士钊的文章不入迷，却也喜欢看，"这对于我要做新闻记者的动机，也有相当的推动力"。

韬奋虽然爱看章士钊的文章，但很看不起章士钊的为人。"做了一个要不得的人，原来能写很好文章的人，到了那时写出来的也要变成要不得的东西。"[①]

"做新闻记者"成为韬奋少年时的职业理想。成为什么样的新闻记者？韬奋心中已有答案：既不是梁启超式的，也不是章士钊式的，而是黄远生式的。

黄远生（1885—1915），本名黄远庸，远生是他从事新闻工作时的笔名。黄远生所生活的年代，正是清末民初政局动荡、新旧思潮交汇的时期。虽然他从事新闻记者不过三四年，但在新闻界已名声斐然。

黄远生的新闻敏感性极强，他的报道很注意时效，这从通讯的标题上就可看出，如《最近之袁总统》《最近之北京》等。他采访所得的材料，当时是新闻，今天成为信史。黄远生不仅善于报道新近发生的事实，还能够注意其背后的信息，如1912年6月的《政界小风潮零记》，就在报道裁军问题的同时还透露出萌芽

[①] 《韬奋全集》第7卷，第145—146页。

状态的问题，即"恐怕大总统要做皇帝"的动向，预报了事物的发展。

　　黄远生报道的人物有孙中山、袁世凯、唐绍仪、陆征祥、熊希龄、梁士诒等，其中有总统、总理、内阁的许多部的总长，他们是中国政府与中国政治的代表，黄远生善于抓住这些人物并从他们身上发掘重大新闻。如《记者眼光中之孙中山》写的是1914年孙中山和袁世凯在北京会谈，其中既反映了孙中山让权和志在建设的态度，也揭示了袁世凯"权谋百出，专以手段胜"的伎俩，同时还含蓄地告诉读者孙袁会谈不会有什么好结果。黄远生报道的重大事件很多，如袁世凯大借款、内阁接二连三倒台、日本提的"二十一条"、武昌首义功臣张振武被杀等，这些事件是当时社会矛盾的反映，从某种意义上来说，黄远生的通讯是当时社会的一面镜子。

　　黄远生的通讯善于抓住具体的场景细节进行绘声绘色的描绘，嬉笑怒骂，涉笔成趣。如《外交部之厨子》，写一个自前清到民国的外交部姓余的厨子，他"连结宫禁，结交豪贵"，并花钱买了"花翎二品衔"。有一次外交部长官汪大燮在赴贺庆王宴会时，刚进门则"遥见厨子方辉煌翎顶与众客跄济一堂，愕然不能举步，厨子见汪大人来，则亦面发赧而口嗫嚅"。汪的惊诧，厨子的窘态，旧官场的腐败，跃然纸上。

　　黄远生提倡"以浅近文艺普通四周"，为此，他追求通讯语言的通俗和生动，他能把复杂的社会现象通过贴切的比喻表现出来。如《奈何桥上之大借款》说的是1913年袁世凯向六国银行团借款的事，此事的现状、发展、结果如何，一下子很难说清，但读者一看"奈何桥上"，一切也就明白了。《乔装打扮之内阁》《虎头蛇尾之国税厅》《春云初展之政局》《蝉曳残声过别枝之弹劾案》等也都同样形象生动、通俗易懂、意味深长。

黄远生的政论也很出色,它继承了"时务文体"的特点而又以深刻见长,如《游民政治》就揭露中国的历史是一部吃人的历史,中国社会就是人吃人的社会。此文还指出辛亥革命后的中国"官僚之侵蚀如故,地方之荼毒如故",今天不过是"去皇帝而代之以大总统"而已。这就是说,早在1912年,黄远生就论述了辛亥革命的失败,这是很不容易的。

黄远生在新闻理论方面也很有建树。通过他,我们意识到新闻记者应具备"四能"的素质。这"四能"分别是:脑筋能想,腿脚能奔走,耳能听,手能写。调查研究,有种种素养,是谓能想;交游肆应,能深知各方面势力之所存,以时访接,是为能奔走;闻一知十,闻此知彼,由显达隐,由旁得通,是谓能听;刻画叙述,不溢不漏,尊重彼此之人格,力守绅士之态度,是谓能写。简单地说,就是脑子要活、要快;要勤于跑动,没有实践调查就没有发言权;还要触类旁通,举一反三,马上就可以由这件事联想到另一件事上去;同时写出的文章还要具有耐读性,对新闻事件的描述要清晰、生动,这样才可以吸引受众。

黄远生被称为"中国第一个真正现代意义上的记者",其"远生通讯"更是被视为当年中国新闻界的一大品牌。从更深层的价值与更为深远的意义来说,他又是一位新文化的先驱者。

韬奋说:"在那个时候,我对于《时报》上的远生的《北京通讯》着了迷。每次到阅报室里去看报,先要注意《时报》上有没有登着远生的特约通讯。我特别喜欢看他的通讯,有两个理由:第一是他的探访新闻的能力实在好,他每遇一件要事,都能直接由那个有关系的机关,尤其是由那个有关系的政治上的重要人物,探得详细正确的内部的情形;第二是他写得实在好!所以好，因为流利，畅达，爽快，诚恳，幽默。他所写的内容，和所用的写的技术，都使当时的我佩服得很，常常羡慕他，希望自己将来也能做成那样一个新闻记者。"时常阅读黄远生的作品让韬奋"在小学的最后一年就在心里决定了的，那就是自己宜于做一个新闻记者"。①

做像黄远生那样的新闻记者，不仅成为韬奋青少年时期的理想，而且也是他一生努力的榜样。

从外院到中院再到上院电机科，经过八年的苦学，韬奋听从了自己的内心呼唤，如同胡适弃农从文、鲁迅弃医从文一样，邹韬奋弃工从文。1919年9月，他离开南洋公学考入圣约翰大学文科三年级，主修西洋文学，辅修教育。"好了，我如愿以偿地踏进了约翰了。这样转换了一个学校，在南洋时功课上所感到的烦闷，一扫而光，这是最痛快的一件事。"②

圣约翰大学是一所贵族化的教会学校，诞生于1879年，1905年由书院升格为大学，设有文、理、医、工、神五个学院，卜舫济主持圣约翰校政长达53年之久。在73年的发展历程中，圣约翰培育出一大批声名显赫的校友，包括著名的新闻记者邹韬奋。

二、出版理想

1937年，韬奋在狱中回望二十年来的经历时写道："时间过得真快，我这后生小子，不自觉干了15年的编辑。为了做编辑，

---

① 《韬奋全集》第7卷，第144页。
② 《韬奋全集》第7卷，第158页。

曾经亡命过;为了做编辑,曾经坐过牢;为了做编辑,始终不外是个穷光蛋,被靠我过活的家族埋怨得要命。但是我至今'乐此不疲',自愿'老死是乡'。"到底是什么样的理想和信仰支持着他奋斗不息呢?

"永远立于大众立场"

韬奋对自己的定位是要做一个"永远立于大众立场"的新闻出版人,作为出版家、记者、参政员,韬奋所追求的就是独立办刊、独立办报、独立出版以及"言论上的独立精神"。"我生平并无任何野心,我不想做资本家,不想做大官,更不想做报界大王。我只有一个理想,就是要创办一种为大众所爱读,为大众作喉舌的刊物。单是办好一种周刊是不够的,我们一定要创办一种真正代表大众利益的日报。"[1]

韬奋旗帜鲜明地强调自己的立场和主张:"我服务于言论界者十几年,当然有我的立场和主张。我的立场是中国大众的立场;我的主张是自信必能有益于中国大众的主张。我心目中没有任何党派,这并不是轻视任何党派,只是何党何派不是我所注意的;只须所行的政策在事实上果能不违背中国大众的需求和公意,我都肯拥护;否则我都反对。"[2]

在这个动荡的年代,在这个启蒙与救亡共存的年代,在这个道路抉择的年代,韬奋的特别和特殊在于,对于学界、政界、大众、媒体都颇为了解,以媒体为平台,传播那些与大众息息相关、与国运密不可分的鲜活的话题,促进大众的觉醒和觉悟。韬

---

[1] 《韬奋全集》第6卷,第679页。
[2] 《韬奋全集》第7卷,第210页。

奋说:"大众文化的基本条件是要大众化,是要不忘却大众,是要切合于大众的真正需要,是要能培养大众的伟大的力量,是要能适合于大众的容受性。我认为这是中国文化转变到一个新阶段的非常重要的问题。""所谓大众的'大',不是高大的'大',却是广大的'大'。"①

借由《生活》周刊开始,刊、报、书成为韬奋一生的主要奋斗领域,它们的读者就是大众,学生、老师、店员、学徒、农村青年、工厂职工、公务人员、自由职业者、妇女、士兵、僧道以及贩夫走卒,无所不包,他们有着渴望和追求。了解他们的阅读需求,满足他们的精神追求,是媒体义不容辞的责任。韬奋说:"关于推进大众文化的刊物,便须顾到一般大众读者的需要。一般大众读者的需要当然不是一成不变的,所以不当用机械的看法,也没有什么一定的公式可以呆板地规定出来。要用敏锐的眼光,和深切的注意,诚挚的同情,研究当前一般大众读者所需要的是怎样的'精神粮食':这是主持大众刊物的编者所必须负起的责任。"②

当时,"生活"这两个字和"进步"有着同等的意义,它代表了当时大众的心声,又促进了大众的觉醒,把大众性和进步性融为一体。生活书店,论规模、论出书品种,远不及商务、中华、开明,其所以有影响力,是与韬奋坚持进步性的出版方向分不开的。韬奋说:"我们所努力的是为大众谋福利的文化,而不是为少数人谋私利的文化,所以在思想或理论上我们积极注重于大众有利的思想或理论,反对为少数人保持私利的欺骗或麻醉大

---

① 《韬奋全集》第 6 卷,第 652 页。
② 《韬奋全集》第 7 卷,第 206 页。

众的思想或理论。"衡量的标准就是进步性,因此"无论是进步的报馆,或是进步的学校,或是进步的出版机关,或是一个进步的作家或文化工作者,他们的工作目标与成果,都是整个进步文化的一部分。为着一个进步文化机关而努力奋斗——无论是报馆、学校、出版机关,乃至学术团结——为着进步文化的工作而努力奋斗,都是为着整个进步文化而努力奋斗。"

大众文化的进步性是与时代相连的,"我们在今日中国所提到的进步文化,当然要连系到中国当前进步时代的实际需要。我和数百工作同志所共同努力的文化事业,以生活书店为中心,只是全国进步文化中的一部分。"① 在这国难之时民族危亡之际,"最扼要地说来是团结、抗战和民主,所以拥护团结、抗战和民主的文化就是进步文化,反对或破坏团结、抗战和民主的文化是倒退文化"。

生活书店在抗战时期,出书近 800 种,其中最为畅销书是为一般民众编行的《战时读本》及大众读物。《战时读本》以深入浅出的写法,灌输一般民众关于抗战救国的知识,印数达百余万册;大众读物为宣传抗战的通俗小册,印数共达 300 余万册。"加以本店发行网布满后方,同事服务的切实认真,办事效率的进步,对于抗战宣传的任务,在一个资力薄弱,全靠营业以维持自身生存的文化出版机关,自问实在已尽了最大的努力"。有努力就有收获,生活书店的期刊、书籍,"虽在乡村僻壤,随处可见"。韬奋自豪地说:"适应进步时代的进步文化的向前发展是不可能压抑的,生活书店的事业仍然向前发展;最显著的象征是任何一个分店都挤满着热心读者,自朝至暮,川流不息,清晨赶着

---

① 《韬奋》,三联书店 2001 年版,第 354—359 页。

开门,晚间难于关门,各地读者热烈的情绪是十分使人感奋的。"① 徐伯昕后来对生活书店的影响力做进一步的阐述:"总之在最近十数年内国人中曾经受过若干时期的教育的,无论青年、中年、老年,只要不是十分糊涂浑浑噩噩的人,没有接触过生活书店的书籍和刊物的,恐怕极少。而在文化水平较低浅,但思想很清楚的工农劳苦大众,他们大多数虽不能直接阅读生活书店的书刊,但听到别人的教导讲述因而知道有这样一爿书店的却是很多。"②

那时的中国,战火纷飞,大众生活在水深火热之中,他们别说没钱买报买书,就是吃顿饱饭也是奢望。现实是残酷的,面对现实不能放弃理想,而是更贴近现实,要有"前进的"立场。"所谓前进,并不是使自己跑开大众很远,把大众远远地抛在后面,我们必须注意到最大多数的群众在文化方面的实际需要,我们必须用尽方法帮助最大多数的群众能够提高他们的文化水准,使最大多数的群众都能受我们文化工作的影响。"如何为"最大多数的群众"提供价廉物美、通俗易懂的读物,成为生活书店相当长时间的出版原则和立场,也成为生活书店处理事业性与商业性、内容与形式、普及与提高等关系的指导原则。

独立办刊办报办书店

1926年10月,韬奋接办《生活》周刊,中华职业教育社和黄炎培完全放手让韬奋自主办刊。经济独立,运营独立,人事独立,内容独立,韬奋在六年中"全权主持《生活》周刊"。韬奋在1940年写《生活史话》时专门致谢:"说到这一点,我们不得

---

① 《韬奋》,三联书店2001年版,第363页。
② 《邹韬奋研究》(第一辑),学林出版社2004年版,第31页。

不对中华职教社的几位前辈先生——黄江杨三位先生——致最高的敬礼，在民国二十二年以前，《生活》周刊还未独立以前，还是附属于职教社的；当时虽已会计独立，但在事实上还是归职教社管理的。职教社是靠捐款办职业教育的，经济原不充实，而且是常在拮据之中，可是他们重视这一部分的事业，从来没有把我们所赚的钱移作别用，却听任我们把所赚的钱完全用到本身事业上去。"①

经过六年的打磨历练，韬奋已深谙办刊之道。在"且做且学"的过程中，他严守自己的理想。随着《生活》周刊发行数激增，社会影响力扩展，不断有人别有用心地抹黑韬奋。韬奋在《〈生活〉周刊究竟是谁的？》一文中说："我们办这个周刊不是替任何个人培植势力，不是替任何机关培植势力，是要借此机会尽我们的心力为社会服务，求有裨益于社会上的一般人。""我们的意思是要表明《生活》周刊是以读者的利益为中心，以社会的改进为鹄的，就是赚了钱，也还是要用诸社会，不是为任何个人牟利，也不是为任何机关牟利。"②

韬奋在《道听途说》一文中批驳有人传说《生活》周刊老板"发了财造起大洋房"，韬奋说《生活》周刊的新地址是租用洋房一部分，"本刊现在是经济自立，靠自己的正当收入，维持自己的生存"。"本刊目前的经济状况只能够靠自己的正当收入维持自己的生存。我在本刊服务得愉快，也因为我明白知道本刊的正当收入是用到本刊的事业上去，不是替什么资本家装私人的腰包。"③ 未料这些传闻越来越烈，还有报纸刊文，韬奋撰文《公私

---

① 《事业管理与职业修养》，学林出版社2004年版，第135页。
② 《韬奋文录》，三联书店2011年版，第24页。
③ 《韬奋文录》，三联书店2011年版，第53—54页。

经济的界限》逐条批斥，最后说："我们的账目，每半年必经过会计师的严密查核，公私经济绝不容有丝毫的含混。愚意公私经济须严分界限，这是任何事业的基本条件。"①

社会上对韬奋的政治立场有多种传说，"国民主义派""左倾作家""劳动社会党""国家社会党"……一顶顶帽子戴到韬奋头上。韬奋在《不相干帽子》一文中表明自己的态度和立场："记者办理本刊向采独立的精神，个人也从未戴过任何党派的帽子。""根据自己的信仰而加入合于自己理想的政治集团，原是光明磊落的事情，这其中不必即含有什么侮辱的意义。不过我确未加入任何政治，既是一桩事实，也用不着说谎。我现在只以中华民族一分子的资格主持本刊，尽其微薄的能力，为民族前途努力，想不致便犯了什么非砍脑袋不可的罪名吧。"②

从接办《生活》周刊起，韬奋严守自己的理想——独立办刊，使《生活》周刊真正成为"民众的喉舌"，生活书店成为"竭诚为读者服务"的典范。虽条件艰难，但"兴会淋漓"，他描绘办《生活》周刊时的状态，也让我们澎湃："我对于搜集材料，选择文稿，撰述评论，解答问题，都感到极深刻浓厚的兴趣，我的全副的精神已和我的工作融为一体了。我每搜得我自己认为有精彩的材料，或收到一篇有精彩的文字，便快乐得好像哥伦布发现了新大陆似的！"③

韬奋是从主编《生活》周刊切入出版大业的，他一生坚持以办刊为主，先后有《生活》《大众生活》《生活星期刊》《抗战》《全面抗战》，都是时事性很强的周刊，没有办月刊、季刊、年刊

---

① 《韬奋文录》，三联书店2011年版，第74页。
② 《韬奋文录》，三联书店2011年版，第85页。
③ 《韬奋全集》第7卷，第199页。

之类的期刊。在韬奋看来,定期出版的周刊,既适合于较快地报道时事,又可适时地指导社会舆论,也可连带传播一些系列的新知识、新观念、新思想,这种既适合"读者的脾胃",又可预订邮寄好经营的定期刊物,在他看来属于"中媒",抓住周刊的出版和经营,可以带动图书出版和报纸出版。

图书是长效媒体,出版周期长,阅读时日持久。想创办一种适合人民大众需要的日报,是韬奋脑际"梦回已久"的心愿。1932年初,他认为,《生活》周刊"以每周出版一次的关系,只能选用其时间性之不十分急迫者,遇有时间性比较急迫的材料,因避明日黄花之憾,只得割爱,有时遇着有时间性的重要问题而欲发表我们研究所得以贡献于社会,便感觉有创办日报的需要"。① 他还有针对性地分析《生活日报》和《生活》周刊的异同:"日报须有迅速真确而编辑得法的新闻材料。周刊所根据的事实当然也须真确,然日报对新闻方面,于真确之外,尚须迅速,其编辑方面与周刊之仅汇集整篇文字,当然也不同。但是这不过于日报中加上原来周刊所未有的东西,与原有周刊更毫无妨碍与冲突。"韬奋的观点是:"《生活日报》和《生活》周刊虽同在新闻事业的范围内,实各有其特点与贡献,实可相辅相成而不至于互相妨碍或冲突的。"②

针对不实言论,韬奋撰文《独立自由的〈生活日报〉》,明确指出:"《生活日报》必为独立自由的舆论机关,所谓独立自由,即永有其为民族为民众的福利而奋斗的独立精神和自由的意志。"③ 由于当局的压力,万事俱备的《生活日报》停办了。

---

① 《韬奋全集》第4卷,第379页。
② 《韬奋全集》第4卷,第380页。
③ 《韬奋全集》第4卷,第68页。

1936年6月7日，以"努力促进民族解决、积极推广大众文化"为宗旨的《生活日报》，冲破重重困难，在香港正式出版。

1936年，韬奋第二次流亡，离开上海去香港。"七八年来，我的脑际总萦回着一个愿望，要创办一种合乎大众需要的日报。"经一个多月的苦心筹备，6月7日终于出报。韬奋以抑制不住的欣喜描述6月6日夜的经历和心情："那天夜里我一夜没有睡，自己跑到印刷所里的工场上去。我亲眼看着铸版完毕，看着铸版装上卷筒机，看着发动机拨动，听着机声隆隆——怎样震动我的心弦的机声呵！第一份《生活日报》刚在印机房的接报机上溜下来的时候，我赶紧跑过去接下来，独自拿着微笑。那里的心境，说不出的快慰的心境，不是这枝秃笔所能追述的！"[①] 这让我们更深领悟哲人所说的：世界上最快乐的事，莫过于为理想而奋斗。

言论上的独立精神

《生活日报》停办了。读者陆伯云在来信中痛心疾首，最后他说："暂时把笔钱存在新华银行中，期待这言论自由的日子的到来。"韬奋在回信中说，不仅《生活日报》停办了，而且《生活》周刊也面临"牺牲"，韬奋的态度很刚强："像《生活》周刊现就准备着牺牲。当然我决非有意要它牺牲；如能保全报格——即保全言论上的独立精神，不受无理的干涉和利用——我当然要用尽心力保全这个具有七年历史获得多数读者同情与爱护的刊物；如须丧失报格始能保全，则宁听受暴力的封闭。"[②]

国有国格，人有人格，在韬奋看来，刊有刊格，报有报格，

---

① 《韬奋全集》第7卷，第264页。
② 《韬奋全集》第4卷，第469页。

店有店格,刊格、报格、店格的中心内容就是"言论上的独立精神"。只有言论独立,才能坚持正义,激浊扬清。当《生活》周刊的发行数量和影响一步一步扩大时,也引起某些势力的威诱,很多人向韬奋进言,不要多管闲事,不要冒险,韬奋的回答是:"《生活》的生存价值在能尽其心力为社会多争些正义,多加些光明,若必同流合污以图苟存,则社会何贵此《生活》?《生活》亦虽生犹死,何贵乎生存?故我但知凭理性为南针,以正义为灯塔,以为不但我个人应抛弃'患得患失'的心理,即本刊亦应抛弃'患得患失'的态度。"① 在《生活》周刊创刊五周年时,韬奋重申"我们的立场",再次重申"本刊是没有党派关系的","我们不愿唱高调,也不愿随波逐流",但我们是有希望和追求的:"我们希望能藉本刊批评讨论各种较重要而有意味的问题所采用的方法——含有分析的眼光,研究的态度,组织的能力,创造的思想——为中国国民养成分析,研究,组织与创造的种种能力;希望他们对于任何问题都能具有分析的眼光,研究的态度,组织的能力,创造的思想,不盲从,不武断,具是非心,有辨别力。"②

韬奋从来不主张言论自由的无条件性,他在访问苏联后于1935年专门写了《言论自由的问题》一文,对各国的言论现实情形做了概述,有三种现象:一种是在法西斯的国家,其作用是日暮途穷的资本主义制度挣扎,实际只替少数特权的阶层说话,在大多数人方面看来固然是绝对没有言论自由,即替少数特权阶层作传声筒的人们也说不上有什么言论自由。一种是在号称民治主

---

① 《韬奋全集》第3卷,第386页。
② 《韬奋全集》第3卷,第257页。

义的国家，尤其是英法两国，这些是多党政治，大规模的言论机关当然也在少数特权阶层中人的掌握，但在某范围内还许一小部分替大多数人发表的言论有出版的可能。在表面上，似乎稍为宽容，但只是程度上的差别。还有一种是政权已在勤奋大众自己的手中，言论自由为大多数人所享有，而因为尚未达到没有阶级的社会，仍有少数人不能享得言论自由的权利。因此韬奋的结论就是"所谓言论自由，也有它的相当的范围，不是无限制的"。①

在国难之际危亡之时，我们要先救亡，"救亡是火烧眉头的急事，自然更不能等待。"那么，在抗战救国之时，要不要倡导"言论自由"呢？韬奋在《我们的三大原则》一文中针对日本人提出的"三大原则"，提出了我们的三大原则，就是："（一）坚决收回东北失地；（二）恢复革命外交；（三）恢复民众运动和言论自由"。② 中国要从死里求生，是整个民族争生存的问题，必须由整个民族的大众共同起来奋斗的，必须用整个民族的大众力量作殊死之战的。"民族运动受着压迫，大众的力量从何运用？言论自由受着压迫，大众成了一大群瞎子聋子，国事虽危迫万分，他们在报纸上所知道的是平静无事或谣传纷纭，不知所从，大众的力量又从何起来？"③ 韬奋进一步指出，言论的力量"绝对不在执笔的个人或少数人的自身，却在所发表的言论确是根据正确的事实和公平的判断，确能言人所欲言，言人所不敢言（这一点当然也还须有相当的客观条件），真够得上舆论，才能发生舆论的伟大的力量。"这种"舆论的伟大的力量"在于唤醒民众，激发民众。在韬奋看来，中国虽弱但有优点："这优点是什么？我以

---

① 《韬奋全集》第 6 卷，第 178—179 页。
② 《韬奋文录》，三联书店 2011 年版，第 151 页。
③ 《韬奋文录》，三联书店 2011 年版，第 153 页。

为是具有深刻民族意识的伟大的民众力量。但是这伟大的力量至今还在潜伏着的状态中,好像有无量金矿宝藏似的,还深深地埋藏在地下,未曾开发出来,未曾被我们尽量运用起来。"① "舆论伟大的力量"和"四万万五千万的伟大的民众力量"相结合,就能焕发出伟大的抗日救国、抗战建国的力量。

然而现实是残酷的,《生活》周刊被禁了,生活书店的书被禁了,分支店被关了,员工被逮了。韬奋愤怒而悲绝地辞去了参政员,还是傲然昂首不惧威胁利诱:"我的态度是头可杀而我的良心主张,我的言论自由,我的编辑主权,是断然不受任何方面任何个人所屈伏的。"有了理想,骨头都是硬的,他在《生活》周刊时就表明了自己的立场和态度:"所要保全的是本刊在言论上的独立精神——本刊的生命所靠托的唯一的要素。倘本刊在言论上的独立精神无法维持,那末生不如死,不如听其关门大吉,无丝毫保留的价值,在记者亦不再作丝毫的留恋。"

三、社会理想

邹家华说,一般认为韬奋是一个出版家,但他认为父亲不是为了文化而文化,也不是为了出版而出版,他选择的自己的道路背后有自己的理想。他的理想就是谋求改造社会,使社会进步。他做出版做文化,其目的都在这里。

韬奋心目中的理想社会是什么样的呢?

1932年,《东方杂志》发起"新年梦想"大征文活动,畅想

---

① 《韬奋文录》,三联书店2011年版,第239页。

未来的中国或个人将是怎样的景象。韬奋按捺不住内心的激动写下了他的"梦想的中国":

> 我所梦想的未来中国是个共劳共享的平等的社会,所谓"共劳",是人人都须为全体民众所需要的生产作一部分的劳动;不许有不劳而获的人;不许有一部分榨取另一部分劳力结果的人。所谓"共享"是人人在物质方面及精神方面都有平等的享受机会,不许有劳而不获的人。物质方面指衣食住行及护卫(包括医药卫生)等等;精神方面指教育及文化上的种种享乐。政府不是来统治人民的,却是为全体大众计划,执行及卫护全国共同生产及公平支配的总机关。在这个梦里,除只看见共劳共享的快乐的平等景象外,没有帝国主义者,没有军阀,没有官僚,没有资本家,没有男盗,没有女娼,当然更没有乞丐,连现在众所认为好东西的慈善机关及储蓄银行等等都不需要,因为用不着受人哀怜与施与,也用不着储蓄以备后患。①

抗 战 建 国

近代以来,中国内忧外患,救亡图强是近代主旋律之一。面对日本的入侵和掠杀,韬奋挺身而出,以笔为枪。他认为:"我们要解决任何实际问题,必须面对现实。现代的中国,最重要的任务是抗战建国,抗战必胜,建国必成,已成为全国同胞的共同目标。所谓抗战,具体地说,是要驱除日本帝国主义于中国国土之外;所谓建国,具体地说,是要建立一个民治民有民享的共

---

① 《韬奋全集》第5卷,第3页。

和国。"①

在抗战爆发前夕,韬奋在《生活日报》刊文认为,真要御侮,必须使整个中国起来"共赴国难"。"要达到这个目的,至少有两件事必须办到:一是停止一切内战,使全中国的枪杆都一致对准我们的民族敌人;二是彻底开放民众救国运动,开放言论集会结社自由,使全国的民众都来参加救国工作。必须这样,才是团结御侮。"②

在抗战爆发后,韬奋认为中国的抗战建国的伟业,不是任何一个阶级所能包办,必须全国各阶层为着这共同的目标,精诚团结,共同奋斗。"中国的抗战被普遍地称为'全民抗战',这是具有很重要的意义。所谓'全民',即不只是一个阶级,而是包括着全国的各阶层。其实依现代中国的实际需要,不但抗战是'全民抗战',建国也是'全民建国'。我们所要建的现代的中国,不是资产阶级专政的国家如德意,也不是无产阶级专政的国家如苏联,而是由全国各阶层共同参加共同努力的中华民国。"③

战火纷飞的中国,敌强我弱。在韬奋看来,中国也有它的优点,这就是民众的力量。他从每天拆阅《抵抗》三日刊无数读者来信,感动他们爱国的真诚,不怕牺牲的无悔。韬奋说:"中国如真要作持久战,如真要获得最后的胜利,必须尽量运用自己的优点——现在还在潜伏着的而未被积极开展的伟大的民众力量。"④

"我常想中国要作持久战,国民动员是最重要的一件事,而

---

① 《韬奋全集》第 10 卷,第 89 页。
② 《韬奋全集》第 6 卷,第 600 页。
③ 《韬奋全集》第 10 卷,第 89 页。
④ 《韬奋全集》第 8 卷,第 139—140 页。

此所谓动员,一部分固然是动员直接参加前线的战事;还有大部分却是要动员来参加大规模的有整个计划的迅速而紧张的国防经济建设,与此经济建设相辅而行,兼程并进的,是动员大量文化工作者参加大规模的、有整个计划的迅速而紧张的文化工作。"[1]自抗战全面爆发,韬奋积极投身于文化抗战之中,他先后创办《抗战》三日刊、《全民抗战》、《大众生活》(复刊),组织出版大量抗日题材的各类图书,"促进大众文化,供应抗战需要,发展服务精神:这是我们在现阶段一切工作上的总的原则"。[2]

办刊物,开书店,出图书,搞活动,其主旨就是动员民众,向民众宣传团结抗战、全民抗战、持久抗战、民主抗战等进步思想;其核心就是用一个出版家最擅长的办刊活动、图书出版和文化宣传,全面、深度揭露日本侵略者的野心和暴行,全面激发中国军民的必胜信心和信念。

民 主 政 治

抗战与建国是内在联系在一起的。韬奋在 1939 年 3 月写的《今年的黄花岗烈士纪念》文中说:"我们全国同胞悲痛地追念着烈士的遗言,今后对于国事所应特别努力的有两件大事,一件是争取抗战的最后胜利,一件是民主政治的完全实现。这两件大事不是分离的,彼此之间实有非常密切的联系。民主政治实现的程度与抗战胜利的进程实成正比例。这个理由,是由于民主政治的核心是与全民动员成为异名同质的内容;换句话说,就是要尽量使更多的国民发挥他们的自动性与创造性,以最高的热诚参与抗

---

[1] 《韬奋全集》第 8 卷,第 141—142 页。
[2] 《〈店务通讯〉排印本》(上),学林出版社 2007 年版,第 323 页。

战建国的各部门工作。所谓民主政治不仅仅是指有议会，有选举，而且指各部门工作的组织，尤其是民众团体、青年组织、都需民主化，使民众运动得到广大的开展。"①

韬奋在《我对于民主政治的信念》一文中，对民主政治做了历史分析。民主政治原是历史的产物，在不同的历史阶段，各有其不同类型的民主政治。"垄断以前资本主义时代有着它的几个类型的民主政治；帝国主义时代有着它的几个类型的民主政治；在不同的历史阶段中，民主政治也都有着它的顽固反动的障碍物。"②

在韬奋看来，世界政治的总的发展，是向着更高阶段的民主政治方面迈进。"争取民主或加强民主已成为当前世界政治的中心问题。中国是世界的一环，当然不能自外于世界。"③ 韬奋认为，中国唯一的出路就是顺乎世界潮流，实行民主政治。

中国要实行什么样的民主政治呢？韬奋冷静地指出："关于中国民主政治的推进，有二个基本认识非常重要：一个是中国民主政治的特点；还有一个是民主政治的实际执行。"④

韬奋认为，任何一个国家的民主都是一般性和特殊性的统一。民主政治之所以异于专制制度（无论是君主专制或是官僚专制）和法西斯主义，在于民主政治的一般性。一般性就是民主政治必须具备的因素或条件，"如果失去了这一般性，便不是民主，或徒具民主之名而无民主之实"。

民主政治的一般性内在地存有三个含义：

"由人民选举代表来构成民意机关，负起监督政府促进政治

---

① 《韬奋全集》第 9 卷，第 70 页。
② 《韬奋全集》第 10 卷，第 386 页。
③ 《韬奋全集》第 10 卷，第 388 页。
④ 《韬奋全集》第 10 卷，第 390 页。

的责任，可说是民主政治的重要的一般性之一。"

"民主政治的实现，不但须有在组织及职权上真能构成代表人民的民意机关，而且还须有经人民选举或由民意机关产生，能直接对民意机关切实负责的政府。这是民主政治的另一个一般性。"

"人民的民主权利须得到切实的保障，也不是任何一个民主国家所独有的特点，而为民主政治的一般性。"①

民主的特殊性就是由于各国的国情——历史、经济、文化等方面的不同，各国民主各有其特点。中国的民主政治一方面应具有民主政治的一般性，在另一方面也有其特殊性。

特殊性之一：中国民主政治的两大历史任务便是反帝（在当前即是集中全力反抗日本帝国主义者的侵略）反封建残余。就积极的意义说，便是要争取抗战最后的胜利，使中国成为一个独立自由的国家。抗战建国不是先后，而必须同时并行。

特殊性之二：中国民主政治的成功必须由于全国各阶层的共同努力，必须由于成为全国各阶层比较有组织的先锋——抗日各党派——来共同努力。"全国各阶层及其先锋党派，有其精诚团结、共同努力的必要，便成为中国民主政治的另一特殊性。"②

韬奋理性地分析民主政治的特性，又冷静地认识到中国正处于全面抗战这一特殊历史阶段。他认为，抗战是一场关乎中华民族生死存亡的战争，在敌强我弱的态势下，中国要赢得战争的胜利，就必须实行民主，广泛动员各方面的力量参加抗战。此时在

---

① 《韬奋全集》第10卷，第748—750页。
② 《韬奋全集》第10卷，第764页。

中国领导全国抗战的是蒋介石和国民党，由国民党领导的中华民国政府在国际上代表中国，是中国的合法政府。蒋介石领导的国民党政权的特点是"集权过度、专制有余、民主不足"。中国的抗战大业迫切需要"结束党治"。"在这里所要说明的是所谓'结束党治'很明显，是指国民党一党专政的'党治'，而不是指各民主国家里的'政党政治'（即二党以上的正常政治，但在一般政治学上只用这个名词来表示一党以上的正常政治，即多党制的民主制度）。"① 但在抗日救亡的特殊时期，中国抗战不可能抛开国民党，另造政治中心，更不可能抛开国民党这股抗战的重要力量。因此，韬奋在1941年发表的多篇文章指出："中国不适用苏联式的一党政治，也不适用德意式的一党专政，更不需要贝当所梦想的加强压迫人民以媚敌的'一党专政'。"②

抗战时期最有利于中国社会发展要求的民主政治就是"各党派同时并存与团结合作的民主政治"。这种民主政治不是"一"而是"多"。

"中国现在不是资产阶级蛮横专政的国家如德意，所以中国不能采用德意式的一党专政（其实德国在'地下'还有异党的存在），也不是无产阶级的民主国如苏联，所以中国不能采用苏联式的一党政治。中国之抗战建国不是由于任何一个阶级所能包办，是要由全国各阶层共同努力达到成功的；各个政党虽各有其所代表的阶层利益，但是争取民族自由及建立真正的共和国家，在各阶层是共同的利益，所以中国的民主政治当然是出于多党的方式，而不是出于任何一党专政的方式。"③

---

① 《韬奋全集》第10卷，第272页。
② 《韬奋全集》第10卷，第719页。
③ 《韬奋全集》第10卷，第704页。

韬奋把民主政治的主要特征归纳为七点：人民有言论出版集会结社的自由；建立法治的精神，保障人权；保障人民的选举权和被选举权；人民通过选举的代表掌握立法权，同时组织负责任的政府，监督政府依法理政；宪法等根本法律，须尽量由最大多数人民参加研究讨论，由此激发他们服从法律的自觉性；保证人民的经济和社会权益；愿意且努力与各政党合作竞争。[1]

徐伯昕在1944年写的《韬奋先生的一生》一文中说："先生是一向主张民主政治的，不过先生所主张的民主政治，是真正的民主政治，不是虚伪的民主政治，是彻底的民主政治，不是表面的民主政治。韬奋先生所主张的民主政治，重要的包括以下各点：第一要实行无性别、财产、教育程度限制的普选制度；第二要保障言论、出版、集会、结社的自由；第三要结束训政，实行宪政；第四在抗战期内宪政开始之前，各党派先行参政，并罗致全国无党无派的人士组织举国一致的国防政府。韬奋先生认为民主政治是根绝专制独裁倾向，肃清腐化贪污弊病的治本办法。必须立即实行而不能作为一种'口惠'。"[2]

宪 政 运 动

按照孙中山所构想、设计的政治路线图，国民革命的完成需经历"军政、训政、宪政"三个时期。军政时期"以党建国"，训政时期"以党治国"，宪政时期"还政于民"。

1928年，国民政府名义上统一中国，国民党中央常委会通过并公布《中国国民党训政纲领》，宣布中华民国由军政时期进入

---

[1] 《韬奋全集》第9卷，第266—271页。
[2] 《邹韬奋研究》（第一辑），学林出版社2004年版，第37页。

训政阶段。1929年，胡适、罗隆基、梁实秋等以《新月》杂志为阵地，连续发表了《人权与违约》《论人权》等文章，要求尽快落实"宪政"。这一人权运动引发广泛关注，持续近两年。

1931年6月1日，国民政府公布其第一部宪法性文件——《中华民国训政时期约法》，开篇为"国民政府本革命之三民主义、五权宪法以建设中华民国"，实则明确"以党代政治国"的原则，国民党最高权力机构即国家最高权力机构。"九一八"事变后，国民政府内部爆发了"实行宪政还是训政"的大讨论，制定宪法被提上议事日程。1936年5月5日发布《中华民国宪法（草案）》即《五五宪草》。1937年全面抗战爆发后，中国进入救亡图存的战时状态，宪政运动暂告一段落。

1932年12月，韬奋参加宋庆龄、蔡元培、杨杏佛、鲁迅等发起组织的"中国民权保障同盟"，被推为执行委员。这是韬奋第一次参加政治社团活动，接触实际的政治斗争。1935年8月，韬奋从美国归来之日，正是上海各界抗日救亡运动如火如荼之时，韬奋积极带领生活书店参加救国会的活动。1937年抗战全面爆发，从狱中出来的韬奋以笔为枪投入到抗日浪潮中。从1932年到1944年十二年间，韬奋围绕着"宪政"这一中心议题撰写了大量的文章，集中阐发他的民主政治思想。

"宪政"是什么呢？在韬奋看来，"宪政的发展和民主的发展是朝着同一的倾向。和宪政对立的是专制，和民主对立的是独裁。宪政和民主有着联系，好像专制和独裁有着联系一样。所以，宪政的萌芽，开宗明义的第一件事就是和专制君主的独断独行作斗争"。[①]

[①] 《韬奋全集》第9卷，第263页。

"对于宪政与民主的联系，我们应可得到这样的一个结论：宪政的进步和民主的进步是成正比例的；愈进步的宪政，所包含的民主的内容也愈多愈丰富。"①

王永祥在《中国现代宪政运动史》一书中从价值取向上将宪政定义为："宪政就是用国家根本法的宪法来确定国家的基本制度，确定人民的权利与义务，并保障政府和人民得以实现由宪法规定的制度、权利和义务。"②

经过全面抗战的第一阶段，这时实行"国民参政会"的准民主体制，韬奋作为参政员投身其中。1939年9月，在第一届四次参政会上，各党派提出了七项议案，要求授权国民参政会组织宪政起草委员会，制定全国遵循的宪法，结束国民党一党制。韬奋称之为"晴天霹雳的宪政运动"。"民国二十八年九月九日举行的国民参政会第四次大会中，来了一个晴天霹雳的宪政运动，通过了请政府定期召集国民大会实行宪法案，蒋议长在该次大会闭幕致词中，推为第一个最重要的决议案，郑重指出'提高民权，加强国本，应为最要之务'；郑重表示'深信本届会议以此案为最大之贡献'。"③ 蒋介石承认推行宪政为"最要之务"，这就等于默认了讨论宪法、争取宪政的合法性。于是，一股宪政运动潮流迅速在全国涌动。一时间，在重庆，各种宪政研究会、促进会纷纷成立，座谈会、讲演会不断进行。

韬奋作为参政员应邀外出演讲，在报刊上撰写文章宣传宪政，阐述自己对宪政的认识和看法。韬奋在这一时期撰写有关宪政的文章主要有：《宪政运动的民众化》（1939年10月21日）、

---

① 《韬奋全集》第9卷，第266页。
② 王永祥：《中国现代宪政运动史》，人民出版社1996年版，第2页。
③ 《韬奋全集》第10卷，第266页。

《关于宪政的种种疑问》（11月11日）、《宪政与民主》（11月15日）、《关于宪政的三个基本原则》（11月18日）、《我们对于政治应有的态度》（12月16日）、《关于宪政促进会》（1939年12月23日）。

"中国闹宪政已有了四十年的历史，何以到今日还在提倡宪政，还得不到宪政的成效？真正症结所在还是由于宪政和民主脱离了关系。这里所谓民主，不仅指宪法内容而言，实为动员大多数民众参加宪政而言。必须在选举及制宪以前，即须给人民以充分的民主自由，如言论出版集会结社及身体自由等等的民主权利，然后始能充分反映人民的要求，然后始能对选举方法及宪法内容作充分的讨论批判；在实行选举及制宪的时候，仍须给人民以充分的民主自由，然后才能实行民众的督促与舆论的制裁，使选举结果真能代表民意，使宪法内容真能反映民众的要求。在国会成立，宪法颁布了后，仍须继续给与人民以民主的权利，然后才能继续不断的实行民众督促与舆论制裁，使宪法不致成为具文，使人民可以得到宪法的实惠。否则所谓宪政只是极少数上层'野心家'的浮动或欺骗，与多数民众是不相干的。"①

"我们应能彻底明瞭这几个要点：（一）实施宪政实为国民党在四年前即已决议的，只因抗战军兴而暂时展缓；（二）现在因为要贯彻我国绝对必要之作战目的，更须动员全民，加强长期抗战之一切设施，所以实施宪政成为最要之务；（三）中国抗战二年多来，全国军民都有了显著的进步，足为拥护宪法实践三民主义的保障。根据最高领袖的明确指示。可见现在提倡实施宪政，是根据国民党的政策，是适合抗战时期的需要，是不能再以中国

---

① 《韬奋全集》第9卷，第273页。

国民程度不配为藉口而延搁或阻碍宪政的实行了。"①

韬奋在《关于宪政的种种疑问》中列出五种疑问，其中第四个疑问：有人说，真正的老百姓本身不需要而且老实说也不知道什么是宪政，于此可见实施宪政只是少数人的愿望而不是多数老百姓的要求。韬奋说，一般老百姓不知道宪政的定义，这未尝不是实际的情形，但是说老百姓本身不需要宪政却不是事实。"我们不能因为多数老百姓没有说出他们的要求的机会，便把他们的需要和愿望一概抹煞，反而要尽我们的力量，反映他们的要求，要把他们的要求包含在宪政中去，使他们得到真能代表他们的国民大会，得到真能反映他们需要的宪法，而且还要使宪法不仅仅是个点缀品，却是切实执行，能使老百姓得到实惠的民主政治。"②

"许多政治学者都认为近代宪法中，以苏联一九三六年的新宪法为最民主最进步的，就是宪政发源地的英国的政治学者拉斯基教授，也公开有这样的表示，但是苏联新宪法的草案在正式通过前的半年间，都由全国民众加以热烈的讨论，修正，与补充，成为普遍全国的宪政运动，容纳了全国民众所提出的合理的要求，才成为广大民众的意志的结晶。在这运动期间，无论工业中心或远乡僻壤，无论官厅机关或人民团体，都风起云涌地起来开会讨论，据统计所示，仅仅工人和集体农民讨论新宪法草案的会议，就有四十余万次，参加人数在三千三百万人以上！这样广大地引起人民参加政治的兴趣，使人人感觉到他对于国家大法都有一份贡献和参与，就是民主精神的一部分，也就是极有意义的政

---

① 《韬奋全集》第9卷，第277—278页。
② 《韬奋全集》第9卷，第261页。

治教育。"①

"目前最急迫的事情是实现民主政治，切实执行三民主义，巩固团结，加强国力，争取抗战最后胜利，建立真正的三民主义民主共和国，不要挂的是'民国'的招牌，口头上喊的是'民主国'，而在实际上干的是封建残余及法西斯作风的混合物！这是我们当前救国的最急迫的课题。"②

"我们必须认识民主政治的切实执行，实为解决一切问题的枢纽，各方面都有了这种深切的认识，分头努力促成民主要求的伟大运动，由此促成民主政治的真正实行，一切问题都可迎刃而解，中国的光明前途即将随着迅速地展开，迅速地到来。"③

"保障人民的民主权利，以发挥民力，加强抗战力量；巩固各抗日党派的精诚团结，达到真正的统一，以发挥并集中各方面对于国家民族的贡献，加强抗战力量；这都是民主政治立刻可以实现的部分，也是立刻可以刷新政治振奋人心的措施，但是民主政治这个'我们这一代的救星'，关于上述的部分固须要全国各阶层广大人民的努力争取，要求迅速实现，而巩固民主政治的保障，还需要进一步建立真正的民意机关，成立由真正的民意机关所决定的国家根本大法——宪法——，根据宪法成立对民意负责的政府，继续不断地督促国家根本大法的切实执行。

这是抗战胜利的最基本的保证，也是建国成功的最基本的保证。"④

这一时期，民主政治、宪政运动成为韬奋关心的重要内容，

---

① 《韬奋全集》第9卷，第262页。
② 《韬奋全集》第10卷，第399页。
③ 《韬奋全集》第10卷，第55页。
④ 《韬奋全集》第10卷，第508页。

也是生活书店出版的一个重点,相继出版了韬奋、潘梓年等著的《宪政运动论文选集》,韬奋、沙千里等著的《我们对于"五五宪章"的意见》,全民社编的《宪政运动参考资料》第一辑、第二辑,章友汇著的《比较宪法》(上),潘念之著的《宪法论初步》,宋云彬著的《实行宪政歌》,韬奋译的《苏联的民主》。

做新闻记者;独立办刊、办报、办书店;保持言论自由,启迪大众;团结力量,抗敌建国,实行民主政治,建设一个独立自由繁荣的新中国。这就是韬奋的出版理想和人生信仰。

第四章

韬奋的出版实践

《自由魂》

夏衍著,1937年2月生活书店印行。

20世纪30年代，上海是中国现代新闻出版的大本营，大大小小的报社、杂志社、出版社、书店上千家，出版机构就有300多家。书界老牌龙头有商务印书馆、中华书局，新崛起的有世界书局、大东书局、开明书店。作为后起的、新型的出版社，生活书店发展迅速，开辟了"新的道路"。

一、 生活书店的新型特性

生活书店的"新"体现在书店性质、组织架构、运营风格三个方面。

书店性质的创新

"作为现代出版家的一代宗师，邹韬奋首先从主编《生活》周刊切入出版大业的。"[①] 韬奋1926年接办《生活》周刊，6年后有了生活书店。1932年7月，生活书店在"书报代办部"的基础上正式创立，最初的店址设在环龙路80号，后几经辗转搬到了福州路384弄4号，并公开登报招考一批练习生，聘用一批职员。

"书报代办部"是《生活》周刊于1930年9月创办的，专门

---

① 《邹韬奋研究》（第一辑）学林出版社2004年版，第104页。

处理读者委托代办的各种事务，除了代购书报以外，还代购衣料、鞋子等物品，代找律师、医生，代订旅馆、车船票等等。韬奋在《生活史话》中说："最初主持书报代办部的是严长衍同事。这'书报代办部'是属于'生活周刊社'的，它可算是'生活书店'的胚胎。"①

韬奋说生活书店空手起家，主要指经济方面。它是靠《生活》周刊社结存下来的 2 000 元，连同一些库存书刊和办公用具等，按 1933 年 7 月计算，折合成全部资产 38 690 元，以当时在职的 20 名职工计，以过去所得工资总额多少为比例，分配给全体职工作为入社的股金。以后新进职工在一定金额内，扣除月薪的十分之一入股，股金超过 2 000 元时，超过部分不计股息。书店经济公开，每年都有会计师查账证明。"这个生产合作社的原则，以社员共同投资，经营出版事业，促进文化生产为宗旨，除用在服务社会事业上的费用外，所得赢利归于全体。这虽不能算是合于理想的办法，但至少已没有谁剥削谁的存在。各人一面为社会服务，同时也为着自己工作"。这种组织形式在当时是一种创举。

为什么这种组织形式是一种创举？我们先分析一下当时有名的书局的性质变更。

书局创立的初期大都是合伙企业。夏瑞芳、鲍咸恩、鲍咸昌、高凤池合伙创立商务印书馆（1897）；邓实、黄宾虹、何香凝等人集资发起创建神州国光社（1908）；陆费逵、戴克敦、陈协恭、沈颐一起创办中华书局（1912）；吕子泉、王幼堂、王均卿、沈骏声合资创办大东书局（1916）；沈松泉、张静庐、卢芳

---

① 《事业管理与职业修养》，学林出版社 2004 年版，第 127 页。

集资合伙创办光华书局（1925）；章锡琛、章锡珊兄弟创办开明书店（1926）；吴朗西、伍禅等集资筹办文化生活出版社（1935）；亚东图书馆为汪孟邹个人创办（1913），世界书局为沈知方个人创办（1917）。

书局发展到第二个阶段，是扩资成为股份有限公司。商务印书馆1905年正式改为股份有限公司；中华书局1915年改为股份有限公司；大东书局1924年改为股份有限公司；开明书店1928年改为股份有限公司；文化生活出版社1947年改为股份有限公司。

没有从合伙企业完成股份制转型的书局，大多是家族企业，如：群益书社，亚东图书馆，北新书局。

生活书店的创立表明邹韬奋、徐伯昕、胡愈之非出资人，生活书店不是合伙企业；生活书店用股份公司名义向国民政府实业部营业注册，徐伯昕为法人代表，但实际上徐伯昕不是大股东，生活书店不是股份公司。生活书店不是合伙企业，不是股份有限公司，而是集体所有制性质的企业。

1933年，韬奋对生活书店的经营管理进行内部改革，对外称生活书店，对内则名为"生活出版合作社"。7月8日，生活出版合作社举行第一次社员大会，会上通过了由胡愈之起草的合作社章程，其中有三条——经营集体化、管理民主化、盈利归全体。

"生活出版合作社"是韬奋提出来的，按原有的构想，生活出版合作社包括生活书店，还要创办图书馆、学校、印刷厂等一系列实体。1933年7月14日，韬奋被迫出国考察，生活书店交由徐伯昕负责，《生活》周刊编务委托胡愈之、艾寒松负责。8月，生活书店向国民政府实业部注册，取得设字第8760号营业许可证，额定资金国币5万元，后增资为10万元，徐伯昕为法人代表。生活出版合作社设想的创办实体未能实施，基本上与生活书店合二为一。

组织结构的创建

1902年，商务印书馆设立编译所、印刷所、发行所，三所之内再设若干机构。以后成立的书局、书店大多采用这一组织结构。

世界书局创立于1917年，创办人为沈知方，1921年改为股份公司，是一家综合型的出版、印刷、发行、销售机构，排在商务印书馆和中华书局之后，列于第三。以组织结构而言，商务、中华、世界三家都是股份有限公司，由股东会选举董事、监察人，再由董事会互选常务董事推定董事长，派定总经理，领导公司业务。总经理沈知方全面负责公司业务，设总管理处及编辑所、印刷厂、上海发行所，下设各部科并附设其他机构，如函授学社等，各部门有专人负责。

世界书局有两个部门为同业所无，即读书储蓄部（后称同人存款部）和房地产部。世界书局先后在各省市开设分局30余处，苏州、杭州设过编辑分所，但分支机构不及商务、中华之多，印刷厂不及商务、中华之强。

大东书局创立于1916年，由吕子泉、王幼堂、沈骏声、王均卿四人合资经营书业，1924年改制为股份公司，成立董事会，设监察人，四人分工合作。他们都是出版业的行家里手，把大东书局经营得有声有色。大东书局设有印刷厂，合并数家印刷制版公司，发展成为铅印、胶印、凹印、制版和装订的工段齐全的全能印刷厂，不仅印制书刊，而且还承印钞票、邮票、印花税票、证券等。设有发行所，为扩大本版书刊的发行在全国大中城市设分局十六处。附设东方舆地学社，专门编绘出版中国和世界的各种地图，每年重印十余次，销量达十万册以上。创办法律函授学社，每月报名入学者数百人。

1932年9月，商务印书馆召开股东临时会修改原有的公司章程，订定《总管理处暂行章程》，"总管理处主管全公司之行政"，总经理主持总管理处一切事务，总管理处设编审、生产、营业、供应、主计、审核六部及秘书处、人事委员会，明确六部一处一会的职责。

生活书店作为新型的出版机构，它的组织架构有着一个根据形势变化和自身特点从创建到建成的过程，既有与商务、中华的相同点，又有与世界、开明的不同点。

1933年7月8日，生活出版合作社举行第一次社员大会，列席者有艾逊生、王泰来、邵公文、杜国钧、严长衍、陈其襄、朱照松、王永德、孙明心、何文豪、薛迪畅、徐伯昕、毕子桂、徐励生、诸祖荣、陈元、陈文江、朱曦光、陆石水、全汝揖、张锡荣、何蕚梅、孙梦旦、丁君匋、陈锡麟、邹韬奋、胡愈之、毕云程、黄宝珣、唐敬新、濮品元、董文椿、刘桂璋共33人。

本次大会通过由胡愈之起草的经修改的生活出版合作社章程，"全文共八章四十三条"，第一章总则，第二章社员、社费及股份，第三章社员大会，第四章理事会，第五章监察人，第六章人事委员会，第七章会计，第八章附则。该章程第三条明确了生活出版合作社的宗旨："以社员共同投资、工作、经营出版事业，促进文化生产为宗旨。"该章程第五条明确生活出版合作社的信条："（一）服务社会；（二）赢利归全体；（三）以共同努力增进社员福利；（四）社务管理民主集权化。"

第一次社员大会经邹韬奋提议王志莘、毕云程、杜重远三人为社员。经不记名投票选出理事五人：王志莘（三十一票）、杜重远（三十一票）、毕云程（三十票）、邹韬奋（二十八票）、徐伯昕（二十八票）。不记名投票选出监察三人：艾逊生（十九票）、严长衍（十六票）。由社员大会主席邹韬奋指定监察艾逊生为人事委员会委员。①

该章程对"社员大会"的召开、任务做了规定："第二十二条 社员大会于每年二月八日举行常委一次，于必要时得由理事会或社员三分之一之请求召开临时社员大会。""第二十三条 社员大会之任务如下：（一）通过社务进行计划；（二）通过本期决算及下期预算草案；（三）通过股息及职工红利分派案；（四）选举理事、人事委员会及监察人；（五）讨论社员之提案；（六）变更本社章程；（七）其他社员大会应行讨论之事项。"

按照《生活出版合作社章程》的规定，生活书店每年都要举行社员大会，改选新的领导机构并讨论其他重大事务。1933年7月8日在上海环龙路召开第一次社员大会；1934年在上海福州路召开第二次社员大会；1935年11月9日在上海青年会所在地召开第三次社员大会；1936年8月31日在上海青年会所在地召开第四次社员大会（临时会）；1939年2月24日在重庆召开第五次社员大会；1940年3月20日在重庆召开第六次社员大会。

1937年全面抗战爆发，1937年、1938年未召开社员大会；1940年"皖南事变"后，56个分支店被关停，无法召开社员大会。

作为新型的出版机构，生活出版合作社在组织结构上有四个

---

① 《生活书店会议记录：1933—1937》，中华书局2018年版，第4—8页。

会：理事会，为全书店的最高权力机构；人事委员会，专管全书店的人事工作，倡导唯才是举，杜绝裙带风；监督委员会，负责查核会计账目，咨询全店财政收支状况，保障社员的经济利益等；同人自治会，在社员大会闭会期间集思广益，充分发挥民主管理。

1933年12月，生活书店迁到霞飞路桃源坊，业务有进展，分设编辑部、经理部、出版部、营业部、财务部等部门。

1934年4月，生活书店迁到福州路384弄4号靠街的一座楼房，将二楼辟为门市部、邮购、批发、进货等部门，三楼为编辑部和其他办公室，自行加筑四层楼为栈房和宿舍。

1937年底，生活书店总店迁到汉口。为了加强对分支店的管理和领导，1938年8月起将总店改为总管理处。韬奋撰文说明设立总管理处的理由："本店在组织系统上原来只有总店和分店（支店和办事处当然在内以下相同）并无所谓总管理处。（下简称总处）自总店从上海移到汉口后，才想出总处的办法来。"设立总管理处是为了生活书店管理更加便利和更有效率，它起着中枢的作用。总管理处和总店的不同之处在于："（一）把门市部归并于所在地的分店；（二）其他部分的工作因分店的增加而较前扩大复杂起来。总处目前的组织分五部：（一）总务部；（二）主计部；（三）营业部；（四）编辑部；（五）出版部。这五部的工作，都是综合整个本店（即包括各分店等机构）的工作，注重提纲挈领的效用。"[①]

1938年底，生活书店总管理处迁到重庆，分支店达56个。总管理处业务过于繁重，难以适应形势。1939年1月，设立西

[①] 《〈店务通讯〉排印本》（上），学林出版社2007年版，第116页。

南区管理处、东南区管理处；简化总管理处机构，充实两个区管理处。

总管理处下设：

秘书处、总务部、事务部（人事科、会计科、稽核科）、生产部（编校科、出版科）、营业部（分店科、推广科）、服务部（服务科、代办科），编审委员会，东南区管理处，西南区管理处。

西南区管理处设在桂林，负责指导和协调广西、广东、湖南、云南四省分支店的工作。东南区管理处设在香港，负责指导和协调香港、浙江、福建沿海地区分支店，以及香港、新加坡两个海外分店的工作。1940年8月，因两个区内的分支店都不存在了，这两个区管理处才被撤销。

民主集中制的管理模式

中华职业教育社副总干事孙起孟在分析韬奋主持生活书店成功的秘诀时说："他的成功秘诀就是他的实行事业的民主。以大众的事为主，不以个人的事为主，这是他事业理想的民主；以参与事功的干部为主，不以自己为主，这是他事业管理的民主。把握住了这样两个原则，韬奋先生一无凭借地创办了生活书店，使这个事业一天一天地发达起来。"①

生活书店为合作社制，实行民主集中制管理。这种民主集中制的管理模式如同生产合作社一样，都是一种创举，而且在实践中不断改进和完善。

第一，民主集中制管理。韬奋说："生活书店在管理上一

---

① 邹嘉骊：《忆韬奋》，三联书店2015年版，第180—181页。

向是采用民主集中的原则,这是一个特点,对于本店全体同人的精诚团结,对于本店事业的光大兴荣,都有着很大的关系。"①

寻常所说的管理往往是指一个人或少数人的管理,多数人是被管理者。民主集中制管理则是"全体同事都是管理者,同时全体同事都是被管理者,说得简单些,可以说是集体的管理"。② 韬奋把生活书店所实行的民主集中制管理的内容归纳为四点:"一,领导的机构,一律是由选举制产生。二,领导的机构须定期对整个组织作工作报告。三,严格的纪律和少数服从多数。四,下级机构和全体人员,务必执行上级机构的决议和上级负责人的指示。"③

第二,"集体领导,个人负责"。韬奋以生活书店为例,阐明什么是"民主",什么是"集中":"大家共同规定的原则是民主,把这原则交给负责人执行,是集中。"对民主与集中两者之间关系,韬奋做了非常清晰的界定:"民主绝对不是无政府状态,集中也绝对不是独裁的意义。不民主的集中才是独裁;不集中的民主才是无政府状态;两者都是要不得的。我们所需要的是不折不扣的民主集中,不能把它任意分裂开来。"④

韬奋将生活书店的民主集中制概括为"集体领导,个人负责"。他说:"所谓集体领导,是指全体社员所选举出来的机构,如理事会、人事委员会等,负有领导的任务。""在这两个机构里,对于某一事的决定,须经过充分的讨论,须经过多数的通

---

① 《事业管理与职业修养》,学林出版社 2004 年版,第 8 页。
② 《韬奋全集》第 9 卷,第 608 页。
③ 《事业管理与职业修养》,学林出版社 2004 年版,第 8 页。
④ 《事业管理与职业修养》,学林出版社 2004 年版,第 9 页。

过，才算是决定，经过讨论和决议的手续之后，少数即须服从多数。换句话说，集体的决定是任何个人所应服从，除非他提出辞职，不愿再参加本店的工作。这是我们应该遵守的一种轨道。"①"集体领导"有两个前提条件，即"须经过充分的讨论，须经过多数的通过"方有合法性和权威性。

"个人负责，是指各级职员在职权内所应负的执行的责任，尤其是较重要的负责人，如总经理、经理、各部主任、各区主任、各店经理。"② 这里的"个人"既包括"各级职员"，又主要指"较重要的负责人"。领导者要以生活书店整个事业为重，要大公无私地做出公平的决定，更重要的是要有民主的精神。在韬奋看来，民主精神可分三点："须有参加讨论的雅量""须有服从多数的习惯""须有集体责任的认识"。

正是因为有这样"集体领导，个人负责"的管理设计，生活书店在运营中遇到的许多问题，通过多种途径提出，经员工讨论、集体协商都能有效解决。

第三，"意见的沟通是非常重要的"。韬奋认为要贯彻民主管理，同人之间平时就要重视沟通："本店的管理是采用民主集中的原则，在这个原则下，同人意见的沟通是非常重要的一件事。"③ 随着人数的增多，分店的增加，意见沟通就相当重要——探讨业务，消除隔阂，提高认识，增强行动力。"在本店的组织上，原有若干沟通意见的机构。例如关于业务方面，有理事会、常务理事会、业务会议、店务会议等等，关于人事及同人福利问题方面，有人事委员会、同人自治会等等。在这种种会议席上，

---

① 《〈店务通讯〉排印本》（中），学林出版社2007年版，第792页。
② 《〈店务通讯〉排印本》（下），学林出版社2007年版，第1129—1130页。
③ 《事业管理与职业修养》，学林出版社2004年版，第29页。

都有发表意见和交换意见的机会，我们都应努力运用来作沟通意见的有效工具。在这种种会议中所讨论及决议的事情，在可能范围内，应尽量反映到《店务通讯》及《我们的生活》上——前者是有关整个店的业务的机关志，后者是同人自治会的机关志——尽量使同人知道其中的内容。"①

"我现在忝负本店业务的总责，我遇着任何同事有意见提出，决不加以轻视，必能加以虚心考察，在我职权以内可能解决的问题，必负责解决；即在我职权以外的事情，我也必能负责提交常务理事会或人委会讨论解决。"②

充分发表意见，虚心倾听各方面的意见；有话当面说，不在背后另来一套；会议中充分讨论、广泛征求意见；言论自由，言路畅通。这种氛围下，人人心情舒畅，有着良好的精神状态，"大家都有充分的责任心，干得既情愿又愉快"。③

第四，"民主和纪律"。民主管理和民主的纪律相辅相成，"在民主的原则下，并不是可以没有纪律，没有纪律更要形成无政府状态，便没有轨道可循，所以我们必须有纪律，这是谁也不能否认的"。韬奋所讲的民主纪律包含两个方面的内容："第一个特点，有共同规定的原则做根据；第二个特点，是执行如果有错误，得提出理由要求纠正。"④这里讲的"纪律"是指合作社的社章和领导机构制定的规定和规则。对于这些"民主的纪律"，领导机构必须严格执行，全店同人必须严格遵守；对违反纪律的同人应该给予处分，违反者必须接受。"对于侵害我们

---

① 《事业管理与职业修养》，学林出版社 2004 年版，第 29 页。
② 《事业管理与职业修养》，学林出版社 2004 年版，第 30 页。
③ 《忆韬奋》，三联书店 2015 年版，第 451 页。
④ 《事业管理与职业修养》，学林出版社 2004 年版，第 16 页。

团体事业的行为,轻则努力纠正,重则只有根据民主的纪律原则,经过领导机构的决议,加以比较严重的处分。"① 生活书店管理层对盗用公款、私自翻印书籍、斗殴、旷工等违反规定的员工,及时、公正地做出处罚,以儆效尤,警示同人,净化团队。

对于民主的纪律本身存在的不足,书店同人都可以提出建议,说明理由,要求相关机构修改。各级负责人如果遇有超越他们职权的事情无法解决,则必须交上一级负责人解决或提交领导机构共同解决。

在韬奋看来,生活书店的全体同人对于民主纪律应有的正确的态度:"我们有民主的纪律,我们要遵守民主的纪律。"②

二、生活书店的中坚力量

1941年1月,邹韬奋在《抗战以来》一书中总结生活书店的发展历程时说:"'生活'所以能够'空手起家',所以能在十二三年内由两个半人的工作者增加到数百人的坚强而勇敢的工作干部,所以能在十二三年中由上海一隅的一家小小报店铺增加到有布满全国五十六个的分支店,这不是偶然的,是由于全体同事在这十几年中流血汗、绞脑汁、劳瘁心力、忍饥耐寒,对于国内外读者竭诚服务的一片丹心赤忱,凝结而成的!"③

"全体同事"包括生活书店的创办人、生活书店的总编辑和

---

① 《事业管理与职业修养》,学林出版社2004年版,第45页。
② 《事业管理与职业修养》,学林出版社2004年版,第18页。
③ 《经历》,三联书店1958年版,第285页。

"数百人的坚强而勇敢的工作干部"。

生活书店的创办人

北京东城区美术馆东街 22 号,三联书店办公楼一楼大厅内,悬挂着九位创办人的画像,第一、二、三位是邹韬奋、徐伯昕、胡愈之,他们都是生活书店的创办人,但他们三人和生活书店的关系则有分别:

邹韬奋(1895—1944)创办人。原名邹恩润,江西余江人。生于福建长乐。1926 年主编《生活》周刊,1932 年创办生活书店。生活出版合作社理事会主席(后兼任人事委员会主席),生活书店总管理处总经理。

徐伯昕(1905—1984)创办人。原名徐亮,江苏武进人。1932 年和邹韬奋一起创办生活书店,历任经理、总经理。1948 年任生活·读书·新知三联书店总经理。

胡愈之(1896—1986)创办人。原名学愚,上虞丰惠镇人。1931 年与邹韬奋一起主持《生活周刊》,1932 年推动创办生活书店,起草生活出版合作社章程。曾任生活书店编审委员会主席。

韬奋是从办刊切入办书店的,在主编《生活》周刊六年后,为应对不利局面于 1932 年 7 月 1 日创立生活书店。生活书店作为新型出版机构发展迅速,它的业务沿着办杂志、出图书、开书店三条线相容地前进着,最高峰时它有期刊 30 多种,有 56 家分支店,出版图书 1 000 多种。韬奋不是一个人在奋斗,而是有一个坚强精干的团队。其中有两个重要人物,他们就是"一起创办生活书店"的徐伯昕、"推动创办生活书店"的胡愈之。

陈原对生活书店创办人邹韬奋、徐伯昕、胡愈之的地位与作用作了深入解析："当我初入出版界，很天真，也很幼稚——我直觉地认为生活书店只要有一个邹韬奋，就能够'起飞'了。我初入新知书店，后来才转到生活书店；我在生活书店工作时，邹韬奋已经辞世了，其实我从未见过他，但我钦佩他，甚至崇拜他。我做了二十年工作，然后知道，生活书店如果只有一个邹韬奋，'起飞'不了，还必须有一个徐伯昕——一邹一徐，然后事业才能兴旺起来。但直到那时，我还没有觉悟到，仅仅邹徐奋力苦干，生活书店也只能厕身'书林'，而它本身决不能成为'乔木'。又二十年，我才隐隐感觉到在这两位志士背后，还有一个表报上看不见的人物，那就是胡愈之。直至胡愈之辞世，我才顿时发现，生活书店的'腾飞'，其实是一邹一徐一胡。"[①]

1926年10月，32岁的邹韬奋和22岁的徐伯昕相聚于《生活》周刊，邹韬奋接办《生活》周刊，徐伯昕仍承担印刷、发行、广告、总务等事宜，孙梦旦兼职会计。编辑部设在今天的复兴中路442号一个过街小楼上，后人称他们是从"过街楼上走出的出版家"。也就从这过街小楼，邹韬奋和徐伯昕相伴相行十八年的风雨历程。

生活书店总编辑张友渔评价对邹徐之关系评说道："自20年代以来伯昕协助韬奋创办《生活》周刊、《大众生活》《全民抗战》等轰动国内外的刊物，创建生活书店，由小到大，由上海一地发展到全国，以至海外，影响深远。韬奋是这一事业的总设计师，而业务建设和经营管理都依赖着伯昕的劳作。打个比方，韬

---

① 陈原：《总编辑断想》，辽宁教育出版社2001年版，第22页。

奋倘是枝头的红花，那么伯昕恰是衬托着红花的青翠绿叶。"①

韬奋和徐伯昕的关系、徐伯昕和生活书店的关系说来话长，暂放下后有详述。这里重点叙说胡愈之。

邹韬奋和胡愈之的相识源于《莫斯科印象记》。

胡愈之（1896—1986），字子如，笔名胡芋之、化鲁、沙平、伏生等。一生集记者、编辑、作家、翻译家、出版家于一身，学识渊博，是新闻出版界少有的"全才"。1914年，18岁的胡愈之辍学考入商务印书馆理化部练习生，工作之余读英语夜校，自学日语、世界语，开始发表著译文章；1917年调入《东方杂志》。1932年初参加中国民权保障同盟，1933年加入中国共产党。叶圣陶在回忆胡愈之《四个长处》一文中写道："他能鼓动朋友们跟他一起干，他善于发现朋友们的长处，并且能使朋友们发挥各自的长处。等到团体和杂志书刊初具规模，他往往让朋友们继续干下去，自己又开始新的建设。"②

1931年1月下旬，胡愈之从法国回国，路经莫斯科，进行了为期七天的访问考察。到上海，他动笔撰写《莫斯科印象记》，先在《社会与教育》周刊连载；1931年8月集辑成6万字的单行本由新生命书店发行，至1932年2月半年内再版5次。邹韬奋读《莫斯科印象记》后钦佩胡愈之观察问题之敏锐深刻，1931年9月26日在《生活》周刊发表读后感："全书虽有151页，但以作者亲切有味的叙述，通畅流利的文笔，令人非终卷不能自休，看完时觉得没有这么多页数似的。"

1931年10月初，36岁的邹韬奋和35岁的胡愈之第一次见

---

① 《回忆徐伯昕》，中国文史出版社2017年版，第2页。
② 《中学生》杂志，1945年7月。

面，会谈长达三个小时，最后邹韬奋约请胡为《生活》周刊撰稿。胡愈之写了《一年来的国际》一文交给邹韬奋，邹韬奋一字不改地将文章刊登在《生活》周刊的"国庆特刊"上。胡愈之感到邹韬奋有胆识、有勇气。由此，胡愈之走进《生活》周刊，走进生活书店。

胡愈之在《生活》周刊以"伏生"为笔名，发表了大量以国际问题为主题的论述文章，因其立论严谨，分析透彻，文笔犀利，深入浅出，备受读者喜爱。生活书店辑集成书——《伏生国际问题论文集》，一印再印。他在生活书店还出版了《战争与间谍》（1936）、《苏联革命与中国抗战》（1937）、《世界各国现势》（1937）、《书的故事》（1937）、《抗战与外交》（1938）。

1933年7月，邹韬奋出国考察，胡愈之主持《生活》周刊的编务，每期撰写"小言论"；12月胡愈之提笔写下短文《让民众起来吧》，国民党上海市党部下令查禁，出版了八年从不脱期的《生活》周刊就此停刊。胡愈之随后策划出版了《新生》周刊，仍是原班人马，仍是原有的编辑方针，仍是销量不减。1936年3月，邹韬奋到香港筹办《生活日报》，胡愈之自莫斯科经巴黎到香港，协助邹韬奋筹办，任主笔，再一次携手合作。

1938年邹韬奋与胡愈之一度都在武汉，因工作极忙，两人只能在会议上叙谈。不久，邹韬奋和生活书店总管理处一起到了重庆，胡愈之奉派去了桂林。1938年12月，邹韬奋电邀胡愈之到重庆共商生活书店大计，在这次具有里程碑性质的会议上成立编审委员会，推胡愈之为编委会主席。这是胡愈之第一次在生活书店担任有名义的职务。

邹韬奋在《我们的胡主席》一文中说："他参加本店创办时之计划，等于本店'大宪章'的'社章'就是由他起草的。他对本店的重大贡献不仅是编审，在实际上是包括了我们的整个事业。"① 胡愈之不仅是生活书店创办的倡导者和设计师，更是韬奋人生道路的引领者，他们一道参加"中国民权保障同盟""救国会"。夏衍曾说："邹韬奋的转变，完全是胡愈之的功劳。韬奋的生活书店，胡愈之是'军师'，他出主意，做了大量的工作。"②

邹韬奋、徐伯昕、胡愈之和生活书店之间是一种什么样的关系呢？"实际的（或抽象的）胡愈之是导航塔；而邹韬奋是机长（和机组），徐伯昕是地勤。导航—机组—地勤，这当然是个不十分确切的比喻，但我想用这样一个容易了解的比喻，来说明我干了四十年才懂得的浅显道理。"

陈原说："胡愈之亲口跟我说过，他在生活书店什么职务也没有，什么名义也没有，但很多事情都有他的'轨迹'，即如把生活书店办成一个合作社性质的人民文化机构，这章程也是他起草的，但把这种设想变成现实的，则有邹有徐。这个看不见的人物，在生活书店是胡愈之。'胡愈之'可能是一个真实的人，也可能意味着一群人，这一群人是先进的思想者，他们或者是松散的组合，或者是紧密的组合，视具体条件而定。总之，需要这么一个或一群思想在那里'导航'。"③

胡愈之不仅自己在生活书店出书，而且为生活书店领进一群有名望的、有影响力的、有创作力的进步作者：郑振铎、茅盾、鲁迅、金仲华、夏衍、钱俊瑞、张仲实、张明养、钱亦石、邵宗汉、沈志远、周建人、刘思慕、王纪元、胡仲持……他们是生活书店的撰稿人、作者、主编、总编。

---

① 《〈店务通讯〉排印本》（中），学林出版社2007年版，第924页。
② 《夏衍谈"左联"后期》，《新文学史料》1991年第4期。
③ 陈原：《总编辑断想》，辽宁教育出版社2001年版，第23页。

"这一群人"包括总编辑张仲实、沈志远。

生活书店的总编辑

1935年8月,邹韬奋从美国赶回上海,第一件事是看望狱中的杜重远,接着看望生活书店的员工,审察生活书店的发展状况。他说:"本店在我出国后,由于诸位同事的努力,在我出国后的第二年间,不但不衰落,而且有着长足的发展。伯昕先生的辛勤支撑,怨劳不辞,诸同事的同心协力,积极工作,愈之先生的热心帮助,策划周详,以及云程仲实诸先生的加入共同努力,为本店发展史上造成最灿烂的一页。"①

"云程"就是毕云程,"仲实"就是张仲实。1935年2月,张仲实由胡愈之介绍到生活书店,担任《世界知识》杂志的主编。邹韬奋十分高兴张仲实的到来,他说:"看到你翻译的许多苏联政治著作和文章,太好了。我们的《世界知识》就是论述国际时事和世界形势的刊物,很需要进步的东西。"

1935年是张仲实人生中较为重要的一年,也是生活书店发展史上具有重要意义的一年。这一年,生活书店有了自己的总编辑。

总编辑张仲实

张仲实(1903—1987),陕西陇县人,原名张安人,笔名张任远、实晋等。1922年,19岁的张仲实投军,同年考入陕西省立甲种工业学校。学生时代就接触进步思想,1924年加入共青团,1925年1月转为中共党员。1926年6月考入上海大学;10月受党的派遣去苏联,与张闻天、伍修权同班学习。1930年8月

---

① 《事业管理与职业修养》,学林出版社2004年版,第138页。

奉命回国，1931年到上海寻找党组织。

1935年11月，邹韬奋请32岁的张仲实担任生活书店总编辑，金仲华为编辑部主任。1936年2月，《大众生活》被迫停刊，邹韬奋不得不再次流亡。临行前，他交待张仲实继续担任总编辑。不久，在生活书店召开的第二次社员大会上，张仲实当选为生活书店临时委员会主席。

1935—1938年4年间，张仲实作为生活书店总编辑"贡献甚大"。他和邹韬奋一起谋篇布局，确定了生活书店的出版方向——出版学术研究参考用书，但偏重救亡理论读物；出版大众通俗读物；出版战时读物。张仲实组织多方力量加快丛书、套书的推进，在文艺读物、社科知识读物、抗战读物等众多领域推出一批丛书、丛刊、文库等，如《青年自学丛书》《世界学术名著丛书》《世界学术名著译丛》《黑白丛书》《救亡丛书》《百科小译丛》《中国文化丛书》等，出书成规模，产生巨大影响。曾任生活书店总经理的毕云程回忆说："仲实到书店后，生活书店又添了一支巨大的生力军，他联系许多进步人士为生活书店写稿，在生活书店计划出版各种进步书刊上起了很大作用。生活书店有许多宣传马克思列宁主义的新书，大半是在仲实主持之下出版的。"[①]

"许多进步人士"和"进步书刊"包括沈志远的《现代哲学的基本问题》、柳湜的《街头讲话》、思慕的《世界经济地理讲话》、钱亦石的《中国怎样降到半殖民地》、胡绳的《新哲学的人生观》、胡愈之的《世界各国现势》、钱俊瑞的《中国国防经济建设》、胡风的《文学与青年》、陶行知的《行知诗歌集》、夏衍的《自由魂》、冼星海等编的《抗战歌曲集》、郭定一译的《夏伯

---

① 《忆韬奋》，三联书店2015年版，第296页。

阳》、张仲实译的《费尔巴哈论》、吴理平译的《反杜林论》、徐懋庸译的《列宁家书集》、雪峰译的《艺术与社会生活》等。

1937年"八一三"全面抗战爆发，韬奋主编《抗战》三日刊。11月，上海沦陷，生活书店将出版工作重心移向汉口，邹韬奋、徐伯昕和大批同事分赴武汉、广州等地，积极开展书店业务和筹设各地分支店事宜。这一时期推出一系列以抗战为主题的丛书：《世界知识丛书战时丛刊》《黑白丛书战时丛刊》《战时大众知识丛书》《战时社会科学丛书》《问题与答案丛书》《抗战中的中国丛刊》《西北战地服务团丛书》等。"在1938、1939两年内，各种丛书和其他战时读物的出版，在品种、数量、质量以及切合读者需要等方面，都较抗战刚开始时有很大的进步。"①

1938年9月，张仲实陪邹韬奋到八路军驻武汉办事第一次与周恩来会面。1938年8月，生活书店总部迁往重庆；1939年2月，应杜重远之邀，张仲实和茅盾一起离开重庆生活书店总部，远赴新疆。

林默涵曾评说张仲实："大家知道，鲁迅先生自称他像一条牛，成天为人耕地、推磨，吃的是草，挤出的是奶。仲实同志也是那样，他是救国会的负责人之一，又是左翼社会科学联盟成员；他直接管理整个生活书店的编辑出版工作，每天晚上还要挤出休息时间来写作、翻译，这期间，他的许多著译作品在青年中影响极大，许多青年是看了他翻译和主编的这些书走上革命道路的。"②

作为学者和马克思主义理论家的张仲实是《世界知识》、《大

---

① 《生活书店史稿》，生活书店2013年版，第107页。
② 《新闻出版博物馆》，2015年第2期。

众生活》、《抗日》三日刊、《中华公论》的作者，撰写了一系列有深度、有力度、有预测性的文章。他还是生活书店的作者，在生活书店出版了一批有影响力的著译：《给初学写作者的一封信》（1935）、《现代十国论》（1936）、《怎样研究世界经济》（1936）、《费尔巴哈论》（1937）、《哲学》（1937）、《封建主义》（1937）、《苏联新宪法研究》（1937）、《家族私有财产及国家之起源》（1938）、《国际现势读本》（1938）、《俄国怎样打败了拿破仑》（1938）、《论民族问题》（1939）、《辩证认识论》（1939）。

1935年生活书店出版张仲实翻译的《给初学写作者的一封信》，广受好评。它的热销给作为总编辑的张仲实一个大启示：青年人渴望获得新知识、新视野，他决定邀请专家学者出版一套丛书——《青年自学丛书》。《社会科学研究法》《怎样阅读文艺作品》《写作方法入门》《思想方法论》《中国怎样降到半殖民地》《新哲学的人生观》等，在广大青年中极受欢迎，很多青年从中了解中国社会和中国发展趋势，从而走上革命道路。

总编辑沈志远

沈志远（1902—1965），浙江萧山人。1922年毕业于南洋公学附中。1925年加入中国共产党。1925年12月接受党组织派遣赴莫斯科学习。1931年回国担任"社联"常委。1933—1938年先后任暨南大学、北平大学、西北大学教授，从事马克思主义政治经济学和哲学的著述和翻译。

1938年12月，胡愈之应韬奋之邀到重庆商洽生活书店大计，如何加强和改进编辑工作是商谈的重要议题之一。经商定，改组和充实新的编审委员会，由胡愈之任主席，沈志远、金仲华任副主席，艾寒松兼秘书，委员包括邹韬奋、柳湜、张仲实、史枚、刘思慕、沈兹九、戈宝权、茅盾、戴白桃、曹靖华、胡绳、庶谦。1939年1月确定当年业务方针为："促进大众文化、供应抗战需要"，以抗战为主题的图书大规模出版。

胡愈之提出了适应抗战建国需要、服务大众文化的出版原则，将过去的出版物合并成A、B、C、D、E五类，由每个编委分担一个种类出版物的编审工作。为保证编委会工作的正常进行，制订了《编审委员会组织及办事细则》二十条。在组织领导上，改总编辑负责制为编委会集体负责制；在机构设置上，不设编辑部而是在编委会内设立编校科，具体处理编校工作，再把清样交生产部。

胡愈之在重庆逗留两个多月，1939年2月返回桂林。重庆编审会工作委托副主席沈志远按商定计划执行。这时，37岁的沈志远接替了张仲实，成为生活书店总编辑，并主编季刊《理论与现实》。1940年10月，"皖南事变"后，经周恩来的安排，沈志远与一些文化界进步人士疏散到香港，参与《大众生活》周刊的编辑工作。

生活书店第六届理事会对候选人沈志远的介绍："沈先生虽然在去年一月才参加本店的工作，但早为同人所熟悉和景仰了，因为沈先生的雄厚的译著是大家都读到过的。他抱了牺牲精神，辞掉了月入较丰两倍的大学教授职位来加入我们这一位，更是值得称崇。沈先生现任编委会副主席，去年一年中创造了光辉的成绩。"①

沈志远是总编辑，更是生活书店的顶级作者，出版的著译有：《新经济学大纲》（1935）、《现代哲学的基本问题》（1936）、

---

① 《〈店务通讯〉排印本》（下），学林出版社2007年版，第1136页。

《妇女社会科学常识读本》（1936）、《二十年的苏联》（1937）、《近代经济学说史》（1937）、《形式逻辑》（1938）、《雇佣劳动与资本》（1939）、《辩证法唯物》上册（1939）、《资本主义》（1939）、《研习资本论入门》（1939）、《哲学译文集》（1940）、《今日的苏联》（1940）、《近代经济学史大纲》（1944）。

《新经济学大纲》是沈志远的成名之作。1934 年 5 月由北平经济学社初版，生活书店 1935 年 5 月上海初版，1940 年 12 月 7 版（最新增订版），列为新中国大学丛书之一。抗战时被禁。全书包含了马克思的《资本论》和列宁的《帝国主义论》等主要内容，论述了以往经济学教科书中很少涉及的社会主义经济。该书的出版，受到舆论界的关注，进步人士称之为"荒野里的一株冷艳的山花"。沈志远治学严谨，在一片赞誉声中找不足，《新经济学大纲》再版了 18 次，修改增补了 18 次。

《新经济学大纲》的热销带动一批相同主题图书的出版：张仲实《怎样研究世界经济》（1936）、柳湜《怎样研究政治经济学》（1937）、沈志远《近代经济学说史》（1937）、吴黎平《社会主义史》、邓初民《新政治学大纲》（1939）、钱亦石《近代中国经济史》（1939）、何干之《中国社会经济结构》（1939）等。

总编辑柳湜

柳湜（1903—1968），湖南省长沙县人。1921 年，18 岁的柳湜在毛泽东创办的湖南自修大学附设补习学校教书，结识了毛泽东、李维汉等湖南党组织的负责人，思想更加倾向革命。1928 年初，加入中国共产党。由于叛徒告密而被捕入狱。在长达 6 年的牢狱生活中，他始终未暴露身份，坚持自学《资本论》、日语，还组织难友学习。1934 年获释后即前往上海。他的公开身份是上海《申报》读书指导部主任，与李公朴、艾思奇等创办《读书生活》半月刊。

尔后6年，他先后在香港参加邹韬奋主办的《生活日报》的编辑工作；在汉口创办《全民周刊》并任主编；在重庆将《全民周刊》与《抗战三日刊》合并为《全民抗战》三日刊，并与韬奋同任主编。

1940年7月，37岁的柳湜担任生活书店编审委员会主席、生活书店总编辑。1940年冬离开重庆前往延安，任陕甘宁边区参议员、边区政府委员、教育厅长等职务。

柳湜在生活书店出版的著作有《街头讲话》（1936）、《怎样研究政治经济学》（1937）、《国难与文化》（1937）、《血战雁门关》（1940），受到广泛欢迎，也受到知名人士的赞扬。邹韬奋撰文称赞《街头讲话》一书是研究社会科学入门的一本好书。①

总编辑张友渔

张友渔（1898—1992），山西灵石人，原名张象鼎，字友彝。1927年加入中国共产党。受党派遣，1930年、1932年和1934年曾三次东渡日本求学和从事革命活动。20年代开始从事新闻事业，曾任北平《世界日报》《民国晚报》《大同晚报》的总主笔。抗战期间，任北平《时事新报》、香港《华商报》总主笔，《新华日报》社论委员和代理总编辑、社长。1939年春到重庆，以左翼文化人的身份进行民主宪政工作。

1943年，45岁的张友渔任生活书店总编辑、南方局文化工作委员会秘书长。张友渔说：党派我到生活书店工作时，周恩来同志亲自同我谈了话，交给我的任务主要有二：

---

① 《韬奋全集》第6卷，第376页。

"第一是要以救国会的出版机关面貌出现，做好左翼和中间派文化人的统战工作，争取团结尽可能多的作家，出版尽可能多的马列主义、革命文化的书刊，以发挥革命文化堡垒的作用。同时，要保护这个堡垒，使能存在下去。因此，在编辑方面，就要把好关。出版的书刊，发表的文章，既不能丧失原则立场，也不能猛冲猛打。要善于运用斗争艺术，进行合法斗争。"

"周恩来同志交给我的第二个任务，是领导生活书店党组织，做好联系进步作家，团结书店职工，同心协力，发挥革命文化堡垒的作用。这就是对党员进行政治思想教育工作，提高他们的觉悟、斗争技术和革命警惕性。既不右倾麻痹，也不能左倾冒进。决不能脱离群众，更不能对群众采取命令主义态度，发号施令。既必须广交朋友，广泛进行组织宣传工作，又要防止认敌为友，受骗上当。这样做的结果，既开展了工作，又保持了阵地。"[1]

张友渔担任总编辑的两年多时间里，重庆生活书店的编辑出版出现了新面貌：按新出版物品种计算，约有30余位作家、翻译家给书店提供了新的稿件；配合民主运动出版了一批引人注目的图书。"两年内，共出版了60多种新书，特别是出了这么多针对国民党时弊的时事政策读物，仅就数量而言，在当时的重庆新出版业中也是居于首位的。"[2]

张友渔在生活书店出版的著作有《暴风雨的前夜》（1943）、《从防御到反攻》（1943）；以生生出版社名义出版的著作有《走

---

[1] 《生活书店史稿》，生活书店2013年版，第236页。
[2] 《生活书店史稿》，生活书店2013年版，第238页。

向民主——宪法与宪政》（1944）、《中国宪政论》（1944）。

总编辑胡绳

胡绳（1918—2000），出生于江苏苏州。早年就读于苏州中学。1934年，16岁的胡绳考入北京大学哲学系学习。

1935年夏，胡绳在电车上偶遇张仲实，他给胡绳出了一个题目：写本"哲学人生观"。3个月后，胡绳完成了自己的第一部专著——《新哲学的人生观》，以此"献给千万刻苦奋斗的青年"。这本书1937年1月初版后多次再版，到7月竟有了第四版，影响很大。

此书出版后，胡绳被正式聘为生活书店的编委，协助邹韬奋编《全民抗战》。1938年加入中国共产党。1939年在重庆主编《读书月报》；1941年在香港任《大众生活》编辑。1942年后，在重庆任中共中央南方局文委委员、《新华日报》社编委。

1945年10月，生活书店在上海、香港恢复出版业务，开设分店。1946—1948年，28岁的胡绳担任上海、香港生活书店总编辑。出版方面，有新编的《青年自学丛书》，有翻译马克思主义为主的《汉译世界名著》，适合于青年自修的《生活丛书》《百科小丛书》等。重要出版物有《辩证唯物论》《历史唯物论》《马克思传》《中国政治思想史》《近代中国思想学说史》《先秦诸子思想》《历史的镜子》《辛亥革命与袁世凯》《辩证法的逻辑》等。

胡绳在生活书店出版的著作有《新哲学的人生观》（1937）、《后方民众总动员》（1937）、《国际主义与民族主义是否冲突》（1938）、《中国政治常识》（1939）、《理性与自由》（1946）、《帝国主义与中国政治》（1947）。

生活书店的精干团队

1926年接办《生活》周刊时，只有三人：邹韬奋、徐伯昕、孙梦旦，白手起家。

1928年10月，新加入的第一人为黄宝珣，陈凤芳、陈其襄随后加入，孙梦旦由兼职转为正式员工。1930年"书报代办部"成立，富有书业经验的严长衍被专门请来主持其事，这是第二批加入的同事。1931年艾寒松加入进来，成为韬奋办报刊、办书店最为得力的助手之一。到1932年生活周刊社全体工作人员已有27人，有一支可靠的能干的队伍。

1932年7月1日生活书店成立，1933年召开第一次社员大会，出席会议的会员有33人。1935年8月27日韬奋回上海，看望狱中的杜重远，看望已迁至福州路的生活书店员工，这时书店工作人员已增至六七十人。归国后的韬奋意气风发，一方面办刊，一方面全面主持生活书店的经营管理。到1939年上半年，生活书店已有56家分支店，四五百人的员工队伍。

《店务通讯》第三十九号载："艾逊生先生报告：在此次本社选举事宜未进行以前，根据本会廿七年十一月一日第廿八次常会通过增加之新社员共三十八人，在本会廿九次常会又通过社员四人，连过去之社员共一百十四人。"这就说到1939年3月生活书店共有社员140人。

在生活书店的这支队伍里，一头是练习生，一头是社员。《生活出版合作社章程修正草案（1933）》对社员的条件有专门的说明："第七条　合于以下各项资格之一者，为本社社员：（一）除短时期或特约雇员外，现在本社之职工任职满六个月者；（二）本社职工任职十年以上，年老而退休者；（三）虽未在社内任职，但对于本社曾有特殊劳绩，并仍经理事会向社员大会提出通过者。"

要成为生活书店的社员，先要成为生活书店的练习生。练习生相当于今天的见习生，胡愈之、陈云当年都是商务印书馆的练习生。邹韬奋主持生活书店时，无论是招聘编辑，还是招收门市部的练习生，都采用公开招考的办法。考试包括思想、文化、身体等方面全面的考察、测试。考试有笔试、面试等多种形式，要求非常严格。

《店务通讯》第十三号记录了生活书店汉口店执教文书及练习生的考试情况：从一百多封投考信中经审查，22人获考试机会。1938年4月14日上午九时："到了时间，应考的都到了。考试项目分国文、作文常识、珠算和口试。这次作文题目，考文书的是：一，评述家庭状况及个人就业经历与感想；二，民族统一战线与中国抗战前途。考练习生的作文题目是：试述文化在抗战中的重要性。"此外，常识题目共十五个，今天看来仍颇有意思和意义。今特转录如下：

  1. 最近国民党的组织上有什么变动？
  2. 所谓"八一三"事件是什么？
  3. 在五月内有些什么纪念节？
  4. 台儿庄、徐州、潼关、封邱是属于那一省？
  5. 国际联盟是什么机关？
  6. 现在西班牙进行的战争是什么战争？
  7. 德国最近并吞了那一个国家？
  8. 哥伦比亚、苏格兰、里昂、慕尼黑、罗马、大阪、旧金山、马德里、华沙、日内瓦这些地方是属那一国？

9. 杜威、胡佛、莫洛托夫、张伯伦、戈培尔、罗曼·罗兰、三井、龙云、住友、爱因斯坦这些是属那一国？

10. 中国驻英美法意几国的大使是什么人？

11. 现在中国的行政院院长、外交部部长、军政部部长是谁？

12. 何谓统一战线、全面抗战与第二期抗战？

13. 曾经读过一些什么抗战的书报什志，最喜欢的是那几种？

14. 何谓机械化部队？胃运动战与迂回战？

15. 书店与抗战有何关系？

"上午将国文常识、珠算考试完了，下午举行口试。考文书的应'抗战'的需要，所以由邹先生亲自口试，考练习生的由徐、甘二先生主持考试。在这许多投考者的籍贯中多为灌输浙江两省人，本地湖北人很少，从这里可反映出各省文化发展的进步与落后情形。考试的结果在下期（十四号）通讯内发表。"①

《店务通讯》第十四号"店务简讯"登出招考结果："已经多人，到职试用的有锹福珍（女，'抗战'文书），张正新、徐云尧（门市部服务生），许彦生、殷涓生（门市科练习生），仲秋元（会计科练习生）。"

王益说："一九三六年春天，上海生活书店招收练习生，我报名应考。除笔试外，还有口试。主持口试的是邹韬奋先生。当时我不知道口试是怎么回事，有点紧张。实际很简单，只是见见面，问我姓名、年龄、籍贯、在哪里读过书等，我一一作了答复，口试就完了。韬奋先生给我的印象是平易近人，在他面前不

---

① 《〈店务通讯〉排印本》（上），学林出版社2007年版，第64页。

感到拘束。考试后我被录取了，分配在邮购课工作。"①

"现在本店有许多得力的干部，其学识能力都能超过任何受过国内外大学教育的人，都是由考取本店练习生升起来的。"②

从 1937 年开始，邹韬奋在讲话、文章中经常提到的一个新词就是"干部"。在生活书店谁是干部？邹韬奋说："全体同事原来都是干部，但是尤其重要的是中坚干部。""所谓中坚干部，是指在工作上负责较重的同事，例如总处的各部主任，各分店的经理及课主任，各据点的自治会干事等。"③据《生活书店史稿》"全国 57 处分支机构名录"统计，57 处分支机构负责人（经理、会计）就达 121 人次，这也是韬奋反复强调的"中坚干部"。

从练习生到社员，从干部到中坚干部，他们工作、生活在一起，从思想观念到行为实践，相互感染，相互促进，形成共同的理想和目标。"在浓郁的理论学习和书店上层的影响下，生活书店的普通员工和共产党发生了种种盘根错节的联系。武汉陷落后，生活书店迁至重庆民生路冉家巷十三号，店员的办公和宿舍都在这条巷子里。冉家巷除生活书店外，还有读书出版社、新知书店和《新华日报》营业部，前两个是明确的左派文化机构，《新华日报》则是中共官方的报纸。后来的回忆称这条巷子中四家机构的年轻人生活在共同的'家'里，每天早上新出炉的《新华日报》开启他们忙碌的一天。中共在这里的影响无处不在，四家出版机构的基层成为团结紧凑的熟人网络，不少店员还是亲戚。这一年政府加强文化管控后，这些工作、生活在一起的普通员工兴奋地结成联盟，抵制政府。1941 年生活书店总店和许多分

---

① 《出版工作》，1979 年第 12 期。
② 《事业管理与职业修养》，学林出版社 2004 年版，第 138 页。
③ 《事业管理与职业修养》，学林出版社 2004 年版，第 53 页。

支店被查封时，书店的很多普通员工已经非常熟悉、认可中共的政治概念和组织方式，他们中的不少人选择去延安学习，更多店员就近转移到苏北根据地，进入中共的文化部门。"①

《中国共产党的七十年》一书有这样一段话："在团结广大爱国者、发展进步力量方面一个十分成功的例子，是共产党人对《生活》周刊原来的内容主要是谈论个人修养问题，也进行一些职业指导，其政治思想倾向属于爱国的民族资产阶级。'九一八'事变，邹韬奋受到强烈的刺激。他在共产党员胡愈之等人的帮助下，很快走上抗日救亡的道路，靠近了党。《生活》周刊从此办得有声有色，发行量达到 10 万多份。邹韬奋的言论在青年中产生极大的影响。1932 年 7 月，他又创办生活书店，出版大量进步的社会科学和文学艺术书籍，成为国民党统治区重要的进步文化阵地，许多共产党员为这个书店工作。"②

"许多共产党员"，既指生活书店之外的党组织、党的领导人和有党员身份的撰稿人、作家、学者，又指生活书店之内有党员身份的管理者和员工，从胡愈之、徐伯昕到张仲实、沈志远、柳湜、张友渔、胡绳都是中共党员，还有以方志武为书记的生活书店党支部，书店店员与中共党员这两类身份形成大量重合。"张友渔和胡绳都是南方局文委的成员，实际上是党派在书店的代表，除了主持编审工作外，还过问书店的人事和干部教育等问题，协助徐冰同志对店内党支部作组织领导和思想领导。至此，党对生活书店的政治领导和组织领导就统一起来了。"③

---

① 范雪：《抗战时期生活书店的制度选择》，《文艺研究》2017 年第 7 期。
② 胡绳主编：《中国共产党的七十年》，中共党史出版社 1991 年版，第 118—119 页。
③ 《生活书店史稿》，三联书店 2013 年版，第 196 页。

从 1926 年的三人发展到 1939 年的四五百人，还不算几十家期刊和合作经营的编外人员，这是一支人数众多、精明强干的队伍，发挥出巨大的作用。可以列出一长串名单，其中很多人至今为我们所熟悉：邹韬奋、徐伯昕、胡愈之、杜重远、孙梦旦、王志莘、艾寒松、毕云程、张仲实、金仲华、钱亦石、沈志远、胡绳、沈兹九、柳湜、林默涵、徐冰、史枚、孙明心、甘蓬园、曹靖华、胡耐秋、陈其襄、王益、邵公文、袁信之、莫志恒、陈原……邹韬奋自豪地说："本店是在十几年的艰苦中苦斗出来的，我们当然已有我们的中坚干部——能与艰苦奋斗百折不回的中坚干部，这是我们可以自傲的无上光荣的事情。"①

三、 生活书店的作者队伍

"一个书店是否进步，能否为党的主张作宣传，决定于它的出版物。而出版物的内容，除正确的出版方针外，又取决于有什么样的编辑和撰稿人。"② 生活书店与作者的关系是非同寻常的，徐伯昕说："讲到著作人、作家的合作和支持，《文学》月刊所团结和联系的文艺作家和文艺评论家，《世界知识》半月刊所团结和联系的一批研究国际问题和社会科学的专家学者，实际上形成书店编辑工作的两大支柱。生活书店在中国共产党领导和影响下，以较快的步子走上了革命的道路。但如果没有编辑工作这样的两大支柱，以及许多个别的进步著作人和作家的支持，是很难

---

① 《事业管理与职业修养》，学林出版社 2004 年版，第 58 页。
② 《生活书店史稿》，三联书店 2007 年版，第 192 页。

有多大的作为的。"①

生活书店的作者很多：有一长串名单，17年间有500多人在生活书店出书。生活书店作者很庞杂，有的人是期刊的撰稿人但不是图书作者；有的人既是期刊的撰稿人，又是图书作者；有的人既是期刊的撰稿人，又是图书作者，还是期刊主编或丛书套书的主编。

细细分析分解生活书店1932—1948年的图书书目，就能从中找出出书线路和人际脉络：可以将500多位作者依来源大致划分为若干作者群。

第一个作者群：韬奋的朋友们

夏衍说："韬奋的特点是用他的特有的精神和品德来团结作者和读者。"② 这一评说很中肯，也很符合事实。

生活书店成立后，他邀约中华职教社的元老黄炎培、江恒源到生活书店出书。从1932年到1937年，黄炎培连年出书：《黄海环游记》（1932）、《之东》（1934）、《五六境》（1935）、《断肠集》（1936）、《空江集》（1937）。江恒源出版《农村改进的理论与实践》（1935）。

1932年韬奋参加"中国民权保障同盟"，宋庆龄、鲁迅、胡愈之、林语堂成为生活书店的作者。

1937年韬奋七人出狱后，李公朴、章乃器、沙千里在生活书店相继出书。李公朴出版《民众动员论》（1938）、《怎样争取最后的胜利》（1938）；章乃器出版《章乃器论文集》（1934）、《激

---

① 《生活书店史稿》，三联书店2007年版，第85页。
② 夏衍：《懒寻旧梦录》（增订本），中华书局2016年版，第300页。

流集》(1936)、《科学的内功拳》(1936)。沙千里出版《七人之狱》(1937)、《婚姻·子女·继承》(1937)、《抗战与民众运动》(1938)、《我们对于"五五宪章"的意见》(1940)。沈钧儒出版《寥寥集》(1938)，韬奋在"序"中写道："'文如其人'，沈先生的人格的伟大与爱国爱友爱同胞爱人类的热情，读了他的诗，更可得到亲切的感动，所以我很快慰地看见他这本诗的辑成和出版。"

韬奋鼓励身边的人写文章写书，杜重远1936年出版《狱中杂感》，韬奋在"序"中写道："我觉得他愈写愈好，他自己也越写越起劲。正是因为他富有实践的经验，不是为做文章而做文章，所以他的作品感人特别深，使读者得到的益处特别地厚。"1938年出版《盛世才与新新疆》，韬奋在"序"中写道："他的这本《盛世才与新新疆》是由二十一篇辑合而成的，每篇都在我所编辑的《抗战》三日刊上登载过的，当这样登载着的时候，题目是《到新疆去》。""这本书关于新疆的形势、资源、民族问题、在国际上的重要位置、努力建设的概况，以及对苏联的外交关系等等，都有很扼要而饶有趣味的论述，是研究新疆的一本最好的参考书，是注意中国民族复兴问题的一本最好的参考书。"1938年，杜重远和胡愈之合著《沦陷七周年的东北》。

在韬奋交往、约稿、组稿的人中，胡愈之是一个特殊的人物。胡愈之不仅在生活书店出版了一批著译，而且带来强大而有力的作者队伍和一系列有影响成规模的图书。

第二个作者群：《文学》《太白》《译文》《光明》《文艺阵地》所团结和联系的作家

郑振铎回忆说：1932年"一二八"事件后，许多的文艺刊物都停顿了，商务印书馆被毁了，《小说月报》不能出版。我从北平回到了上海，和韬奋及愈之谈起了要出版一个杂志的事，他立刻便将《文学》筹办起来。

《文学》月刊由茅盾、郑振铎主持，傅东华主编，编委会由鲁迅、叶圣陶、郁达夫、陈望道、胡愈之、洪深、傅东华、徐调孚、郑振铎、茅盾十人组成，黄源为编校，邀请一批著名的作家为特约撰稿人。创刊号首印 10 000 册，一售而空，一印再印，共印了 5 次，既吸引文艺青年，又得到"左联"作家的全面支持。《太白》半月刊主编为陈望道，编委会由艾寒松、傅东华、郑振铎、朱自清、黎烈文、陈望道、徐调孚、徐懋庸、曹聚仁、叶绍钧、郁达夫十一人组成，特约撰稿人有六十八人。《译文》月刊由鲁迅、黎烈文、茅盾发起，黄源编辑。《光明》半月刊由洪深、沈起予主编。

这是一支长长的队伍，他们中在生活书店出书的有：郑振铎、茅盾、鲁迅、朱自清、黎烈文、洪深、沈起予、郁达夫、徐调孚、徐懋庸、叶圣陶、巴金、老舍、沈从文、张天翼、吴组缃、靳以、王统照、丰子恺、夏征农、夏丏尊、艾芜、田汉、王任叔、欧阳山、关露、夏衍、陈白尘、郭沫若、冯雪峰、曹靖华、胡兰畦、冼星海、萧红、端木蕻良、丁玲、刘白羽、杨朔、吴祖光、郑君里、楼适夷、艾青……

他们大多是"左联""剧联""美联""影联""音联"的作家、评论家、翻译家、剧作家、音乐家；他们既为刊物的主编、撰稿人，也是生活书店丛书的主编、作者；他们有的在生活书店出版多部作品，也有的在生活书店仅出版单部作品；他们既有像鲁迅、郑振铎、茅盾这样的成名作家，也有像艾芜、臧克家、楼适夷、萧红这样的青年作家。其中出版作品较多、影响力较大的、有代表性的作者及主要作品有：

郑振铎：《我与文学》（郑振铎、傅东华编，1934），《佝偻集》（1934），《晚清文选》（编，1936），《光明传奇（二集）》（编，1937），《全元曲》（编，1937），《战号》（编，1937），《梭孔特拉及其他》（译，1937），《希腊神话》（编，1935）。

茅盾：《人与书》（1934），《残冬》（1934），《创作的准备》（1936），《作家论》（1936），《中国的一日》（主编，1936），《泡沫》（1936），《多角关系》（1937），《变式庚研究》（译，1937），《黎明》（茅盾等著，1937），《论鲁迅》（茅盾、适夷编，1939），《水火之间》（茅盾、适夷编，1940），《腐蚀》（1941），《去国》（1943），《白杨礼赞》（1943）。

鲁迅：《小品文和漫画》（鲁迅等著，1935），《二三事》（鲁迅等著，1937），《原野》（鲁迅等著，1937），《外国作家研究》（鲁迅茅盾等译，1937），《桃色的云》（译，1934），《小约翰》（译，1934），《死魂灵》（译，1935），《表》（译，1935）。

第三个作者群：《世界知识》《中华公论》《读书与出版》所团结和联系的专家学者

"左联"的成立，在中国知识界产生了很大的震动。上海的一些进步知识分子组织了一个名为介绍苏联情况实则带有统一战线性质的"苏联之友"社。到1933年，"苏联之友"社根据人员不同的专业下设若干组。从事新闻出版和国际问题研究工作的有胡愈之、金仲华、钱亦石、钱俊瑞、张仲实、沈志远、毕云程、张明养、王纪元、章乃器等人，他们讨论决定办一个刊物，名称叫《世界知识》，由生活书店编辑、出版和发行，1934年9月16日正式创刊。《世界知识》的撰稿人主要是"苏联之友"社的成员，他们也是生活书店的作者，出版了一大批著作，张仲实还成为生活书店的总编辑。

"中国社会科学家联盟"，简称"社联"，主要成员有朱镜我、柯柏年、王学文、许涤新、吴亮平、杨贤江、李一氓、艾思奇、邓初民、杜国庠、邓拓、何干之、彭康（嘉生）、张定夫、熊得山、钱铣如、胡乔木、刘苏华。研究并介绍马克思主义理论一直是"社联"工作的重点，他们专门设立一个"编辑出版委员会"，组织并领导有关社会科学理论书籍，尤其是有关马克思主义的理论书籍的翻译、撰述以及出版的工作。他们在生活书店出版了一大批图书。

"社联"这一批人的著述、译作与"苏联之友"社那一批人的著述、译作在主题上相近，他们多从苏联留学归来，重点在社会科学的著述、马克思主义著作的翻译，两者相合汇成一股洪流，这也是生活书店明显区别于其他书店的特征。

在生活书店出版较多著译的有：

金仲华（1907—1968），浙江桐乡人。1923年考入杭州之江大学，1928年初考入商务印书馆，1931年被任命为《妇女杂志》主编，1932年初任《东方杂志》编辑。1935年4月离开开明书店进入生活书店。韬奋看到金仲华在《世界知识》上发表的文章有真知灼见，且文笔流畅优美，因而对比他年轻12岁的金仲华十分赞赏。10月，金仲华被聘为生活书店编辑部主任，不久成为生活书店理事会理事。

金仲华在生活书店出版的著作有《国际新闻读法》（1933），《现代十国论》（金仲华、张仲实等著，1936），《国际政治参考图》（编，1936），《世界政治经济地图》（1936），《抗战形势发展图解》（编，1937），《国际战争的基本知识》（1936），《抗战中的军事与外交》（1937），《西班牙的新军队是怎样建立起来的》（译，1938），《两年来的中日战争》（1939），《战地间谍的故事》（1940）。

钱亦石（1889—1938），湖北咸宁人，原名城，字介磐。1920年毕业于武昌高师，1924年4月加入中国共产党。1925年、1928年两次赴苏联学习，1930年回上海后开始文化推进并进行翻译著述工作。1937年担任《中华公论》主编，1938年为十一人编审委员会委员。

钱亦石在生活书店出版的著作有：《中国怎样降到半殖民地》（1936），《白浪滔天的太平问题》（1937），《战祸翼下的欧洲问题》（1937），《紧急时期的世界与中国》（1937），《产业革命讲话》（1937），《德国农民战争》（译，1938），《中国外交史》（1938），《中国政治史讲话》（1939），《近代中国经济史》（编著，1939）。

第四个作者群：中共领导人和学者

徐伯昕晚年撰写《生活书店是怎样接受党的南方局领导的》一文，他说："从汉口到重庆，中共办事处对书店的编辑出版工作是大力支持的。支持的办法：一是向书店提供出版的中国出版社和解放社的样书，由书店发往上海（已沦陷）重版，运到内地及香港、新加坡等地销售；二是向书店提供推荐稿件，提供推荐的稿件，由书店编辑工作的主持人秘密经手，难有一个确切的统计或书目。"[①]

比较确定的有周扬、艾思奇联袂主编的《中国文化丛书》，稿件来自延安，作者都是中共和八路军中的高级干部。出版的有

---

① 《回忆徐伯昕》，中国文史出版社2017年版，第377页。

洛甫著的《中国革命史》、陈伯达著的《三民主义概论》、李富春著的《抗日游击战争的战略问题》、何干之著的《中国的社会经济结构》、艾思奇著的《中国化的辩证法》、吴理屏著的《抗日统一战线》等7种著作。

在文学作品方面，出版了丁玲主编的《西北战场服务团丛书》：劫夫等著的《战场歌声》，丁玲著的《一颗未出膛的枪弹》《一年》，张可等著的《杂技》《杂耍》，西北战场服务团集体创作的《西线生活》，田间著的《呈在大风砂里奔走的岗卫们》，史轮、裴东篱等著的《白山黑水》。

邓涛在《武汉岁月——邹韬奋新闻出版事业的"黄金时代"》文中说："中国共产党长江局机关报新华日报社和机关刊群众周刊部编定的10多种'新群丛书'，如毛泽东的《论持久战》，朱德的《抗日游击战争》《我们怎样打退敌人》以及《新华日报》社论集、《群众》周刊合订本等都委托生活书店经售。"①

从1938年开始，中共领导人和高级干部的名字陆续在生活书店书单上出现：毛泽东、朱德、王明、洛甫、叶剑英、李富春、罗瑞卿、廉臣（陈云）、郭沫若、艾思奇、陈伯达、何干之、陈昌浩、凯丰等。

---

① 邓涛：《武汉岁月——邹韬奋新闻出版事业的"黄金时代"》，《中国出版》2015年12月。

我们的国家民族的光明地位要我们用热血偿去换来的是要我们肩胜联腰肩膀对着我们民族的最大敌人作殊死战去获得的

黎夔搞诗句书培中语

廿六年七日廿七日
江苏高院看守所

在江苏高等法院看守所题词
（1937年7月27日）

第五章

韬奋的出版风格

《战号》

郑振铎编,1937年10月生活书店印行。

经过长期市场化运作，30 年代的上海出版业达到了高峰，一些著名的出版家和他们的出版机构也形成了自己的出版风格。在这些风格背后，各有其内在精神理念支撑。[①] 1932 年创立的生活书店作为后起的、新型的出版机构，发展迅猛，在内容、装帧、运营等方面形成了具有规模化、进步性和革命性的出版风格。

一、 题材风格

成立于战火纷飞中的生活书店，它既没有走商务、中华从教科书起家的路子，也没有走亚东图书馆、北新书局靠名人闯市场的路子，一开始就直接进入文艺、社科领域，高举救亡大旗，在题材上展现出战士式的风格。

进步的文艺读物

胡愈之在《纪念开明书店创建六十周年》一文中说："从办杂志开始，靠几个知识分子办起来的书店，开明书店是第一家。"[②]

如果说"开明书店是第一家"，那么生活书店就是第二家，但它又不同于开明书店走教科书之路，它直接进入文艺领域，以

---

① 《上海出版业与三十年代上海文学》，上海文化出版社 2012 年版，第 81—82 页。
② 《胡愈之全集》第 6 卷，三联书店 1996 年版，第 233 页。

《文学》《太白》《译文》《光明》《文艺阵地》所团结和联系的作家为队伍,这一支长长的队伍,自1933年起带给生活书店的是源源不断的文学作品。有影响力的丛书主要有《创作文库》《文学丛书》《文学新丛书》《工作与学习丛刊》《小型文库》《世界文库》。

《创作文库》,傅东华主编,23种;1934年5月—1935年4月出版,42开本。这是原创的作品,受读者欢迎,一版再版,有的再版数达4次。

《小坡的生日》(老舍);

《反攻》(张天翼);

《如蕤集》(沈从文);

《西柳集》(吴组缃);

《旅途随笔》(巴金);

《将军》(余一即巴金);

《青的花》(靳以);

《取火者的逮捕》(郭源新即郑振铎);

《边城》(沈从文);

《佝偻集》(郑振铎);

《女性》(沉樱);

《片云集》(王统照);

《中书集》(朱缃);

《罪恶的黑手》(臧克家);

《梁允达》(李健吾);

《沉默》(巴金);

《驴子与骡子》(鲁彦);

《浮生集》(叶永蓁);

《山胡桃集》（傅东华）；

《七年忌》（欧阳山）；

《欧游漫忆》（小默）；

《结算》（征农）；

《漂泊杂记》（艾芜）。

《文学丛书》 生活书店编译所编，5 种，1934 年 9 月—1935 年 3 月出版，32 开本。

《迟暮》（郁达夫等著，收集郁达夫等人的 9 篇小说）；

《残冬》（茅盾等著，收集茅盾等人的 14 篇小说）；

《牺牲》（老舍等著，收集老舍等人的 11 篇小说）；

《春桃》（落华生等著，收集落华生等人的 13 篇小说）；

《劳者自歌》（生活书店编译所编，收入丰子恺等 16 人的 24 篇散文）。

《文学新丛书》 以"上海文学出版社"名义，1936 年 2 月至 9 月出版，生活书店总经售，32 开本，精装，共 6 种。

《泡沫》（茅盾著）；

《宋春舫论剧二集》（宋春舫著译）；

《作家论》（茅盾等著）；

《文艺笔谈》（胡风著）；

《浓烟》（林参天著）；

《悲剧生涯（上下册）》（白薇著）。

《工作与学习丛刊》 工作与学习丛刊社编，主编胡风，生活书店 1937 年 3—6 月出版，32 开本，竖排平装，共 4 种。

《二三事》（鲁迅等著）；

《原野》（鲁迅等著）；

《收获》（克夫等著）；

《黎明》（茅盾等著）。

《小型文库》 以"上海文学出版社"名义，1936年2月—11月出版，共11种，42开本，精装，生活书店总经售。

《清明时节》（张天翼）；

《五里雾中》（宋春舫）；

《青年男女》（欧阳山）；

《多角关系》（茅盾）；

《石达开的末路》（陈白尘）；

《乡下》（王鲁彦）；

《证章》（王任叔）；

《路》（周扬辑译）；

《青纱帐》（王统照）；

《文人国难曲》（齐同）；

《崩决》（欧阳山）。

众多丛书的出版和经销，让生活书店在创建时期具有了规模和效应，在文学创作、文艺评论、文艺修养和翻译作品等领域，出版了一连串的单行本，在市场上更弘扬了时代的主旋律和生活书店的品牌效应。

在生活书店早期出版的丛书中，《世界文库》是一套独特而有影响力的丛书，它既有期刊的特性又有图书的特点，对生活书店的出版风格有较大影响。

《世界文库》：是刊还是书？

王云五在《十年来的中国出版事业——一九二六—一九三六年》一文中指出，20—30年代出版机构喜欢出文学丛书："创作方面，商务印书馆有现代文艺丛书，文学研究会丛书等，已出六十余种；生活书店有创作文库，已出二十余种；北新书局有创作新刊，已出十余种，开明书店有文学新刊，已出十余种；良友图书公司有良友文学丛书，已出四十种。翻译方面，商务印书馆有世界文学名著，已出一百二十余种，黎明书局有西洋文学名著译丛，已出十余种。以上皆指有丛书名义者而言，其单行之创作和译本，则因文学一类读者最为普遍，所以各出版家，除完全印行旧书者外，几乎家家都有出版。"①

《世界文库》是著名文学家郑振铎发起并主编，组织众多著名作家、翻译家、学者，系统介绍中外古典文学名著的一部大型文学丛刊，1935 年 5 月创刊，上海生活书店刊行，封底图案中心有"生活"之著名标识。文库以期刊的模式发行，每月发刊 1 册。内容分中国古典文学及外国名著翻译两部分。该刊于第一年印出十二册，称作"第一集"。12 册文库囊括了中国古典文学名著即秘笈 66 种，外国文学名著和佳篇 61 种。尤其体现编者苦心的，是古典文籍除标点、校勘和版本考订之外，往往还将一些同源著作汇于一册，便于作文学史宏观的比较与思考。译文皆附有原著作的介绍与作品解题。第二年起以《世界文库》的总名改出单行本。

郑振铎《世界文库编例》分 19 则对文库所涉及的选材、翻译、整理、版本、插图等问题逐一作了交代。从翻译选材上看，从埃及、印度、中国、希腊、罗马，到现代欧美、日本，凡第一流的作品，都将被包罗在文库内，预计至少将有 200 种以上。针对当时译界翻译选材混乱的状况，编者提出，凡入选作品"都是

---

① 张静庐辑注：《中国现代出版史料》（乙编），上海书店出版社 2003 年版，第 346 页。

经过了好几次的讨论和商酌,然后才开始翻译的。对于每一个作者,译者都将给以详尽的介绍。译文在必要时并加注释。五六年后,当可有比较的可满意的成绩"。

《世界文库》的编辑出版得到了当时许多著名作家的支持,被认为是"全国作家的总动员","1935年的伟大工作","文学家技巧上修养的宝库","大众的文粮"。参加编译委员会的作家、翻译家有百余人,如卞之琳、方光焘、王统照、王鲁彦、巴金、朱光潜、朱自清、阿英、李健吾、李青崖、李广田、李霁野、吴晗、周作人、周煦良、孟十还、洪深、胡仲持、胡愈之、胡适、殷可情、郁达夫、俞平伯、茅盾、高滔、耿济之、孙用、孙大雨、孙伏园、陈望道、许地山、夏丏尊、黄源、傅东华、曹葆华、叶绍钧、靳以、郑效洵、赵景深、穆木天、熊佛西、台静农、黎烈文、鲁迅、蔡元培、谢冰心、魏建功、钱玄同、丰子恺、萧乾等等。

许多著名的学者都对该丛书的编纂表达了由衷的赞叹。茅盾指出,《世界文库》所介绍的外国文学名著"单是这第一集已经称得研究文学的基本书籍的集大成了。这个伟大的计划,在现今居然就实现了,无论如何可说是极有价值的工作"。朱光潜认为:"多年来我们对于翻译事业东打一拳,西踢一脚,不但力量不集中,而且选择得很乱。重其所轻,轻其所重,不能使读者对于外国文学得到一个很正确的认识。《世界文库》是近来翻译事业中第一个有计划、有系统的,所以我们应该希望并且赞助它的成功"。陈望道更是希望这项工作能从文学领域扩展到世界美术、历史、政治、经济等诸多领域。

《世界文库》第一集起讫时间为1935年5月至1936年4月,文库囊括了中国古典文学名著66种,外国文学名著61种。后因日本帝国主义侵华，时局动荡，后续出版计划也随着战争来临而破灭了。

《世界文库》问世于有所谓"翻译年"之称的1935年，是晚清以降，我国第一次翻译潮中结出的硕果。它介绍了大量的优秀世界文学作品，将众多优秀外国文学遗产移植入我国，丰富了我国的文学园地。在艺术创作方法上，也使众多中国现代作家受益匪浅。

《世界文库》问世所处的是"艰难困苦的大时代"，这也决定了文库多舛的命运。尽管如是，文库这种宏大的气魄与规模所折射出的，以郑振铎为代表的中国作家、翻译家、出版家勠力同心，译介、整理、传播世界经典文学的不懈追求与努力，将长久泽被后世。《世界文库》体现出的优秀翻译、出版传统，其影响力同样深入持久，直至今日，在"外国文学名著"等诸多丛书中，我们依然可以觅到她的身影。

郑振铎编辑之书，以插图丰富著称，文库更是如此，每卷之前列有"插图目录"，大致都是20~30幅。藏书家编著之书，总要流露出一点个人品位和个人藏品，图文并茂，更添书籍的收藏价值。

生活书店自1933年起出版了一大批有影响力的文学艺术作品，如茅盾的《泡沫》、巴金的《沉默》、臧克家的《罪恶的黑手》、张天翼的《反攻》、老舍的《牺牲》、王统照的《青纱帐》、夏衍的《自由魂》、叶圣陶等的《三种船》、夏丏尊等的《幽默的叫卖声》、丁玲的《一颗未出镗的枪弹》、陈白尘的《魔窟》、萧红的《生死场》、端木蕻良的《大地的海》、杨朔的《帕米尔高原的流脉》等，可以列示出一长串的人名和书名。

一本进步的刊物,联系着各个方面的进步作者;一个有影响力的主编,带动着一批有使命感的作品;一个以图书为武器的书店,推出大量有感染力的书刊。"生活书店一向重视进步文艺读物的出版,在抗战的头三年,出版了一批优秀的报告文学、诗歌、剧本、小说和大量通俗的文艺读物,其出版量占生活书店三年多总出版量的40%,约200余种。在整个出版界,名列首位"。①

红色的社科读物

王云五对1933年度的出书类型做过统计:"我国出版物,据上海申报登有广告者比较起来,社会科学居最多数,占全体百分之三十六;文学次之,占百分之十九;应用科学又次之,占百分之十三;……社会科学的出版物在现今的国家,当然占大多数不足为奇。"②

"左联"的成立,在中国知识界产生了很大的震动,左翼社会科学家联盟也宣告成立。应该说,"左联"之外,在文化、思想方面影响最大的,是左翼社会科学家联盟(简称"社联")。"社联"的主要盟员如杨贤江、吴亮平、杜国庠、彭康、钱铁如、王学文、朱镜我、许涤新、李一氓等,和"苏联之友"社"新闻出版和国际问题小组"的主要成员胡愈之、金仲华、钱亦石、钱俊瑞、张仲实、沈志远、毕云程、张明养、王纪元、章乃器等汇于生活书店,出版了一大批有影响的哲学社会科学著作和译作。

抗战前,由于国民党当局的打压,出版马克思主义原著很困

---

① 《生活书店史稿》,三联书店2013年第1版,第114页。
② 王云五:《出版与国势》,《东方杂志》第32卷第12号。

难；抗战开始后，国共二次合作，不仅读者需要，而且学者、作家的著译作逐步涌现，这就使生活书店出版马克思主义经典著作中译本有了可行性。生活书店从 1937 年开始从三个层面加大加快出版进度和规模：第一个层面是马克思主义经典著作中译本，第二个层面是结合中国国情的理论读物，第三个层面是马克思主义中国化的启蒙读物。

第一层面是马克思主义经典著作中译本

中国近代的主题就是救亡与启蒙，在寻求强国富民的道路上，中国人从坚信"船坚炮利"到"思想文化"，从购进枪炮船舰到引进各种主义学说。"起初，中国的先进分子只是在寻找救国救民真理的过程中，接触到欧洲的各种社会主义学说。从中知道了马克思的名字以及马克思学说的零星片段。"[①]

1896—1918 年为马克思主义在中国传播的第一阶段。马克思主义正是作为欧洲社会主义学说的一个派别在这个时期被介绍到中国来的，而且"被介绍"是指通过日本转译过来的，主要是经《新民丛报》等报刊刊载传播的。

1918—1927 年为马克思主义在中国传播的第二阶段。"马克思主义在中国广泛地传播，是在十月革命和五四运动以后开始的。'十月革命一声炮响，给我们送来了马克思列宁主义'。从此，中国的思想界才真正地出现社会主义思潮。"[②] 在这一阶段，《新青年》功不可没，1919 年 5 月出版了"马克思研究"专号。十月革命以后，中国第一个接受和传播马克思主义的是李大钊。从 1918 年下半年起，李大钊发表了《庶民的胜利》《我的马克思

---

① 林代昭等编：《马克思主义在中国》（上），清华大学出版社 1983 年版，第 1 页。
② 林代昭等编：《马克思主义在中国》（上），清华大学出版社 1983 年版，第 19 页。

主义观》等多篇文章，系统阐述了马克思主义的三个组成部分——唯物史观、政治经济学和科学社会主义。这一时期，各地的新文化刊物发表了大量宣传和介绍社会主义的文章，而且开始出版马克思主义著作的单行本——1920年出版了陈望道翻译的《共产党宣言》全译本，群益书社出版了《科学的社会主义》（恩格斯），人民出版社出版了《工钱劳动与利益》（即《工资、价格与利润》，马克思）、《劳农会的建设》（即《苏维埃的政权与建设》，列宁）。与此同时，高等学府开始开设社会主义课程和讲座。

1927—1941年为马克思主义在中国传播的第三阶段。1921年中国共产党成立，马克思主义成为中国共产党的指导思想。第一次国共合作破裂后，国民党当局进行军事围剿、文化围剿，马克思主义在中国传播受阻。以1937年"七七事变"为分界，抗战前中国共产党受打击，处于低潮、地下状态，但仍以各种方式传播马克思主义。据夏衍回忆："'社联'在介绍和宣传马克思主义方面，作出了重大贡献，他们翻译出版了许多马克思恩格斯的著作，如朱镜我的《社会主义从空想到科学》、吴亮平的《反杜林论》、李一氓的《马克思论文选译》、杨贤江的《家族和私有财产及国家的起源》等等。'社联'是最早受到王明打击的一个组织，它在理论方面的贡献，也比其他联盟更大，没有'社联'的努力，马克思主义思想是不可能在中国迅速普及的。"[①]

"社联"的重大贡献与生活书店紧密相连的，是生活书店出版发行了他们翻译的"许多马克思恩格斯的著作"。计有：

《费尔巴哈论》（恩格斯著，张仲实译，1937）

---

① 《懒寻旧梦录》（增订本），中华书局2016年版，第103页。

《反杜林论》（恩格斯著，吴理屏译，1937）

《列宁家书集》（列宁著，巴比塞编，徐懋庸译，1937）

《共产党宣言》（马克思恩格斯著，成仿吾、徐冰译，1938）

《马恩论中国》（马克思恩格斯著，方乃宜译，1938）

《德国农民战争》（恩格斯著，钱亦石译，1938）

《家族私有财产及国家之起源》（恩格斯著，张仲实译，1938）

《国家与革命》（列宁著，1938）

《论妇女、女工和农妇》（列宁著，1938）

《左派幼稚病》（列宁著，纪华译，1938）

《二月革命到十月革命》（列宁著，莫师古译，1938）

《列宁主义问题》（上下卷）（斯大林著，1938）

《辩证唯物论与历史唯物论》（斯大林著，博古译，1938）

《雇佣劳动与资本》（马克思著，沈志远译，1939）

《政治经济学论丛》（马克思著，王学文等译，1939）

《恩格斯论〈资本论〉》（恩格斯著，章汉夫、许涤新译，1939）

《德国革命与反革命》（恩格斯著，王右铭、柯柏年译，1939）

《社会主义从空想到科学的发展》（恩格斯著，吴黎平译，1939）

《帝国主义——资本主义的最高阶段》（列宁著，王唯真译，1939）

《论民族问题》（斯大林著，张仲实译，1939）

《战争论笔记》（列宁著，平生译，1940）

《列宁读〈战争论〉的笔记》（列宁著，杨作才译，1940）

《拿破仑第三政变记》（马克思著，柯柏年译，1940）

这一时期，生活书店出版马克思主义经典著作不仅数量多，而且质量高，主要译者张仲实、吴亮平、沈志远、钱亦石、成仿吾、徐懋庸、博古、王学文、章汉夫、柯柏年等人具有多重经历和身份：中共党员，留学苏联，精通俄文，有较高的马克思主义理论水平。马克思主义在中国传播和运用的一个重要前提，就是经典文本的中国化，就是马克思主义创始人的原著从欧洲语言向中国语言的转换。实现这种转换的关键，在于研究和领悟经典作家的思想，同时要辨析和判明中西文化的异同。张仲实他们翻译的马克思主义经典著作文字流畅，意义真实，对马克思主义中国化起到了十分重要的推进作用。

第二层面是结合中国国情，对马克思主义进行深入研究，撰写出一批有水平、有深度、有现实指导意义的著作

这些著作，一部分属于"中国文化丛书"系列，一部分是以"新中国学术丛书"出版的，还有一部分是以单本著作出版的，撰写者多为从苏联留学归来的大学教授或有成就的学者，其中有影响的著作有：沈志远的《近代经济学说史纲》、邓初民的《新政治学大纲》、向林冰的《中国哲学史纲要》、葛名中的《科学的哲学》、王右铭的《大众资本论》、胡绳的《帝国主义与中国政治》等。

《**新中国学术丛书**》，生活书店 1939 年 3 月至 9 月，出版 5 种，大 32 开本，竖排平装。

《科学的哲学》（葛名中著）

《五大哲学思潮》（卢波尔等著，李中谷译）

《近代资本主义经济思潮批判》（刘及辰编著）

《近二十年中国文艺思潮论》（李何林编著）

《新政治学大纲》（邓初民著）

俄国十月革命的成功，是西方的马克思主义与东方现实结合的产物。在东方研究和发展马克思主义的首先是普列汉诺夫和列宁等一批俄国的思想家和革命家。他们通过对马克思、恩格斯的基本思想的继承和部分修改，形成了自己的革命理论，在一个比较落后的东方国家首先取得了无产阶级革命的胜利，建立了第一个社会主义国家。

马克思主义和社会主义在俄国的胜利，极大地激励了当时中国的一大批知识分子，他们开始探索马克思列宁主义与中国实际相结合的途径。他们将目光盯在苏联，引进翻译了众多有关苏联的政治、经济、文化、思想的作品。生活书店出版的苏联相关题材的作品主要有：

《社会科学的基本问题》（普列汉诺夫著，张仲实译，1937）

《苏联妇女的地位》（谢烈布林尼柯夫著，丁青译，1937）

《艺术与社会生活》（普列汉诺夫著，雪峰译，1937）

《文学修养的基础》（伊佐托夫著，沈起予等译，1937）

《给青年作家》（高尔基等著，曹靖华等译，1937）

《唯物恋爱观》（伏尔佛逊著，执之译，1938）

《苏联青年生活的斗争》（科萨列夫著，莫师古译，1938）

《和列宁相处的日子》（高尔基著，罗稷南译，1938）

《俄国怎样打败了拿破仑》（伊凡诺夫等著，张仲实编译，1938）

《马克思及其学说》（王唯真译，1938）

《恩格斯及其事业》（王唯真译，1938）

《新哲学概论》（阿多拉茨基著，吴大琨译，1939）

《辩证法唯物论》(朱丁著,沈志远译,1939)

《苏联工人的生活》(黄文杰、吴敏译,1939)

《联共(布)党史教程》(上下册)[联共(布)中共党史委员会编,博士总校阅,1939]

《苏联的经济建设》(陈史坚著,1939)

第三层面是马克思主义的启蒙读物

为了帮助读者学习马列主义原理,生活书店从苏联大百科全书选译出版了一套《百科小译丛》,1937年12月至1940年10月出版,每种数万字介绍一下专题,出版了12种。

《哲学》(米丁著,张仲实译,1937年12月)

《小说》(卢卡契著,以群译,1938年9月)

《社会经济形态》(拉苏莫夫斯基著,沈志远译,1938年10月)

《形式逻辑》(勃鲁塞林斯基著,沈志远译,1938年11月)

《封建主义》(柯斯明斯基著,张仲实译,1938年1月)

《辩证认识论》(罗逊达尔著,张仲实译,1939年3月)

《资本主义》(李昂吉叶夫著,沈志远译,1939年3月)

《货币》(伯莱奥布拉绳著,陶达译,1940年1月)

《军队》(文错夫等著,傅大庆译,1940年1月)

《农业》(布雪梭格洛夫著,陈洪进译,1940年5月)

《国家信贷》(柏哥尔波夫著,陶达译,1940年5月)

《文学》(记西诺夫著,刘执之译,1940年10月)

在马克思主义中国化的启蒙读物中"最成功的"是《青年自学丛书》。徐伯昕在《店务通讯》第48号上撰文指出:"本店过去的出版物,大部分偏重于中级读物,最成功的是一套'自学丛书',正抓住当时一般读者的迫切需要。"①

《青年自学丛书》：一本书引出一套书

1931年春，张仲实到上海联系党组织未果。为了谋生，他先后在神州国光社、中山文化教育馆出版部做编译工作。1934年9月，在《时事类编》杂志上连载《给初学写作者的一封信》，广受好评，引起胡愈之的关注。1935年1月，胡愈之介绍张仲实到生活书店工作。

1935年，生活书店出版《给初学写作者的一封信》。1937年2月，张仲实在"增订第四版序言"中写道："这本小册子在一年多的功夫里面，居然销售了三版，而且用什么'选集'之类的方式全部抄去或公然翻印的还无法统计，这说明这个小小的册子，是很受读者欢迎的。"它的热销给作为总编辑的张仲实一个大启示：青年人渴望获得新知识、新视野，他决定邀请专家学者出版一套丛书《青年自学丛书》。

1936年5月，张仲实主编的《青年自学丛书》陆续出版，第一、二、三集依出版时间排列如下：

《社会科学研究法》（平心著，1936年5月）

《现代哲学的基本问题》（沈志远著，1936年6月）

《怎样阅读文艺作品》（沈起予著，1936年6月）

《民族问题讲话》（吴清友著，1936年7月）

《写作方法入门》（孙起孟著，1936年7月）

《政治常识讲话》（汉夫著，1936年7月）

《世界经济地理讲话》（思慕著，1936年8月）

《文学与生活》（胡风著，1936年8月）

---

① 《〈店务通讯〉排印本》（中），学林出版社2004年版，第546页。

《现代外交的基本知识》（张弼著，1936年9月）

《怎样研究中国经济》（钱俊瑞著，1936年9月）

《思想方法论》（艾思奇著，1936年10月）

《中国怎样降到半殖民地》（钱亦石著，1936年10月）

《创作的准备》（茅盾著，1936年11月）

《文艺思潮小史》（徐懋庸著，1936年12月）

《中国社会史问题论战》（何干之著，1937年）

《青年应当怎样修养》（贝叶著，1937年1月）

《中国社会性质问题论战》（何干之著，1937年1月）

《新哲学人生观》（胡绳著，1937年2月）

《中国文字的演变》（童振华编著，1937年2月）

《怎样研究政治经济学》（柳湜著，1937年3月）

《中国边疆问题讲话》（思慕著，1937年3月）

《产业革命讲话》（钱亦石著，1937年4月）

《关于报纸的基本知识》（胡仲持著，1937年4月）

《日本政治研究》（王纪元著，1937年5月）

《资本主义发展的不平衡律》（吴清友著，1937年7月）

《近六十年来的中日关系》（张健甫著，1937年8月）

《逻辑学与逻辑术》（潘梓年著，1937年12月）

《读书的方法与经验》（王任叔著，1938年1月）

《怎样写报告文学》（周钢鸣著，1938年2月）

《怎样学习诗歌》（穆木天著，1938年9月）

《写作方法论》（孟起著，1938年10月）

《研习资本论入门》（沈志远编，1939年3月）

这套《青年自学丛书》多为32开，竖排平装，页数在150页左右。30年代出版后，风靡一时，在广大青年中极受欢迎。很多青年从中了解中国社会和中国发展趋势，从而走上革命道路。"《青年自学丛书》在30年代共出版发行了100多万册，这在识字率只有30%的民国时期很少见。"①

1939年2月，张仲实、茅盾远赴新疆、延安之后，生活书店仍以《青年自学丛书》名义继续出版如下：

《社会发展史纲》（华岗著，1940年）

《报告文学写作法》（周钢鸣著，1940年4月）

《实用经济学大纲》（彭迪先著，1940年7月）

《文艺底基础知识》（叶以群著，1943年11月）

《新人生观讲话》（沈志远著，1946年6月）

《民主·宪法·人权》（费孝通著，1946年6月）

《先秦诸子思想》（杜守素撰，1946年9月）

《到农村去》（吴绍荃著，1947年1月）

《生物进化浅说》（周建人著，1947年6月）

《新货币说讲话》（彭迪先著，1947年12月）

《辛亥革命与袁世凯》（黎乃涵著，1948年1月）

《中国土地问题讲话》（狄超白著，1948年5月）

《中国土地问题浅说》（李朴著，1948年5月）

《世界政治地理讲话》（陈原著，1948年6月）

《近卅年国际关系小史》（徐弦著，1948年7月）

激昂的抗战读物

生活书店的出版物和当时的国内外形势是分不开的。1937年上海沦陷，生活书店从上海迁至汉口。全国各地广大读者需要抗

---

① 《爱书的前辈们》，三联书店2015年版，第81页。

战读物。为满足各层次读者的需求，韬奋为这一时期的生活书店确定了编辑出版方针，这就是出版救亡理论读物、大众读物、战时读物。1937年、1938年、1939年，这三年是生活书店出书最多的年份，在近600种出版物中，抗战成为主旋律。

第一类是鼓舞抗战必胜的信心

面对日军的大举进攻，韬奋认为中国要取得最后的胜利，必须尽量运用我们自己的优点。"这优点是什么？我以为是具有深刻民族意识的伟大的民众力量。"① 生活书店1937年12月至1938年6月出版了《救亡文丛》，共有14种：

《抗战到底》（蒋中正）

《中国不亡论》（宋庆龄）

《全面抗战论》（潘汉年）

《抗战与外交》（胡愈之）

《民众动员论》（李公朴）

《抗战与救亡工作》（钱俊瑞）

《抗日救国政策》（陈绍禹，即王明）

《抗战与军队政治工作》（李富春等）

《抗战中的军事与外交》（金仲华）

《抗战与乡村工作》（薛暮桥等）

《抗战与国防经济建设》（马哲民等）

《抗战与青年训练》（张志让等）

《抗战前途与游击战争》（郭化若等）

《抗战与民众运动》（沙千里）

要取得抗日战争的胜利，还必须了解日本，做到"知彼"，

---

① 《韬奋文录》，三联书店2011年版，第239页。

生活书店出版了一大批有关日本政治、军事、外交等方面的书籍：

《中日关系简史》（张健甫，1937）

《近六十年来的中日关系》（张健甫，1937）

《日本政治研究》（王纪元，1937）

《日本的外交》（冷璧，1937）

《日本的大陆政策》（柳乃夫，1937）

《日本大陆政策的真面目》（1937）

《日本能持久吗》（莉之学，1937）

《日本的财阀、军部与政党》（思慕，1937）

《从文田内阁到林内阁》（李凡夫，1937）

《今日的日本》（冷璧，1937）

《日本的透视》（F. 欧脱莱著，董之学译，1937）

《当日本作战的时候》（塔宁、约军合著，刘尊祺译，1937）

《日本人民的反战运动》（宋斐如，1938）

《中日战争的回顾与前瞻》（国际时事研究会编，1938）

《战时的日本经济》（彭迪先，1938）

《日本的海军》（万众，1939）

《战争途中的日本》（思慕，1940）

《战时日本全貌》（吴斐丹、刘思慕主编，1940）

第二类是指导民众如何进行抗战

韬奋认为"真要坚持抗战，必须有积极办法"，积极的办法就是动员民众，启迪民众。钱俊瑞主编《黑白丛书战时特刊》，1937年9月至1938年2月，一共出版了21种，如《怎样做内地工作》《怎样清除汉奸》《怎样争取最后的胜利》等，这些书针对性、应用性强，一版再版。

以抗战为主旋律，以战时为时间节点，生活书店出版的图书涉及抗战各个层面、各种方法和措施，以达到提高民众的军事认知能力和作战能力。

《战时乡村工作方案》（孔庚，1937）

《战时的宣传工作》（刘群，1937）

《战时的农民运动》（孙冶方，1937）

《战时的妇女工作》（寄洪等，1937）

《战时的文化工作》（张帷等，1937）

《战时文艺通俗化运动》（司马文森，1937）

《战时知识青年的修养与任务》（满力涛，1937）

《战时的民众训练》（杨弗根，1937）

《战时常识讲话》（无恚，1937）

《战时的财政问题》（钱俊瑞，1937）

《战时的金融工作》（骆耕漠，1937）

《战时的军人服务》（刘良模，1938）

《战时的交通政策》（陈晖，1938）

《战时的儿童工作》（张宗麟，1938）

《战时交通器具知识》（夏锡钧，1938）

《战时儿童教育》（黎明等，1938）

《战时工人教育经验谈》（抗战教育研究会编，1938）

《战时妇女手册》（妇女生活社编，1939）

《战时新闻工作入门》（中国青年记者协会编，1939）

《怎样清除汉奸》（童振华，1937）

《侦查汉奸的办法》（蔡力行，1937）

《怎样做内地工作》（石础，1937）

《怎样组织义勇队》（张桂，1937）

《怎样办民众学校》（凌以安编，1937）

《怎样干救亡工作》（程道平编著，1938）

《怎样争取最后的胜利》（李公朴，1938）

《怎样做瓦解敌军的工作》（蔡前，1938）

《大众军事知识》（陶晓编，1937）

《大众防空知识》（马昌实，1937）

《大众防毒知识》（钱乐华编，1937）

《大众法令知识》（陆维特等，1937）

《大众兵器知识》（白桃，1938）

《大众谍报知识》（明凡，1938）

《大众化学战争知识》（1938）

《大众射击与兵器》（钱石坚，1939）

《战时读本初级》（1—4册）（张宗麟主编，1937）

《战时读本高级》（1—4册）（张宗麟主编，1937）

《战时读本教学指导法》（张宗麟主编，1937）

《组织工作读本》（廖庶谦，1938）

《宣传技术读本》（曹伯韩，1938）

《抗战建国读本》（1—2册）（叶有明，1939）

《抗日战士读本》（1—4册）（1939）

《游击战术讲话》（张佐华，1937）

《抗日游击战术问答》（冯玉祥，1938）

《抗战前途与游击战争》（郭化若等，1938）

《抗日游击战争的战术问题》（郭化若、周纯兵等，1938）

《游击战术的实际应用》（张昔方，1938）

《保卫华北的游击战》（刘清扬、陈北鸥，1938）

《村庄连环堡垒自卫战》（方振武，1938）

《抗日游击战争》（朱德，1939）

《游击队战术唱词》（1939）

第三类是传播抗战中可歌可泣的人和事

"在抗战的进程中，在前线在后方，固然有许多可歌的事，值得我们大书而特书，然而也有许多要泣的事，需要我们冷静地实行自我批判。本丛书编辑的旨趣，就在于联络全国进步的记者，以客观的立场，供给各种实际材料，以供读者研讨。"这就是生活书店在汉口《大公报》上刊登的《抗战中的中国丛刊》的出版广告，共有8种：

《卢沟桥到漳河》（长江小方等著，1938）

《沦亡的天津》（长江小方等著，1938）

《淞沪火线上》（胡兰畦等著，1938）

《在火线上》（谢冰莹，1938）

《瞻回东战场》（长江、罗平等著，1938）

《东线的撤退》（胡兰畦等著，1938）

《抗战中的西北》（徐盈著，1938）

《鲁闽风云》（徐盈等著，1938）

《抗战中的中国丛刊》不仅收有范长江、孟秋江、方大曾、邱溪映、胡兰畦、谢冰莹、老舍、陆诒、徐盈等人的作品，还收有来自社会各阶层人士对亲身经历的记录，例如《瞻回东战场》一书就收录了救亡演剧队著名演员王莹的《从上海到苏州》《在苏州》两篇通讯，还收录了署名"救亡演剧队第四队"的《无锡三周间》一文。这些文章虽然多为片段，但集合起来就全面记录了抗战初期中国各个战区的战况，其中充满了血与火、英勇与悲壮，大多文笔细腻，现场感强，犹如一部中国抗战初期的史诗，具有强烈的感染力和震撼力。

新闻纪实类作品因其生动鲜活、富有现场感，特别能激发各界民众的抗敌激情和英雄主义情感，以及民族意识的觉醒，是抗战初期最受读者青睐的读物，当时很多出版机构纷纷推出丛书、单本以抢占读者市场。生活书店当然不会放过这机会，主动策划，邀范长江担任主编，负责具体编辑如编稿等工作的是张仲实等人。

范长江自西北采访后，在广大读者中声誉日隆，《大公报》的销售量不断上升；同时范长江与邹韬奋两人关系友好，在政治立场上一致，范长江写的《抗战中的党派问题》被《大公报》总编辑张季鸾拒绝后，即将该文转送到韬奋主编的《抗日》三日刊上去发表。抗战开始后，生活书店提出了"促进大众文化，供应抗战需要，发展服务精神"的宗旨，这与范长江的思想一致。范长江一直主张新闻报道要为国家服务，新闻宣传的目的是为了解决问题、争取进步。范长江与生活书店携手合作出版这套丛刊，实乃志同道合、相得益彰之事。

《抗战中的中国丛刊》主要的内容都是二次开发再度传播，即将在报纸上已经发表过的战地通讯汇集后重新出版。原因之一是这些战地通讯在发表后，因受当时媒体发行范围渠道等条件的限制，有很多读者难以读到，传播效果受到不少限制，有重新出版再度传播的必要。图书不同于报纸，它有自己的特点和优势，生活书店在编辑出版这类作品方面有着丰富的经验和销售渠道，这套丛书出版后在广大读者中引起巨大反响，一印再印，就是佐证。

这套丛刊的及时出版，极大地振奋了民族精神，激励中国人尤其是青年人积极投身于抗战中，从而起到了启蒙民众、服务抗战的巨大作用。

第四类是讲述通俗易懂、脍炙人口的小故事

大量出版通俗文艺作品，是生活书店在抗战后三年中出版文艺作品的一大特色。例如有一种图文并茂的 32 开本连环画，红色封面上大幅插图，记述的都是前线后方军民英勇抗战的小故事。《大战东林寺》《小白龙大战台儿庄》《十三条好汉》《赵母买枪打游击》等，这些书名读起来就让人痛快淋漓。不论前线或后方的人，只要稍识文字，即可读懂，还可口口相传。由于发行面广，每种初版量都在万册以上，且不断再版。

《店务通讯》第 85 号"平凡的一天"记述衡阳店卖书的场景：

一群士兵披着湿碌碌的雨衣，站在门口。

"呵，生活书店！"有人这末亲热地一叫，便一齐挤了进来，在靠门边的斜坡似的书架前站住了。在这架上，正堆放着顶合他们口味的食粮，吸引住了他们久在前线饥渴得发慌的视线。

他们大声的笑着，无顾忌的直爽的喧噪着：

"哈！你看日本兵上吊，真有味。"

"他妈的，平型关打得真不错。"

"来来，这卖梨膏糖……"挤在后面的尽量伸长了手臂，从别人的头上拖过了一本"梨膏糖"。

"呵，你看！东林寺那时还是老子跟胡排长一起去打下来的。嗳，买一本看看。"有人这样惊喜地叫喊着。

这架子上不仅是士兵、工人和农民的粮食储藏所，而且还是一个课堂——附近的小孩子与报贩是每天要来上一课，或者二课三课的。

一群发光的纯洁的眼珠,贪婪地吮吸着知识的源泉,灵巧的小嘴,天真地谈论着:

"嗳嗳!小革命家,画东洋乌龟哩!"

"赵老太太能双手开枪吗?"

"那散纸头的飞机是我们的,有青天白日在上面。"

下格的书看完了,较大的孩子抱着较小的去取上面的书,推着他的屁股,亲热地互相帮助着而去满足他们的求知欲望,虽然他们大家也许是不很相熟的。①

二、装帧风格

生活书店的图书是一种什么样的装帧风格呢?2008年,三联书店美术编辑宁成春、李小坤,将人民出版社和三联书店资料室书库所存三联书店的出版物全部翻查一遍,从2 000余件书影中选编500帧成书。宁成春说:"许多上世纪30年代、40年代的书衣,如今虽然显得衰老而古旧,但仍气度不凡。翻阅这些书籍,能体会到设计者精心、细腻的创作态度和风格。扉页、版权、广告页与封面同样倾注了心血,和谐统一——那时已经有了'整体设计'的观念。不同时代的书衣,反映着不同时代设计师的精神风貌和文化素养。书衣也是有生命的。"② 其中收录生活书店从1933年至1948年50多幅书衣,虽只占生活书店图书总量的二十分之一,但可以从中窥见生活书店的装帧风格。

---

① 《〈店务通讯〉排印本》(下),学林出版社2004年版,第1185—1186页。
② 《三联书店书衣500帧》,三联书店2008年版,第1页。

形式要新颖、活泼

从《生活》周刊到生活书店，韬奋一直强调内容求精彩、生动，形式要新颖、活泼，无论是期刊还是图书的表现形式要不断革新，时时是给人以新鲜的感觉。"没有前例可援，没有榜样可仿，也没特别的益处，这益处就是可以独出心裁，想出新的办法来适应我们实际上的需要。使我们进步得更快，使我们得到更圆满的结果。""新的办法"不是拍脑袋拍出来的，要有"创造的精神"，韬奋以《生活》周刊为例："单张的时候有单张的特殊格式；订本的时候也有订本的特殊格式。往往因为已用的格式被人模仿得多了，更竭尽心力，想出更新颖的格式来。"

"更新颖的格式"同样体现在出版的书籍上，每本书虽有种种不同的装帧，但也有它独特的风格和特色，老读者只要一看到封面装帧的设计，看到书内有黄道林纸的极为大方的扉页，疏朗匀称的版权页的排法，调和匀称的版面行格与相互适应的大小标题等，就可判定这是生活书店出的书。即使这本书没有印上"生活书店印行"的字样，改用文林出版社、峨嵋出版社、学艺出版社、华夏书店、骆驼书店等名义出版，但一般老读者看了书本的规格形式，也大都能知道这些书还是生活书店出版的。

装帧要美观、朴素、大方

为什么读者一眼就能看出生活书店出版的书籍？如果说韬奋确定了书刊设计之要求，那么美术编辑则是关键人物，他们是生活书店书籍装帧风格的践行者。莫志恒在《二三十年代的书籍装帧艺术漫谈》一文中回忆说："在抗日救亡运动蓬勃发展的1936年，徐伯昕同志叫我为生活书店画些封面，不久，我就来到这个邹韬奋创办的革命的出版单位工作。"他还谈到另一位生活书店的设计师郑川谷:"1936年底,郑川谷从日本回国,1937年初又回到生活书店,每日工作半天。我们二人共同把书店的出版物装帧得美观、朴素、大方,在新出版业树立起新的式样。"①

这一"新的样式"就是一种形象、一种品牌,就是生活书店的装帧风格和特色——美观、朴素、大方,这种风格在不同性质的书籍中又有不同的设计风格。马列主义经典著作的封面,多数是以宋体美术字题书名,有的用阳文,有的用一块长方的阴文版,黑墨印;著者、译者名字则用铅字排版,红墨印,求红黑分明,对比强烈。时事性的丛书,如取"白山黑水抗日救亡"之意的"黑白丛书",用统一的丛书封面:书名用宋体字制阴文版,黑字白文,下面约四分之三位置绘了一个大火炬,橘黄色印刷。

郑川谷为生活书店设计的封面,以理论书籍为多。他绘封面图案,多以黑墨着笔,不多花工夫于色稿。有的封面以色块线条切割,请制版社按彩色草稿和说明,摄制铜版或锌版,套色效果是很好的。有时用石版画方法,黑蜡笔皴在粗纹的铅画纸上。有时用钢笔黑白画模仿木刻版画风格来设计。题材方面,他和钱君匋不同,不用植物叶瓣来组成,而常用机械零件形象组合。喜欢用赭石、淡棕、橘红、黑诸色。封面多采用白色胶版纸。他设计的封面有明快、醒目的特点。

经过钱君匋、莫志恒、郑川谷、曹辛之等美术编辑的精心设计,成就了生活书店图书的装帧风格:美观、朴素、大方。

印制要实用、经济、美观

图书的装帧设计不能单纯求新求异,讲究技术与艺术相结

---

① 《三联书店书衣500帧》,三联书店2008年版,第4页。

合，形式与内容相协调，做到实用、经济、美观相统一。美术编辑曹辛之刚进生活书店时，看到韬奋对书店的员工"从收稿、看稿、改稿、送审、发稿、校对、印刷、装订到发行、宣传，每一环节都有严格要求"。韬奋还帮助曹辛之"懂得各种印刷字体、字号及其应用，懂得版式安排，逐渐认识到版面设计在出版中的重要性"。①

装帧设计还要考虑到印刷、装订，考虑读者的购买力和用途。郑川谷设计的套书《世界文库》，古朴典雅，富有特色；装订形式分精装和平装，精装又分布面精装和纸面精装，以适应不同读者的购买力和用途。《世界知识年鉴》为精装本，内有彩印的世界地图和中国地图，按一般设计作插图处理。插图要单独粘贴，费料又费工，增加成本和书价。经反复研究，把它改做前后环衬作护封，既省纸，又便于检阅。《创作文库》以作家的中短篇创作居多，采用较小的窄长开本，软布面道林纸精印，装帧悦目，印制精良，亦便于携带。实用、经济和美观兼而有之，受读者欢迎和喜爱。

生活书店的书刊一直保持着自己的特有的风格。即使在抗战时期环境恶劣、物质条件很差的情形下，也严格执行标准与要求；即使不得不用土纸，还千方百计留一些白报纸来代替黄道林纸印书籍的里封面，用二层、三层裱糊起来的白纸来印书刊的封面，基本上保持以往的那种庄重、严肃、大方的形式与规模。从内容到装帧，比其他书店的书刊总能稍胜一筹，因而广受读者的好评。

---

① 《爱书的前辈们》，三联书店2015年版，第312—313页。

三、运营风格

生活书店源于《生活》周刊，它们的精神是一脉相承的；生活书店又有别于《生活》周刊，它是一种划时代的新型的出版机构，有着自己的运营风格。

刊 书 互 动

商务印书馆、中华书局、世界书局、大东书局、开明书店在30年代被简称为"商中世大开"。它们既出书，又出刊；它们既在图书出版上展开竞争，亦在期刊出版上一争高下。它们都是先有图书，再有期刊，图书与期刊是偶有交合的平行业务，如在期刊上刊登本版图书宣传广告或新书预告，或将期刊上连载小说或文章结集出版。

商务印书馆旗下有名的杂志有：《东方杂志》《教育杂志》《小说月报》《少年杂志》《学生杂志》《妇女杂志》《英文杂志》《英文周刊》《儿童世界》。

中华书局作为商务印书馆的直接竞争对手，在期刊方面以商务的期刊为标志，一一对应，亦新军突起，形成"八大杂志"：《中华教育界》《中华小说界》《中华实业界》《中华妇女界》《中华童子界》《中华儿童画报》《中华学生界》《大中华》。

世界书局另辟蹊径，以市民为主要读者，主要有五大期刊：《红杂志》《快活》《红玫瑰》《家庭杂志》《侦探世界》。大东书局有：《游戏世界》《半月》《星期》《紫兰花片》《紫罗兰》。开明书店出版的刊物有：《文学周刊》《新女性》《一般》《开明》《月报》，影响最大、发行期最长的刊物是《中学生》。

生活书店就大不相同了。从源起说，先有《生活》周刊的发达，再创立了生活书店。生活书店创立后相继创办了一大批不同类型的周刊、旬刊、半月刊、月刊、季刊等，再加上韬奋亲自主办或一脉相承的六刊一报，算在一起的话，生活书店从1932年到1942年十年间共出版近30种期刊，同期出版图书800多种。那么，这30种期刊与800多种图书之间具有什么样的关系呢？用一句话来总结，就是刊书互动。

生活书店成立后先后创办一大批期刊：《文学》月刊（1933），《生活教育》半月刊（1934），《译文》月刊（1934），《世界知识》半月刊（1934），《太白》半月刊（1934），《读书与出版》月刊（1935），《妇女生活》月刊（1935），《生活知识》半月刊（1936），《光明》半月刊（1936），《新知识》半月刊（1936），《新学识》半月刊（1937），《国民》周刊（1937），《中华公论》月刊（1937），《战时教育》半月刊（1937），《集纳》周报（1937），《文艺阵地》半月刊（1938），《国民公论》旬刊、半月刊（1938），《读书月报》（1939），《文艺战线》月刊（1939），《理论与实践》季刊（1939），《笔谈》半月刊（1941），《民主》周刊（1945）。

这种互动关系体现在四个层面。

第一层面：期刊主编也是丛书主编，编者也是作者。茅盾先后为生活书店主持编辑的文艺刊物有《文学》《文艺阵地》《笔谈》等，在生活书店出版的作品有《人与书》《残冬》《创作的准备》《作家论》《腐蚀》等。郑振铎、胡愈之、张仲实、钱俊瑞、陶行知、沈兹九、鲁迅、张友渔、胡绳等在生活书店都有刊书主编的多重角色。

第二层面：期刊的撰稿人也是图书的作者，期刊社既出刊也编书。作为生活书店初期"四大杂志"之一的《世界知识》，它的周围有一个稳定的专业作者队伍，他们既为《世界知识》撰稿，也为生活书店写书。《世界知识》社定期出刊，还编辑专门工具书出版：《1935年世界政治经济地图》《1936年世界知识年鉴》《中国外交年鉴》《远东形势地图》，还以"世界知识"为丛书名推出《世界知识丛书》《世界知识战时丛刊》。

第三层面：图书期刊化。期刊的特点是连续定时出版，可以预订邮发。生活书店在出书时，充分考虑期刊的这一特点并加以吸纳运用。郑振铎主编的《世界文库》就是一例。这是一套别具一格的大型的中外文学名著连载的出版物，每月出1集，可以预订邮购邮发，一共出了12集。

第四层面：互相推荐。期刊刊登生活书店图书简介和新书预告，图书选登期刊文章推荐征订；图书的作者可以转为期刊撰文，期刊的作者可以为书店写书；读者读书时了解到期刊的动态，读刊时知晓了新书的进程，这样在读者眼中就有了"书中有刊、刊中有书"的融通效果。

丛书丛刊并重

生活书店成立之初规模很小，成书规模不大，到抗战前大约出书300种。抗战爆发后，出书数量和规模呈现快速腾飞的态势，1937年出书有148种，1938年有223种，1939年出书有148种。他们采用的策略就是快出快销、快速发展，实现这一策略最有效的办法就是推出丛书、套书。

推出丛书、套书也是生活书店的传统，生活书店成立之初期，将《生活》周刊选编本，《小言论》、《信箱》选编本等十余种命名为《生活丛书》。

1933年，胡愈之主编的《时事问题丛刊》开始出版，该丛刊着力分析国际形势，研究中国问题，征集近代史料，以帮助读者提高时事认识。每册3万—5万字，第一辑有18种。

1935年张仲实担任生活书店总编辑后，组织多方力量加快丛书、套书的推进，在文艺读物、社科知识读物、抗战读物等众多领域推出一大批丛书、丛刊、文库。张仲实、胡愈之、郑振铎、茅盾、金仲华、钱亦石、钱俊瑞、沈志远、胡绳、周扬、柳湜、范长江成为众多丛书、丛刊、文丛的主编。据统计，生活书店先后推出了43套丛书、丛刊。

到1937年10月，生活书店推出的丛书有：《时事问题丛刊》（1934），《文学丛书》（1934），《小型文库》（1934），《世界文库》（1935），《世界知识丛书》（1935），《青年自学丛书》（1936），《妇女生活丛书》（1936），《世界学术名著译丛》（1937），《黑白丛书》（1937），《百科小知识丛书》（1937）。

1937年10月之后，生活书店推出的丛书有：

《新中国学术丛书》《中国文化丛书》《生活教育丛书》《救亡文丛》《战时社会科学丛书》《通俗读物丛书》《战时读本》《问题与答案丛刊》《工作与学习丛刊》《黑白丛书战时特刊》《大众军事丛书》《战时大众知识丛书》《大众读物丛书》《大众抗战剧丛》《抗战中的中国丛刊》《世界知识战时特刊》《西北战地服务团丛书》《新中国学术丛书》《世界文学名著译丛》。

这些丛书中单本数超过8种的有：《创作文库》（23种）、《世界文库》（12种）、《世界知识丛书》（25种）、《黑白丛书》（15种）、《青年自学丛书》（47种）、《百科小译丛》（8种）、《世界名著译丛》（8种）、《妇女生活丛书》（8种）、《黑白丛书战时丛刊》（21种）、《救亡文丛》（14种）、《问题与答案丛刊》丛书（8种）、《抗战中的中国丛刊》（9种）、《中国文化丛书》（15种）、《大众读物丛书》（22种）、《世界学术名著译丛》（14种）、《新知识初步丛刊》（14种）。还有一批丛书有丛书名而品种只有1~3种，如《文艺丛刊》《文陈丛刊》《戏剧艺术丛书》《战时教育丛书》《〈资本论〉研究丛书》《自由中国丛刊》。

丛书、丛刊、文库的推出能促进生活书店的快速发展，快速产生影响力和销售量。《店务通讯》第一号（1938年1月22日）载："出版方面，除已有的几套丛书仍继续编印外，最近新约了三套丛书，一是柳湜先生主编的《战时社会科学丛书》，每册约三万至五万字，先出第一辑'战时社会科学读本'计十二册，大约二月初起可以陆续出版；一是长江先生主编的'抗战中的中国丛刊'，每册也是三万至五万字，暂定十二册，已交到的稿件有八种，现在正在赶排中；一是周扬先生主编的'中国文化丛书'，每册约十万字左右，先出十册，都是抗战期中加强认识的著作。其他单行本当然也尽量在选编。""以前每种新书，每版最多不过印四五千册，现在至少须印上一万册。"[①]

生活书店既重视丛书、套书，又特别关注单本书。单本书如同尖兵杀出一条路，开辟一片新天地。在单本书里，有一本值得一说的书，这就是由韬奋倡议、茅盾主编的《中国的一日》，它是以1936年5月21日这一天在全国各地所发生的事情为题，向作者读者征文。收到3 000多篇稿子，达600万字，经编者一再筛选，收录80万字，印成精装一厚本。从登出征文启事到编印

---

① 《〈店务通讯〉排印本》（上），学林出版社2007年版，第2—3页。

成书，总共用了 3 个多月的时间，轰动全国。

自营代销相结合

生活书店既是出版单位，又是发行单位，利用《生活》周刊已有的发行渠道，发挥生活书店的优势。这就要做好两件事：一是做好本版书刊的发行销售，免受或少受别的书商的控制；二是做好经售、代办外版书报刊，增加收入。

30 年代的出版业，受经济、交通等制约，只有商务、中华、开明等大型出版社各自在大城市设立发行分支机构，主要销售本版书和教科书。各地的零售书店小本经营，兼售文具等商品，新书刊经销不多，新书刊流通不畅。

生活书店从源头盘活图书资源，编辑新书目录，寄给各地的图书馆、邮购户和期刊订户。进而同各地零售书店建立业务往来关系，经销生活书店出版的书刊或总经售的书刊，选择其中信用较好的书店作为特约经销处，代理该地区的发行业务。再通过采取发售预订、推进通信购书、拓展批发业务、开设门市和成立分店等办法，"向读者推荐输送良好读物"。

生活书店在 30 年代迅速发展，在书刊销售方面有很多创举，在 80 年后的今天依然新颖、实用。

创举之一：编印《全国总书目》。它是在每年编印一次《全国出版物目录汇编》的基础上，请著名学者平心（李鼎声）主编的。他花费了很大的精力和心血，从 1919 以来的图书中选收有价值且能购买到的 2 万多种，用科学的图书分类法编排，总书目后有各种专题书目。这本总书目用 32 开排成 1 000 多页硬纸面精装，所费不赀，既赠送不起，又不能按书的标准定价出售。为达到编印的目的，只收四角钱一本，尚不足印制成本部分，以在总书目上招登书刊广告收入用来补偿，收互补之效。这样，无论是个人还是团体，一本总书目在手，就可以按图索骥，心想书到。

创举之二：书刊联合广告。广告就是让更多的人知道。生活书店出版的书刊，有的在报章杂志上刊载有内容说明或书目广告，有的印制宣传画供各地经销书店在门市部或公共场所招贴，有的在寄发杂志订户封袋上印上书刊广告，有的利用印图书封面需要切除的边角料印成精致的小书签式广告，有的在一些丛书的书后空白页上刊登同一丛书或同一作者的其他著作广告，有的在生活书店自己出版的十余种期刊上刊发新书、重点书广告。

除这些日常的广告推广宣传外，生活书店选择发行量较大、知识分子读者最多的《申报》上登书刊广告。经理徐伯昕创制了一种书刊联合广告，其做法是生活书店把《申报》第一版全版包下来，经过编排设计，把它分成若干长方形格，邀请委托生活书店经售的中、小、新出版社参加，广告费按所占版面，照报馆收费标准分担，大受欢迎。联合书刊广告，每月举行一次，后来容纳不了，有时扩大为两整版。后来发展到在《大公报》刊登。这一创举，既起到团结和扶持中、小、新出版社的作用，又为自身开拓业务起到助力作用，做到互惠互利、共同发展壮大。

创举之三：免费汇款购书。生活书店与中国银行、交通银行、上海银行、新华银行、江苏省农民银行、浙江兴业银行、聚兴诚银行、大陆银行、富滇新银行、华侨银行共十大银行签约，由其所属设在国内外的500多处分支行，一律免费汇款购书。作为回报，生活书店在十大银行开设专用账户，汇款记入账内，每月结算一次。读者汇款可以向银行索取、使用生活书店特制的免费汇款申请单，填好后，银行收款给出收据。这样，一单二用，既是购书单又是汇款单，读者既可免费汇寄书款，又可省写信之劳，手续简便，费用节省，给读者尤其是海外华侨读者、边远地区读者邮购书刊以极大便利，对生活书店的邮购业务是一个大促进。

创举之四：门市工作72条经验。生活书店的门市部起始于福州路里弄口的二楼，闹中取静，宽敞明亮。论规模，不及邻近的商务印书馆、中华书局、世界书局发行所宏大，但为读者服务之周详、诚恳，则有过之而无不及。

门市的布置，四周放书架，按图书分类法存放图书；中间的书台分别陈列新书、新刊；设有推荐书台，推荐书有介绍内容的告示牌。这就叫开架售书，与一般老店有别。门市还开辟本市电话购书业务，来电话就可以送书上门。电话购书有卡片，登记姓名、地址、电话号码等，有编号，发给购书证，第二次电话购书，报购书证号码即可。

门市部好书荟萃，门市部工作人员既熟知书又熟悉读者，还防备特务找麻烦。后来，他们总结出生活书店门市工作72条经验，作为服务规范，也为生活书店今后大发展提供了蓝本。

创举之五：开设56家分支店。1937年全面抗战开始后，全国交通受战争影响，邮路受阻，运输极为紧张。生活书店总店从上海迁到武汉，当时分店仅有广州及汉口两处。为适应形势需要，决定迅速在各省市重要城镇建立分支店。1938年、1939年两年内在全国建立庞大的发行网：分店20个，支店27个，办事处5个，营业处3个，流动供应所9个，遍及后方14个省份。韬奋说："全面抗战爆发以后为适应抗战期间全国同胞对于抗战文化的迫切，本店特派高级干部数十人分往内地各重要地点创设分店，由于负责干部的艰苦奋斗，业务更一日千里，异常发达，不到一年,全国分店已达五十余处。"① 在战争的环境中,资金极为困难的情况下,能迅速建立起全国发行网,在出版界是一个奇迹。

生活书店各地分支店的门市部都有共同的特点:门面上有醒目的"生活书店"标准字体,开架售书,店员佩戴店徽,热情周到,警惕性高。韬奋在《抗战以来》一书中写道:"有许多读者简直把'生活'当作他们的'家',每到一个地方,只需知道那个地方有'生活书店',他们往往总要想到'生活',往那里跑;认不得路,想起'生活',往那里跑;找不到旅馆,想起'生活',往那里跑,请代找一个;买不到车票或船票,想起'生活',也往那里跑,请帮忙买一张;住址一时不确定,也想起'生活',也往那里跑;有信暂留转交,以便自己来取。"

---

① 《经历》,三联书店 1958 年版,第 387 页。

力争救国无罪，不是为个人是为着救亡运动的前途，不许侮辱人格，也不是为个人是为中华民族人格的光辉。

绍文 六年六月廿三日 写於江苏高等法院看守所

在江苏高等法院看守所题词
（1937年6月23日）

第六章
韬奋的出版主张

《坦白集》
韬奋著，1936年9月生活书店印行。

"韬奋是生活书店的创办者和领导者,他的主张,代表了生活书店的立场,他的精神,是生活书店的灵魂。"① 在"且学且做"中,韬奋对办好生活书店、图书的编印发等形成了自己的主张和做法。

一、事业性与商业性

事业性与商业性的关系,相当于传统文化中的义与利的关系,相当于当今社会常讲的社会效益与经济效益的关系。历经数十年的实践和思考,韬奋于1940年在《店务通讯》第九十二号发表《事业性与商业性的问题》一文,对事业性、商业性以及二者之间的关系做了深入的阐述和辩证的论述。

进步的文化事业

"事业性与商业性原来是不成问题的,而竟有人觉得成问题,这又是什么缘故呢?这也是因为对两方面都缺乏正确的认识。"② 对报人张季鸾而言,办好《大公报》就是事业;对出版家张元济而言,办好商务印书馆就是事业;对韬奋而言,办好《生活》周

---

① 《生活书店史稿》,三联书店2007年版,第222页。
② 《事业管理与职业修养》,学林出版社2004年版,第89页。

刊就是事业，办好生活书店就是事业。这一事业有别于制造业、加工业和商业，它是文化事业。"所谓文化，尽管在各专家有或详或略的定义，但就具体的表现而论，主要的是在言论出版及教育各部门。言论有的是口头的，如演讲、谈话、座谈及讨论会之类；有的是写出来的，如报纸杂志上的言论等等。出版则属于日报、期刊、杂志以及书籍。"①

在韬奋看来，"我们这一群的工作者所共同努力的是进步的文化事业，所谓进步的文化事业是要能够适应进步时代的需要，是要推动国家民族走上进步的大道。我们在上海开始的时候，就力避'鸳鸯蝴蝶派'的颓唐作风，而努力于引人向上的精神食粮；在抗战建国的伟大时代中，我们也力避破坏团结的作风，而努力于巩固团结坚持抗战及积极建设的文化工作。这可以说是我们的事业含义。"② 办刊办报出书就是文化事业，文化事业应有进步性、时代性、建设性，是奋进向上的。"进步文化是有时代性的，我们在今日中国所提到的进步文化，当然要连系到中国当前进步时代的实际需要。我和数百工作同志所共同努力的文化事业，以生活书店为中心，只是全国进步文化中的一部分。"③

判断一个文化事业是进步的还是倒退的，抑或说生活书店是否是进步的文化事业，应该有一个判断的标准和尺度。韬奋的态度很鲜明：进步文化须与中国当前的进步时代的实际需要相配合；中国当前进步时代的实际需要，最扼要地说来是团结、抗战和民主，所以拥护团结、抗战和民主的文化是进步文化，反对或破坏团结、抗战和民主的文化是倒退文化。

---

① 《韬奋》，三联书店2001年版，第345页。
② 《事业管理与职业修养》，学林出版社2004年版，第88页。
③ 《韬奋》，三联书店2001年版，第359页。

进步性的三个标准就是团结、抗战和民主。韬奋对团结、抗战和民主做了具体的论述，并对当时的中国的文化事业做了分类：一部分是与政党有关系的，一部分是没有政党关系的民众的文化事业。"与政党有关系的文化事业，其本质是倒退呢？还是进步？这要看他所属的政党在实际上所采用或所主张的政策是倒退还是进步。"① 即使是进步的文化事业也有程度之差、规模大小之别、力量强弱之异。"至于与党派无关系的民办的文化事业，如就出版业说，其间亦略有新旧之分，旧的向来偏重教科书的出版，在基本知识上虽也占相当重要的地位，但与当前进步时代的实际运动之接触较少，就这一点说，所含的时代性比较的有限。新的偏重于课余读物及一班读物的出版，与当前进步时代的实际运动较有密切的接触，因此所含的时代的进步性也比较的浓厚。"②

标准一旦确定，立场就迅速坚定，要求就更加明确："根据这种基本的认识，本店出版的书报乃至代销的书报，都须注意是否能够促进团结，巩固团结；是否能够加强抗战，坚持抗战；是否能够推进民主，实现民主。""除上述三点外，我还可以加上这样的几句话：我们所努力的是为大众谋福利的文化，而不是为少数人谋私利的文化，所以在思想或理论上我们积极注重于大众有利的思想或理论，反对为少数人保持私利的欺骗或麻醉大众的思想或理论。"③

这样，我们就能理解韬奋和生活书店同仁们艰苦卓绝的奋进的态度和信念："为着要充分顾到我们的事业性，我们有时不惜

---

① 《韬奋》，三联书店2001年版，第358页。
② 《韬奋》，三联书店2001年版，第358页。
③ 《韬奋》，三联书店2001年版，第357页。

牺牲，我们的同事往往为着抗战建国的文化事业而受到种种磨折与苦难，毫不怒尤。"

事业性不仅需要信心和决心，而且要精心培育培养，打造一流的作品服务于大众。这就是韬奋倡导的内容要有精彩。"内容为王"这一理念贯彻在《生活》周刊等六刊一报和生活书店的近千种图书中，用"创造的精神"打造有个性或特色的刊物，打造有个性或特色的图书，这样有精彩的内容、新颖的格式的作品就会成为大众的"精神食粮"，跟风者也不易模仿，市场占有份额也会大幅提高。韬奋语重心长地说："内容如果真能使读者感到满意，或至少有着相当的满意，推广的前途是不足虑的。否则推广方面愈用功夫，结果反而愈糟，因为读者感到宣传的名不符实，一看之后就不想再看，反而阻碍了未来的推广的效能。"①

保证进步文化不被污蔑陷害，即不能伤害事业性，还要有法律、财务、审计等护卫事业性的纯洁。这方面，韬奋有着切身的经历和体会。第一件事是《生活》周刊为马占山将军抗敌救国备战嫩江时的募捐，共有 12 万元的捐款。有人散布谣言说韬奋的出国考察费用是捐款中"刮下来的"。造谣者未曾料到，这次募捐活动，《生活》周刊不但有细账、有收据，不但将捐款者的姓名在《征信录》上公布，而且收据也制版公布，由潘序伦会计师查账无误并给予公证书公布。韬奋听到谣言后，特地把会计师所给的证明书制版，请陈霆锐律师再次登报宣布。第二件事是韬奋 1936 年在香港办日报，陈济棠特派人送三千元"聊表微意"。韬奋表示办报办刊物"向来以不接受任何一方面一文钱为铁则"，婉谢陈济棠"体恤文人的好意"。第三件事是 1928 年底，《生活》

---

① 《经历》，三联书店 1958 年版，第 79 页。

周刊销数激增，广告增多，韬奋有时碰到朋友，"他劈头第一句就说：'好了！《生活》周刊可以赚钱了！'这句话很引起我的感触，就是《生活》周刊替谁赚钱？《生活》周刊赚钱何用？"①

这一问题让韬奋在"且学且做"的二十年中不断地思考，不断地总结。"在经济方面，因为要靠自己的收入，维持自己的生存，所以仍然要严格遵守量入为出的原则。这里便牵涉到所谓商业性。我们的业务费，我们的资金，既然要靠自己的收入，所以我们不得不打算盘，不得不赚钱。这可以说是我们的商业性的含义。"②

商业性有特定的内涵

叶圣陶对书刊的属性曾做精辟分析，指出书刊具有三种属性："书刊要排版，要印刷，要装订，这是工业。出了书刊要发行，要卖出去，这是商业。排版先得有稿子，稿子要作者写出来，编辑者编出来，这又是什么呢？我要回答得严重些，这是教育事业。所以出版事业的性质是工业、商业、教育事业三者兼之。"③

韬奋对商业性做了深度剖析，指出商业性的特定的内涵。

商业性的第一层含义：具有赢利能力

大到一个书店，小到一本书，要想存在和发展，必须具有赢利能力。那么《生活》周刊、生活书店靠什么来赚钱？先说《生活》周刊，从1 000份到150 000份，韬奋1929年7月撰文自豪地说：本刊现在是经济自立，靠自己的正当收入，维持自己的生

---

① 《韬奋文录》，三联书店2011年版，第22页。
② 《事业管理与职业修养》，学林出版社2004年版，第88页。
③ 《叶圣陶出版文集》，中国书籍出版社1996年版，第29页。

存。我们的正当收入在目前约有三途：一是广告，二是发行，三是丛书。实际上，《生活》周刊的经济收入主要是两大来源：发行量、广告量。发行量大，成本摊薄，利润空间增大；发行量大，刊登广告增多，利润空间进一步增大。韬奋对报刊广告带来的收入非常重视，曾经只身冒雨到一家外国洋行去拉过广告，他能体察徐伯昕常夹着皮包外出拉广告之苦累。但是对于刊登在报刊上的广告，他的要求十分严格，强调刊登广告与刊发言论、新闻一样，要向读者负责。他严格规定五不登："略有迹近妨碍道德的广告不登，略有近招摇的广告不登，花柳病的广告不登，迹近滑头医生的广告不登，有国货代用品的外国广告不登。"这些规定与当时出时报、刊广告的反差十分鲜明，许多不法商人常在报刊上投放不道德的、虚假的广告，不少报刊由于资金困难，只要有钱，什么内容的广告都登。韬奋的这些主张和做法并没有导致广告量减少，反而增强了《生活》周刊的美誉度。

商业性的第二层含义：扩大赢利能力

"赚钱干什么？全是为着事业。我当时和伯昕憨头憨脑地立下一个心愿，就是把所有赚来的钱，统统用到事业上面去。"① 将盈利用于扩大再生产，让《生活》周刊更有竞争力，份额更大，赢利更多。"收入的用途目前亦约有三条：（一）维持本刊的成立，极力勿使读者的担负加重，例如最近虽金价暴涨，纸价倏增，百物昂贵，维持艰难，本刊仍保全原有的文字篇幅，只从广告方面力谋挹注，不愿遽增报价；（二）优待著作家，稿费较前增至五倍（编者自己文字向不另取稿费）；（三）优待忠实勤奋为本刊办

---

① 《事业管理与职业修养》，学林出版社 2004 年版，第 134 页。

事的职员职工。"① 对一个文化出版机构而言，不是每一种书刊都天生具有赢利能力，有早有晚，有新有旧，有大有小，有些刚出版的作品或期刊有一个周期，依韬奋看："本店的出版事业，有些部分是有钱可赚的，可以移来补贴补贴蚀本的部分。此外还须多些余利来作更求发展的资金。"②

商业性的第三层含义：持续赢利能力

一个书店要长期发展基业永青，最重要的是核心竞争力带来的持续赢利能力，保持这种能力的首要条件就是分辨力："我们拼命赚钱，拼命用钱，但是赚钱却坚守着合理正当的途径，决不赚'不义之财'。"这就是我们常说的"取之有道"。生活书店坚持出好书，不出坏书和消闲书。对于那些有害无益的书刊，不但生活书店不出版，即使别的书局出版了，生活书店也拒绝寄售。所以，十几年间，生活书店从来没有出版过宣传封建迷信、诲淫诲盗的低级书，也没有出版过一本神怪武侠、惊险探案之类的消闲书，反之，对于有益于读者的书刊，即使印数不大、销售时间较长，影响资金流转甚至亏本，也还是坚持出版。

商业性的第四层含义：开源节流

充分发挥商业性，要倡导两种作风：

一是"工作第一"。所有的事业、所有的利润都是勤奋工作所创造的。"在工作上最努力，最有成绩的同事，是我们的英雄！工作能力最强，办事最负责的同事是我们的宝贝！在另一方面，在工作上拆烂污，成绩上恶劣的同事是我们的害群之马，工作能力不强而办事又不负责的同事，是我们的蠹虫！前一种同事，对

---

① 《韬奋文录》，三联书店 2011 年版，第 53 页。
② 《事业管理与职业修养》，学林出版社 2004 年版，第 89 页。

于我们的事业，对于我们的商业，都有切实之贡献；后一种同事，对于我们的商业固然只有破坏的作用，即对于我们的事业，也是只有破坏的作用。"

二是"厉行节约"。"本店的起家，本店事业的发展，如引一个时髦的成语来形容，可以说是全靠'自力更生'，因为我们一向没有什么大的资本，一向没有什么'津贴'，全靠我们全体同事'胼手胝足'所构成的一些经济力量，更应该一个钱做两个钱用，更应该避免浪费。"避免浪费，就是要做到爱护公物公财，"自己的东西知道爱护，对自己的经济知道节省，而对于公家的东西或经济，便不注意爱护与节省，马马虎虎，随随便便，这是对于团体最不忠，最最要不得的劣根性，我们对于这种劣根性必须尽力铲除。"还要做到"集体的节约"，就是人人节约，积少为多。"我们的全体同事，如果每一个人都能随时随地注意为本店节约，单就每一个人说，尽管为数非常微小，但集聚起来，对于本店的整个经济上是必然可以发生很大的效果。"① 节约应从关灯关水等小事做起，养成爱惜公物的良好习惯和风尚。节约应相互勉励、相互提醒。

事业性与商业性的统一

30年代上海知名的出版机构处理事业性和商业性的关系，采取的原则就是平衡，不走极端。

商务印书馆秉持的出版原则："多出高尚的书，略牺牲商业主义。""不必赚钱，但求不亏本。"

中华书局的态度亦明确："中华书局在形式与性质上，虽然

---

① 《事业管理与职业修养》，学林出版社2004年版，第89—120页。

是一个私人企业机关，但对国家的教育和文化同时也想顾到。因为要谋公司的生存，不能不注意于商业；同时觉得过于亏本的东西，又非营业所宜。在这'左右为难'的景况中，我们只好两面都'打折扣'。这就是说，凡属于营业有重大利益，而与教育或文化有妨碍者，我们弃而不作；反之，某事与教育和文化有重大关系，而公司要受较大损失者，也只得弃之。换句话说我们只求于营业之中发展及文化，于发展教育文化之中维持营业。"①

开明书店的立场则是有所为有所不为："有所为，就是出书出刊物，一定要考虑如何有益于读者；有所不为，明知对读者没有好处甚至有害的东西，我们一定不出。"②

当年开明书店的经理章锡琛说：生活书店之所以能够发达，是在于"前进"和"会做"生意。这一评说在一定程度上说出了生活书店把事业性与商业性很好统一的特点。韬奋在确定事业性与商业性的各自含义后，态度更加鲜明。他不仅在理论上肯定了这种统一的可能性，而且在实践中为我们做出了榜样。

韬奋认为："我们的事业性和商业性是要兼顾而不应该是对立的。诚然，这两方面如走出了应有限度，是有对立的流弊。"③如果只强调事业性而在经济上做无限的牺牲，结果是导致生活书店的破产，生活书店无法生存，不用谈什么事业性，不用谈什么先进的文化事业，更不用谈发展了；如果只顾及商业性而对文化食粮的内容不加注意，事业必然会一天天衰落，商业也随之衰落。因此我们的立场和态度不能偏移。韬奋说：因为我们所共同努力的是文化事业，所以必须顾到事业性，同时因为我们是自食

---

① 舒新城：《中华书局编译所》，《狂顾录》，中华书局1936年版，第149页。
② 《叶圣陶出版文集》，中国书籍出版社1996年版，第57页。
③ 《事业管理与职业修养》，学林出版社2004年版，第88页。

其力,是靠自己的收入来支持事业,来发展事业,所以必须同时顾到商业性。因此,结论就是事业性与商业性是一体两面,发展事业性必须要有经济支持,发展商业性的同时也要充分发挥事业性。

韬奋阐明的出版事业的两重性及其相互关系,构成生活书店的经营指导思想。在实践过程中,具体问题具体分析,灵活运用而不离其宗。这样的经营原则,为当时所必需,在今天也有现实意义。

二、作者与读者

"1933年至1936年间,中国出版的图书品种从每年4000种增加到9000种以上,然而,1937年日本入侵以后,这一趋势被逆转了。截止1941年,每年出版图书的品种下降到3000种。"[①]1937—1940年,生活书店却呈现出快速发展的趋势,之所以如此,其中重要的原因在于处理好了作者与读者的关系。生活书店的服务精神不仅体现在"竭诚为读者服务",而且同样体现在全心全意为作者服务。

办书店要有作者

办刊物、办书店要有作者,要有作品。徐伯昕说:"生活书店的建设和发展靠三方面的力量:著作人、作家的合作支持;读者的信任和爱护;书店本身干部的勤劳和努力。"对书店、出版

---

① 《作为武器的图书》,商务印书馆2015年版,第53页。

家而言，作者就是"衣食父母"，要全心全意服务好。全心全意服务于作者体现在四个层面。

第一层面是书店有相当稳定的作者队伍

朱联保在《近现代上海出版业印象记》中分析著译家即作者与书店的关系，他说：

> 著译家与书店、出版社有密切关系的，如鲁迅之与北新、良友图书公司等，茅盾、胡愈之之与商务印书馆，郭沫若、郁达夫之与泰东图书局、现代书局，陈独秀、胡适之与亚东图书馆，丁福保、吴稚晖之与文明书局，叶圣陶、夏丏尊、丰子恺等之与开明书店，舒新城、田汉之与中华书局，林汉达、徐蔚南之与世界书局，周瘦鹃之与大东书局，秦瘦鸥之与百新书店，戈公振之与有正书局，赵景深之与北新书局，艾思奇、郑易里之与读书生活出版社，金仲华之与生活书店，钱俊瑞、孙冶方之与新知书店，陈鹤琴之与儿童书局，冯雪峰之与水沫书店，赵家璧、郑伯奇之与良友图书公司，老舍之与晨光出版公司，郑振铎、许广平、柯灵、唐弢之与上海出版公司，阿英之与许多新书店等均是。①

书店办得好不好，关键在于创办人、总编辑把握文化发展动态动向，建立稳定的作者队伍，出版名作名著。韬奋总结自己的办刊经历说："我觉得要办一种刊物，必须有一班有研究的朋友做基本的撰述，所谓基本的撰述，就是已有经常的成约，能够经常替刊物作文，不必临时抱佛脚才去'拉夫'的。"有了基本的、相当稳定的作者队伍，可以保证书店有基本的稿源，有时间和精

---

① 朱联保：《近现代上海出版业印象记》，学林出版社1993年版，第12页。

力开发新的作者和作品。

第二层面是作者的层次决定着出版物的档次

刊物、出版社选择作者,作者也在选择刊物、出版社。当作者选定出版社,将作品交给出版社时,作者的层次就决定着出版社出版物的档次。中国青年出版社前社长胡守文曾感慨地说:作者是出版社的衣食父母,作者的层次决定着出版社出版物的档次。

从一定意义上说,是好书造就了出版社。胡适从 1919 年到 1933 年把他的作品交给了亚东图书馆,主要有《短篇小说》、《尝试集》、《胡适文存》(初集、二集、三集)、《先秦名学史(英文版)》、《胡适文选(自选本)》、《神会和尚遗集》、《短篇小说第二集》、《四十自述》。这些著作可以说是胡适学术研究的精华。据统计 1919—1922 年这四年中,胡适的著作占亚东图书馆全部出版物数量的四分之一。在 20—30 年代,学界流传这样一句话:"我的朋友胡适之。"一方面显示胡适名望之大,另一方面表明胡适交友之广。胡适充分利用他的人脉资源帮助亚东。据汪孟邹回忆,胡适介绍到亚东的作家和学者有:陆志韦、朱自清、陶孟和、孟寿椿、刘半农、钱玄同、赵诚之、张慰慈、刘文典、李秉之、吴虞、陆侃如、俞平伯、康白情、徐志摩、孙楷第、顾颉刚等。只要是胡适介绍来的,汪孟邹都十分看重,照单全收。

生活书店不仅有像茅盾、郑振铎、张仲实、钱俊瑞、沈志远等一批台柱子,而且有一支强大的作者队伍。"讲到著作人、作家的合作和支持,《文学》月刊所团结和联系的文艺作家和文艺评论家,《世界知识》半月刊所团结和联系的一批研究国际问题和社会科学的专家学者,实际上形成书店编辑工作的两大支柱"。徐伯昕所说的"两大支柱",前者主要是"中国左翼作家"联盟的成员,也包括后来剧联、影联等;后者主要是"中国社会科学家联盟"的成员,包括"苏联之友社"的主要成员,有胡愈之、张仲实、金仲华、钱亦石、沈志远、郑振铎、茅盾、傅东华、徐懋庸、鲁迅、夏衍、李公朴、艾思奇……一长串名单及一大批影响深远的作品。

第三层面是建立一种编辑机制

许觉民在《生活书店的编辑工作》一文中指出:"这个书店虽然出书极广,发行线几乎无远弗届,人们总以为它有个相当庞大的编辑部,但是实际上却只有几个人。他们的编书、约稿、审读、加工,不全靠编辑部几个人,常常运用广泛的社会力量,把进步的知名学者组织在自己的周围,充分发挥其力量,使出版物的质量获得可靠的保证。"[①] 这种"运用广泛的社会力量"就是"包干制"。

生活书店刚成立的时候,限于人力、财力和物力,它不可能组织庞大的编辑部来编辑、出版图书和报刊,它只能采取包干的办法,将许多图书和期刊包给店外作者、编辑,即生活书店把钱给作者或编辑,这笔钱当中包括编辑费和稿费,至于编辑人如何分配,书店一概不管,书店只管书刊的出版生产和发行推广。茅盾在回忆录中说:"当时生活书店出版各种杂志和丛书都采取包干制,书店只管出版发行,编辑工作完全包给编辑人,书店出编辑费,至于编辑人员多少,编辑费稿费如何分配,书店一概不管。这个办法,好处是书店省事,编辑者精打细算;缺点是杂志

[①] 《生活书店・读书出版社・新知书店革命出版工作五十年纪念集》,第125页。

要创新只能在编辑费允许的范围之内进行。"①

当时生活书店的图书出版如此,它的期刊出版,也主要采取包干制的做法。当时生活书店的期刊,除《生活》周刊和《世界知识》半月刊外,其他期刊都是店外特约作者、特约编辑包干的。生活书店编辑部自身只有十几位编辑校对人员,而能处理大量的书籍编辑业务,就是得益于书店所采取的包干制。

从包干制过渡到主编制,生活书店的风格之一就是推行丛书、丛刊。由主编负责约稿、组稿、审稿。为让这种主编制不出偏差,生活书店设立编审委员会,每个编审负责一个或多个领域。

第四层面是发现培养新作者

韬奋指出当时书刊界出现两种不好的现象:一是"新的杂志尽管好像雨后春笋,而作家却仍然只有常常看得到他们大名的这几个。在东一个杂志上你遇见他,在西一个杂志上你也遇见他。甚至有些作家因为对于催稿的人无法拒绝,只有一篇的意思,竟'改头换面'做着两篇或两篇以上的文章,同时登在几个杂志上。"② 二是迷信"名家的稿子"。"有些所谓作家,你虽然东看到他的大名,西也看到他的大名,但是也许买到他的大作来看看,却不免感觉到硬着头皮看下去也看不懂,或是味同嚼蜡,看着就想睡觉。"③

要消除这两种现象就要明白两点:第一,一个作家需要时间学习、思考。"一个作家用他的一部分时间来写作,也还要用大

---

① 《茅盾全集》第 35 卷,第 105 页。
② 《韬奋》,三联书店 2001 年版,第 196 页。
③ 《韬奋全集》第 7 卷,第 141 页。

部分的时间来储蓄思想，从事观察和研究，多多阅读有关于他所研究的那个部门的中外书报。换句话说，一个作家不应该尽是发表而忽略了'吸收'，因此一个作家在每时期内所发表的文字应该有个限度，这样才能有精彩。"第二，名家有名作。"所谓名家也并不是一开头就是有名的，他的作品所以得到读者的欢迎，最初还是由于他的作品的内容足以引起读者的喜读，后来读者因为喜欢他的作品的内容，所以格外喜欢看他的作品，这一点因果关系，是很值得我们注意的。"因此办好一份刊物，出版一本好书，关键要有新内容、新作者。

如何发现并培养新作者？韬奋的态度很鲜明，办法很有效。

韬奋善于从读者来信来稿中发现新作者。艾寒松的成长富有传奇性。艾寒松是复旦大学肄业生，因喜欢《生活》周刊，就用化名写了一封长信寄给从未谋面的韬奋。韬奋读到艾寒松的来信，很满意，复信约他到周刊社面谈，因为不见人来又在《生活》周刊上发出一封致艾寒松的信。艾寒松有一天路过传达室门口偶然看到这封信，赶紧赶到《生活》周刊社。韬奋喜出望外，与他热情交谈，艾寒松欣然答应韬奋的邀约，来《生活》周刊社工作。艾寒松来《生活》周刊后，勤恳地编选了一册又一册的"小言论"汇编本和"生活信箱"汇编本，后来还撰写了一系列介绍社会主义的文章，使得周刊顿时别开生面，受到青年读者的特别喜爱。1940年，艾寒松编的《学习的理论与实践》一书在生活书店出版。1952年，他夜以继日地编写出《怎样做一个共产党员》一书，这本书从1952年初版起至1963年止共出了7个版本，印刷了31次，发行了近千万册。

韬奋热情鼓励身边的人成为作者。毕云程原先只是韬奋的朋友，自觉文化水平不高，从没想过要写作。韬奋鼓励他大胆地写。经过一段时间的磨练,他成了《生活》周刊第一个特约撰稿人,成为一位颇具独立见解的作者。杜重远、黄炎培、冯玉祥也是受韬奋的鼓励、催促、指导走上写作出书之路的。

韬奋还从特约通讯员中发现有潜力的作者。1927年《生活》周刊设立了"国外通讯"专栏,韬奋为此在世界各国的留学生中遴选出几十名写作者,聘为特约通讯员,其中就有后来影响较大的李公朴、徐玉文、戈宝权、王光祈等人。李公朴是在1928年8月赴美留学途经上海时认识韬奋并受聘为特约通讯员的。起初,韬奋把李公朴的美国来信改编成通讯稿,在《生活》周刊上发表。后来在韬奋的鼓励催促下,李公朴就经常从美国直接寄来稿件,发表后颇受读者欢迎。李公朴在生活书店出版了《民众动员论》(1938)、《怎样争取最后的胜利》(1938)。

一大批年轻的有活力的新作者为《生活》周刊提供新稿件,为生活书店提供新作品,让刊物和书店保持活力。同时,一大批一开始并不属于生活书店的知名作者将大量作品交付给生活书店。新来的知名作者和新生的年轻作者汇集一起,让生活书店迅速崛起。

第五层面是热情为作者服务

鲁迅曾对亚东图书馆有好评,他在《为半农题记〈何典〉后作》一文中说:"我以为许多事是做的人必须有这一门特长的,这才做得好。譬如,标点只能让汪原放,作序只能推胡适之,出版只能由亚东图书馆。"亚东出版的每一本书,从校对、编排、版式、装帧到印刷,每一环节都十分讲究,差错率极低,真正做到了精益求精,人们将当时亚东出版的图书亲切地称为"亚东本"。

作为后起之秀,生活书店不仅文本制作精良,而且有一种

"生活精神"，这就是"热情为作者服务"。韬奋既是主编，又是出版家，他对稿件的选用是十分严格的，绝对不讲情面，但对作者又是很尊重的，满腔热情地为他们服务。对于志同道合的作者，以赤诚相待，结识并团结了一大批知名作家和学者。

韬奋对作者的关心十分周到，不管有稿无稿，他的态度始终是像朋友和亲人一样亲切和热情。曾经受经济拮据之苦、靠写作赚取稿费的韬奋，在他所办的出版事业有了发展、利润有了增加时，总是尽力适当提高稿费的标准，《生活》周刊的稿酬就从千字四角钱增加到千字十元钱。上海沦陷后，一批进步文化人生活异常拮据，在这种情况下，生活书店向他们伸出热情的手。徐伯昕代表生活书店秘密来到上海，遍访有联系的作家，请他们坚持著作和翻译，以"通惠印书馆"的名义向这些进步文化人约稿，给以千字斗米的报酬，对处于困境的作家一种特有力的支持。

生活书店不仅从生活上关心作家，更重要的是出版作品，即使被列入黑名单的作家，生活书店也甘冒风险为他们出书。许多作家至今念念不忘。李何林在 1939 年 7 月编写了《近二十年中国文艺思潮论》，是 1917 至 1937 年间中国现代文艺思想斗争史的"长编"，对鲁迅、瞿秋白以及进步文艺做了很高的评价。此稿由曹靖华介绍给生活书店，生活书店很快就出版了。"但书到了'大后方'，不久便禁止了"。几十年后，李何林写文章纪念韬奋时，还动情地说：我感谢邹韬奋先生领导的生活书店冒着被禁扣和蚀本的危险出版这本书！

读　　者

韬奋在《经历》中讲述了初进中华职教社时黄炎培先生的教诲："我们编译这本书的时候，不要忘却我们的重要的对象——

中国的读者。我们要处处顾到读者的理解力，顾到读者的心理，顾到读者的需要。""不要忘记了你的读者"，成了韬奋一生著述时的一个原则，也成了他一生办报办刊办出版的一个重要原则。

读者就是大众

刊物、书店一头联系着作者，一头联系着读者。作者、读者是书报刊界的一个专有名词，和读者对应的是大众。韬奋说："我服务于言论界者十几年，当然有我的立场和主张。我的立场是中国大众的立场；我的主张是自信必能有益于中国大众的主张。"① 借由《生活》周刊开始，刊、报、书成为韬奋一生的主要奋斗领域，它们的读者就是大众，学生、教师、店员、学徒、农村青年、工厂职工、公务人员、自由职业者、妇女、士兵、僧道以及贩夫走卒，无所不包。

1938年10月，当时武汉紧急大撤退，韬奋带领同事们携带大量稿件乘飞机去重庆。他当时最担心的就是遇上军警检查行李，万一行李中许多批评当局的文稿被发现查封，损失可就太大了。正在担心之间，有两个宪兵满面笑容地走来热情地喊着："韬奋先生！"韬奋觉得情况不妙，不理不睬往前走，一个宪兵难过地说："你不要以为我们是坏人，我们都是你的读者。"另一位流着泪说："我们从前都是大夏大学的学生，永远跟你韬奋先生走的。"韬奋这才知道误会了，热情地和他们握手，反过来安慰他们。他俩是在知道当局要加紧对韬奋检查又遇上值班的情况下，帮助韬奋顺利登机。当飞机离开机场时，韬奋感慨地对同事们说："我们的辛苦不白费，到处都有我们的朋友。"

在那个动荡的年代，在那个救亡与启蒙共存的年代，在那个

---

① 《经历》，三联书店1958年版，第82页。

道路抉择的年代，韬奋的特别在于，他对学界、政界、媒体、大众都颇为了解，以媒体为平台，传播那些与大众息息相关、与国运密不可分的新鲜的话题，促进大众的觉醒和觉悟。当时，"生活"这两个字和"进步"有着同等的意义，它代表了当时大众的心声，又扩大了大众的心声。韬奋说："大众文化的基本条件是要大众化，是要不忘却大众，是要切合于大众的真正需要，是要能培养大众的伟大的力量，是要能适合于大众的容受性。我认为这是中国文化转变到一个新阶段的非常重要的问题。所谓大众的'大'，不是高大的'大'，却是广大的'大'。"大众中的青年尤为重要和关键。

"顾到读者的需要"

原本的"中国大众""中国民众""中国青年"，返身于书报刊中即化为读者。"读者"在韬奋心中扎下了根，在写作时，在办刊时，在编书时，"要用敏锐的眼光、深切的注意和诚挚的同情，研究当前一般大众读者所需要的是怎样的'精神食粮'。"①

如何了解和把握读者的兴趣和需要呢？韬奋有自己的秘招，这就是从《生活》周刊第二卷起开设"读者信箱"。开始，他一个人拆信、选登、答复，看信、回信占据了他大部分时间，他每天要看几十封信，并安排回复，最长的回信，写到上千字。就是通过读信，韬奋直接深入地了解读者的生活状态、内心需求。这种看信、回信的方式一直继续在《大众生活》《生活星期刊》《生活日报》《抗战》三日刊中，直到 1941 年《大众生活》在香港复刊。他私下与夏衍谈话时说：我们这些知识分子或多或少是脱离群众的，在香港这个特殊的地方，要接近群众也不容易，所

---

① 《经历》，三联书店 1958 年版，第 78 页。

以我只能从读者来信中摸到一点群众的脉搏。了解、把握读者的内在需求，他就有话题，这就是每期的开篇"小言论"。这虽是仅数百字的小文章，却是他每周最费心血的一篇："每次必尽我心力就一般读者所认为最该说几句话的事情，发表我的意见。"因而，这一栏目也最受读者的注意。后来有许多读者来店说，他们每遇到社会上发生一个轰动的事件或问题，就期待着看"小言论"上的文字——韬奋的看法。

"尽量不提高定价"

千百万劳苦大众，认字不易，读报读书更为不易。韬奋办出版，总是希望以低廉的价格让更多的读者看得懂、买得起。他办的《生活》周刊、生活书店的书刊，定价一般都比较低。当印刷成本因为原材料价格上涨等原因而提高时，只要能维持，总是尽量不提高价格。生活书店出版的大量的抗战通俗读物，发行达数百万册，都是贴钱的。这种种事实，虽然细小，却于细微处看到韬奋倡导的"竭诚为读者服务"的真心和真诚。

作者和读者的桥梁

作者和读者之关系在社会生活中十分微妙，作者亦读者，读者亦作者，存有相互转换之角色。对刊物、出版社而言，联系起作者和读者的桥梁是编辑。

编辑不仅要判断一部稿子的好坏，有时他还必须拿起笔来帮助作者润色或修改。"倘若可把编辑比作烹调，我们也许可以把张若谷先生叫做'张厨子'"。[①] 编辑的职责之一就是编辑文本，组织稿件是落实职责的前提，"编辑是替作者读者服务的，没有

[①] 《韬奋全集》第 2 卷，第 48 页。

稿子，你要他怎么办！"① 找谁约稿抑或谁是作者？有一天张若谷慨然对韬奋说：做编辑的人向作家拉稿子，好像孝子磕头！韬奋心怀同情，他说："把做编辑的人比作善于磕头的'孝子'，可为做编辑的人洒一掬同情之泪。"但是韬奋的感受却不像张若谷如此委屈，1937年他在狱中回望二十年来的经历时写道："时光过得真快，我这后生小子，不自觉地干了十五年的编辑。为着做了编辑，曾经亡命过；为着做了编辑，曾经坐过牢；过着做了编辑，始终不外是个穷光蛋，被靠我过活的家族埋怨得要命。但是我至今'乐此不疲'，自愿'老死是乡'。"

做编辑的人怀有理想肩负使命，工作状态就会大不一样。1936年，韬奋第二次流亡，离开上海去香港。经过一个多月的苦心筹备，6月7日终于出报。韬奋以抑制不住的欣喜描述6月6日夜的经历和心情："那天夜里我一夜没睡，自己跑到印刷所里的工场上去。我亲眼看着铸版完毕，看着铸版装上卷筒机，看着发动机拨动，听着机声隆隆——怎样震动我的心弦的机声呵！第一份《生活日报》刚在印机房的接报机上溜下来的时候，我赶紧跑过去接下来，独自拿着微笑。那时的心境，说不出的快慰的心境，不是这枝秃笔所能追述的！"② 这让我们更深领悟到哲人所说的：世界上最快乐的事，莫过于为理想而奋斗！

做编辑既要对作家负责，也要对读者负责。"做编辑的人好像是读者所用的厨子，所差异的，不过厨子所贡献的是物质食粮，编辑所贡献的是精神食粮。"如何将文本编辑成精彩的"精神食粮"，有技术方面的改进和提升，更重要的是我们可以独出

---

① 《韬奋全集》第6卷，第36页。
② 《经历》，三联书店1958年版，第135页。

心裁，想出新的办法来适合我们实际上的需要，使我们进步得更快，使我们得到更圆满的结果。

三、内容与形式

夏衍在《懒寻旧梦录》中回忆与韬奋交往时说："有一次私下谈话，他对我说：'我们这些知识分子或多或少是脱离群众的，在香港这个特殊的地方要接近群众也不容易，所以我只能从读者来信中摸到一点群众的脉搏。'"① 一篇文章、一件作品、一本书能否打动读者不是靠作者、编者推测出来的，韬奋的经验就是看读者来信，从读者来信中看出他们的阅读效果和阅读需求。从《生活》周刊到1942年的《大众生活》，内容和形式相结合才能产生综合性的效果。

内 容 为 王

韬奋在办刊办报办书店的实践中，大力倡导"个性或特色"，他说："刊物的内容如果只是'人云亦云'，格式如果只是'亦步亦趋'，那是刊物的尾巴主义。这种尾巴主义的刊物便无所谓个性或特色；没有个性或特色的刊物，生存已成问题，发展更没有希望了。要造成刊物的个性或特色，非有创造的精神不可。"②

如果办报办刊办书店不能跟随时代前进，就会被时代所淘汰，"时代的巨轮是向前进的，《大众生活》产生的时代和《生

---

① 《懒寻旧梦录》（增订本），中华书局2016年版，第300页。
② 《韬奋全集》第7卷，第205页。

活》所处的时代已经不同了。记者出国两年多，回国后最深刻感觉的一件事是读者大众在认识和思想上的飞跃的进步。关于这一件事实的最显明的佐证，是有好些刊物因为歪曲了正确的认识和思想，无论在宣传和发行方面如何努力，还是没有人睬它。"①

要有创造精神、创新的态度

要造成刊物的个性或特色、造成书店的个性或特色、造成作品的个性或特色，就要有创造精神、创新的态度，反映时代的要求。一个时代有一个时代的特征和趋向，人们不能超越时代，也不能落伍于时代。把握时代的脉搏、反映时代的要求是报人、出版家的使命担当。当有人想办刊物，询问时，他说："现在有些朋友想办刊物，往往联想到《生活》周刊。其实《生活》周刊以及它的姊妹刊《新生》、《大众生活》、《永生》、《生活星期刊》，都是有它们的特殊时代的需要，都各有它们的特点。历史既不是重复，供应各时代的特殊需要的精神粮食，当然也不该重复。"②

20世纪30年代的主旋律就是抗日救亡、抗战建国，真有生命力的刊物，和当前时代的进步运动是不能脱节的。1937年7月31日韬奋等七君子出狱，13天之后日本侵略者挑起"八一三"事变，6天之后《抗战》三日刊在上海创刊。韬奋不仅关注刊物的组稿、编辑、发行，而又拿起笔来，撰写社论、时评、专稿以及随笔，还给读者回信："我每日替《抵抗》三日刊拆阅无数读者来信，看到他们爱国的真诚，愿为国家的抗战遭受任何牺牲而无悔的表示，未尝不深深地受到感动。"③ 这样一个由韬奋在抗战

---

① 《韬奋文录》，三联书店2011年版，第169页。
② 《韬奋》三联书店2004年版，第195页。
③ 《韬奋全集》第8卷，第138—139页。

烽火中编辑的刊物,"诚为今日抗战中之指针"。①

要有趣味、有价值

有趣味、有价值,用今天的话来表述就是可读性、思想性。要让刊物、图书做到"有趣味、有价值"有三个要素:题材、文字、观念。因此,韬奋在《经历》中说:"要用敏锐的眼光和深切的注意,诚挚的同情,研究当前一般大众所需要的是怎样的'精神粮食',这是主持大众刊物的编者所必须负起的责任。"②

"有趣味、有价值"落实到刊物,特别是周刊,"每星期就要见面一次,更贵精而不贵多,要使读者看一篇得一篇的益处,每篇看完了都觉得时间并不是白费的。要办到这一点,不但内容要有精彩,而且要用最生动最经济的笔法写出来。要使两三千字短文所包含的精义,敌得过别人的两三万字的作品。写这样文章的人,必须把所要写的内容,彻底明了,彻底消化,然后用敏锐活泼的组织和生动隽永的语句,一挥而就。这样的文章给予读者的益处显然是很大的:作者替读者省下了许多搜讨和研究的时间,省下了许多看长文的费脑筋的时间,而得到某问题或某部门的重要知识的精髓。"③

"有趣味、有价值"反映到图书方面,从生活书店 1933 年在《生活》周刊上刊登的"征稿简约"就一目了然:"本店所发行的书籍最低限度应是二个条件,即:(1)内容切于和般人之需要;(2)文字浅显流畅,无艰深晦涩之弊。"这一要求到 1936 年《我们需要的稿子》中更明确:"我们所要求的是表现的具体、精致、

---

① 《冯玉祥先生的信》,《抵抗》三日刊第 11 号(1937 年 9 月 23 日)。
② 《韬奋》,三联书店 2001 年版,第 19 页。
③ 《韬奋》,三联书店 2001 年版,第 196 页。

真实、通俗，不是抽象的公式，无内容的滥调，高不可解的文字，流俗的形象。"总之，尽力把反映当前时代的最新内容以生动精彩的文字传给读者，使读者能在阅读中得到启发和收益。

"有趣味、有价值"落到稿件上，韬奋坚持"取稿凭质不凭名"，他说："我取稿向采严格态度，虽对我所敬佩的师友亦然；取稿凭质不凭名，虽有大名鼎鼎的文稿赐下，倘拜读之后觉得太专门，太枯燥，或太冗长，不适于本刊之用者，也不客气的婉谢，或说明未拟刊布的理由以求曲恕。"为了对读者负责，韬奋不仅要求稿件内容精彩，而且要求表述方式为读者喜爱，有的稿件即使内容有价值但表达方式不易为广大读者所喜爱，也只得忍痛割爱。在生活周刊社时，对于他的"顶头上司"黄炎培的稿件，他如认为不合适，也要反复商量直到修改满意为止。

"有趣味、有价值"落实到稿件文字上就是不能有错字。韬奋刚接办《生活》周刊，就宣布要以没有一个错字为"鹄的"。为此，他不仅对原稿认真进行编辑加工，而且认真看校样，"看校样时的聚精会神，就如在写作的时候一样，因为我的目的要使它没有一个错字；一个错字都没有，在实际上也许做不到，但是我总是要以此为鹄的，至少使它的错字极少"。这一要求也成为生活书店的出版传统。"韬奋对书店的员工不论职务高低都平等看待，对工作严肃认真，也要求同人们这样。从收稿、看稿、改稿、送审、发稿、校对、印刷、装订到发行、宣传，每一个环节都有严格要求。比如校对，要求不能有一个错字。他聚精会神看校样就像他认真对待写作一样，所以在生活书店出版的书刊上，几乎没有错字，成为生活书店出版物的一个显著的特色。"①

---

① 《爱书的前辈们》，三联书店2015年版，第312页。

跟风模仿要不得

韬奋说:"自从《胡适文存》出版以后,好了!这里出一部'张三文存',那里又出一部'李四文存'!好像不印文集则已,既印文集,除了'某某文存'这几个字外,就想不出别的稍为两样一点的名称!我看了实在觉得肉麻!这种没有创作精神的'文豪',只怕要弄到'文'而不'存'!"

形 式 多 样

所有出版的图书,都有相应的目标市场,也就是说,不同的图书有不同的读者群体,图书的形式即图书的开本、封面、书名、版式等都要符合读者的阅读需要和审美要求。

开本的变换

生活书店17年推出了1 000余种图书,这些图书形态各异,开本不一,有大开本,也有小开本,还有异形开本。开本是指一本书幅面的大小,通常是以整张纸数作标准来表明书的幅面大小的。把一张整纸切成幅面相等的16开小页,叫16开;切成32小页叫32开,以此类推。

16开、32开、64开,由于大小不同,给读者造成心理感受也完全不同。"我们都有这样的体验:经典著作、学术论著一般多采用16开或大32开的开本。因为厚重的大开本总是能给人以的心理感受,与书稿严谨的治学和传世的不朽价值对应;而诗歌、散文则往往采用小一些或窄一些的开本,似乎新清秀丽的小开本更符合读者心中的浪漫情愫。"①

生活书店最常用的有32开、大32开,《世界知识丛书》《世

---

① 邓中和:《书籍装帧创意设计》,中国青年出版社2004年版,第123页。

界学术名著译丛》《青年自学丛书》采用的开本是32开，《世界文库》采用的开本是大32开。常用的还有36开、42开，《抗战中的中国丛刊》《西北战地服务团丛书》《黑白丛书战时特刊》《百科小译丛》采用的开本是36开，《时事问题丛刊》《小型文库》《救亡文丛》采用的是42开。《问题与答案丛刊》采用的开本是64开，《新中国大学丛书》《文阵丛刊》开本是25开，16开本使用较少，《抗战形势发展图解》采用的开本是横排16开。

封面的设计

"书籍装帧"这个名字是外来语，它的含义是包括一本书的从里到外的各方面的设计，即书的字体、版式、扉页、目次、插图、衬页、封面、封底、书脊、纸张、印刷、装订，以及书之本身以外的附件，如书函、书箱之类。钱君匋说："封面设计是书的外观，不是整个书籍的装帧。三十年代的书籍装帧，一般指的就是封面，不涉及其他。"①

一本书的封面设计得好坏，直接影响到读者的阅读情绪。好的设计可以引人入胜，爱不忍释，图书的封面从而成为出版社的品牌和形象。我多次翻看《书衣500帧》一书，《悬想》《迟疑不决》《太平洋问题十讲》《太平洋上的歌声》《歌德自传》《中国不亡论》《战号》《反杜林论》《夏伯阳》等50幅书影让我感到震撼：简洁、刚劲、有力。

封面设计不仅要求形式美观，而且要求能够烘托和表达作品的思想内容。《夏伯阳》封面构图采用一幅夏伯阳跨骏马冲锋的雄姿，给以浮雕图案化，轧硬印于棕色漆布面上，书脊烫金字，有精装、平装两种。《歌德自传》封面构图是用精细线条组成，

---

① 钱君匋：《书衣集》，山西人民出版社1986年版，第15页。

天头和靠书脊附近用一阔边和数条细线，九十度直角相交，印绿色，书名及著译者名字定美术体字，制阴文版，印棕色，采用淡灰书面纸为底色，看上去比较庄重大方。《表》，这是一本非常有趣且富有教育意义的童话集，鲁迅译。封面由鲁迅提出设想，郑川谷执笔完成。封面图案为正文第 59 页上的插画。鲁迅说："对于这译本，我不想怎么装饰它了，至多，就用《译文》上的原版，另印一点道林纸的单行本，就好。"① 这本由译者和美编通力合作的童话书之封面，真的挺好。

"每一本书籍的封面都要有书名，以标明书籍的身份，告知读者这本书大概是什么内容。书名字的设计，在装帧设计中占有非常重要的位置。"② 生活书店的书籍无论是丛书丛刊名还是单本书名，都具有简练、干脆、朗朗上口的特征，如《新式公文作法》《创作的准备》《黄海环游记》《自由魂》《抗战歌曲集》《革命文豪高尔基》《列宁家书集》《赵母买枪打游击》《侦查汉奸的办法》《抗战中的西北》《中国不亡论》《法兰西内战》《雇佣劳动与资本》《中国怎样降到半殖民地》。这些一看就懂、一看就明白书的内容的书名，为设计者莫志恒打开创新之路："马列主义经典著作的封面，多数是以宋体美术字题书名，有的用阳文，有的用一块长方的阴文版，黑墨印，著者译者名字则用铅字排版，红墨印，求红黑分明，对比强烈。""《世界知识丛书》各册，不用统一的丛书封面，而是每出一册，即设计一幅不同的图案，如：《世界政治》《现代十国论》《国际问题讲话》等，都以世界地图为素材再设计图案为底色，上面套印书名，印深棕或

---

① 刘运峰：《鲁迅书衣百影》，人民文学出版社 2007 年版，第 56 页。
② 邓中和：《书籍装帧创意设计》，中国青年出版社 2004 年版，第 131 页。

黑色。"①

好的封面设计再配合印刷技术，封面效果就会给人一种美感："30年代邵洵美率先从德国买进了当时最先进的印刷机器，林语堂1934年由生活书店出的《大荒集》印刷非常精美，纸张的质量、字体、颜色、书的装帧设计，都给人一种美感，堪称30年代上海印刷技术高度发达的物证。"②

版面的安排

曹辛之1939年进入生活书店，在《全民抗战》编辑部工作。他说：韬奋对书店的员工不论职务高低都平等看待，对工作严肃认真，也要求同人们这样。从收稿、看稿、改稿、送审、发稿、校对、印刷、装订到发行、宣传，每一个环节都有严格要求。"对书刊版面的安排，他也同样严格要求，务必做到整齐、大方，层次清楚，方便阅读。"经过摸索和同人指导，曹辛之"懂得各种印刷字体、字号及其应用，懂得版式安排，逐渐认识到版面设计在出版中的重要性。"③ 很快成为生活书店的主要美术编辑。

到1938年底时，生活书店总管理处从汉口迁到重庆，物价上涨，纸张、油墨等求过于供，生活书店的管理者和设计者不得不进行版面的变革："例如过去三十二开本的书，每面用老五号字仅排四百二十字，现在尽可能把一部分书改排新五号字，并且酌量增加每面的行数和每行的字数，使过去十万字的稿子要排二百卅九面的，现在到只需一百九十八面。这样，自己的成本既可以减低，而读者的负担，也可随之减轻，同时又不妨碍到形式上

---

① 孙艳、童翠萍：《书衣翩翩》，三联书店2006年版，第391—392页。
② 冉彬：《上海出版业与三十年代上海文学》，上海文化出版社2012年版，第71页。
③ 《爱书的前辈们》，三联书店2015年版，第312—313页。

的美观,和阅读时在上面空白处加以批注等等的实际运用。"

　　无论版面如何变动,但每本书都要留有一两页做广告。这也是生活书店的出版风格之一。"每本书最后必须插入一二面广告。广告内容,无论是与本书性质相类的或系本书作者的其他著译都好。这不但在读者有此需要,同时也是我们的最好的广告地位。"①

　　今天的三联书店美编宁成春抚摸着生活书店的老书感慨地说:"上世纪30年代、40年代的书名,如今虽然显得衰老而古旧,但仍气度不凡。翻阅这些书籍,能体会到设计者精心、细腻的创作态度和风格。扉页、版权、广告页与封面同样倾注了心血,和谐统一——那时已经有了'整体设计'的观念。"②

内容与形式的关系

　　好的内容加上好的形式就会有更好的效果。韬奋认为形式和内容有着密切的关系:"'形式'往往影响到'精神',所以要振作'精神',往往不得不一新'形式'。"1933年7月,他在《生活》周刊上发表的《本刊今后编辑上的改革》一文中说:本刊向例每遇每年度或每半年开始的一期,在编辑上常有多少改革,总要有一点新花样。这种求改革、求新花样的全新精神,在以后的报刊和生活书店的出版物中得到充分体现。

　　韬奋对内容和形式相结合做了范例实证。这就是柳湜1936年写的《街头讲话》一书。

　　"柳湜先生的文章有个最大的优点,那便是文章的内容

---

① 《〈店务通讯〉排印本》(下),学林出版社2007年版,第1539—1542页。
② 宁成春、汪家明:《三联书店书衣500帧》,三联书店2008年版,第1页。

充满着实际的'生活经验',他的这本《街头讲话》就具有这样的优点。解释社会科学的人往往犯着一个很大的毛病,满篇文章堆满了新名词,而内容却很贫乏,尤其是和现实离得十万八千里,使读者感觉到研究社会科学仅是硬着头皮记些和现实不相干的名词原则,是所谓学者的专利品,不是一般人的事情,甚至不是一般人所能懂得的神秘的东西。柳先生这本书可以打破这个误会,是研究社会科学入门的一本好书。"①

很多时候,形式也转化为内容,如插图、漫画、图片等。早有1934年,韬奋就强调:报纸各有各的特点,不作表面上的摹仿,以及设备上的科学化,这都是值得我们注意的,此外便是于新闻里面常常注意插图的加入,以引起读者的兴趣。

韬奋在狱中写就的《经历》,1937年4月生活书店初版,这是印有凹凸花纹的布纹精装本,封面为紫酱色,外有印着书名的护封。书前收有羁押中的照片13幅,形象地记录了在羁押中的情况。这些照片都是由沙千里拍摄的。80年后,这些照片就成为珍贵的"内容"。

韬奋主持的生活书店的书籍种类繁多,内容丰富多彩,思想进步引人向上。各本书虽有种种不同的装帧,但是也总有它独特的风格和特色。内容和形式的相互交融不仅成为生活书店的品牌,也成为三联书店的传统。

---

① 《韬奋全集》第6卷,第376页。

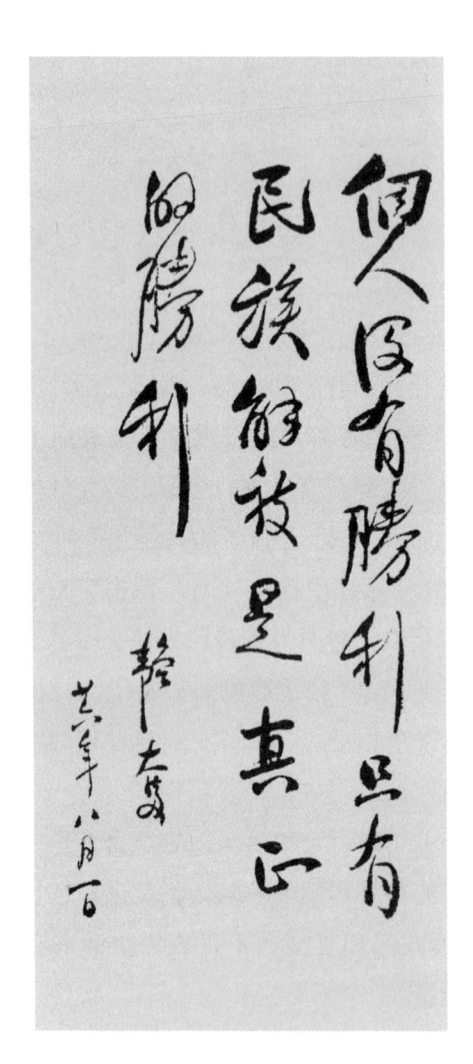

> 个人没有胜利 只有
> 民族解放是真正
> 的胜利
>
> 绍禹
> 卅六年八月一日

"七君子"获释后在群众欢迎会上的题词
（1937年8月1日）

第七章

韜奮的同行者

《生活日记》

1936年创制,生活书店连续印行至1949年。

从上海到汉口、到重庆、到香港，再回上海，一路颠沛流离，一路有同行者相伴：徐伯昕、胡愈之、茅盾、李公朴、徐雪寒、胡绳……先行者有的逝去，有的变为同行者。同行者中同样做着出版但少往来的要数亚东图书馆掌门人汪孟邹。

一、 出版商汪孟邹

1913 年，35 岁的汪孟邹听从陈独秀的劝告，从芜湖来到上海。汪孟邹后来回忆说：我又向朋友凑了两千元股子，到上海准备书店。"1913 年春，我在惠福里（四马路）一个楼下租了一间房，挂上了洋铁皮'亚东图书馆'的招牌。"[①] 将侄子汪原放从芜湖召来上海，亚东图书馆就算挂牌开张了。

从 1913 年创立到 1953 年被停业，亚东图书馆的进程"恰恰四十年"。

四十年和亚东版

精打细算的汪孟邹落脚惠福里，一是为芜湖科学图书社采办进货，二是批发在日本印制的地图。可以说亚东的出版业务的起点是从印行地图开始的，它编印的"中华民国四大交通图""中

---

① 汪孟邹口述：《亚东图书馆简史》，《出版史料》1988 年第 3、4 期合刊。

华民国四大自然地理图",以及《新编中华民国地理讲义》,在当时是一种创举,得到了梁启超等社会名流的首肯,但销量平平,并没有给亚东带来多少利润,也没有留下多少痕迹。亚东只因经销章士钊主编的《甲寅》、陈独秀主编的《新青年》等,在业界颇有些名气。1913—1918年,亚东图书馆起步艰难,没有作者,没有稿源,也没有出版方向,甚至一度兼做杂粮生意。①

1919年是亚东图书馆的转折年,陈独秀北上"给亚东带来新气象"。陈独秀任北京大学文科学长后,引荐亚东图书馆为北京大学出版部在上海和南方地区的独家总代理,独家经销北大出版部的图书,包括北大出版部的图书、北大学术演讲丛书、北京新潮社出版的六种新潮丛书;当时国内一些学者如汤敏曾、钱玄同、程演生、杨昌济、梁漱溟等的著作,也都由亚东经销。亚东因代理经销这类高品质图书而扬名沪上。

亚东代销《新青年》《每周评论》《新中国》《新生活》《新教育》《解放与改造》《向导》《政治周刊》《中国青年》《科学》等极有影响力的期刊,取得《少年中国》《少年世界》《新潮》《建设》《新群》《自觉月刊》《同德医学》等杂志的发行权,使亚东成为当时颇负盛名的新杂志销售专卖店。

"五四"之后,陈独秀从北大返回上海,就住在亚东。他在此多次会见罗家伦、许德珩、张国焘等。各地进步青年受新文化运动的影响,纷纷建立文化书社,这些文化书社经陈独秀介绍,都与亚东建立了业务联系,如恽代英在武汉创办的"利群书社"、毛泽东在长沙创办的"文化书社",陈独秀都曾为他们做经济担保。

---

① 《亚东图书馆历史追踪》,安徽教育出版社2013年版,第2页。

这一时期，出版业务"上了路"，出书品种数量从少到多：1919 年 2 种，1920 年 4 种，1921 年 7 种，1922 年 8 种，1923 年 8 种，1924 年 10 种，1925 年 14 种，1926 年 10 种，1927 年 10 种，1928 年 19 种，1929 年 24 种，1930 年 14 种，1931 年 11 种，1932 年 10 种，1933 年 13 种，[①] 而且成套成系列推出，如"新诗歌系列""文存系列""新式标点本古典小说系列""社会科学新书"等。

1919—1933 年是亚东的鼎盛时期，共出书 164 种，推出了一大批风行一时的有影响力的著作，如《孙文学说》《尝试集》《三叶集》《独秀文存》《胡适文存》《白语书信》《少年漂泊者》《三民主义》等。1923 年成立编辑所，编辑人员有 20 余人；销售代理处遍布内地各省，国内外共有网点 193 个；1919—1930 年，每年营业额在 7 万元左右。

亚东自 1930 年开始走下坡路了。陈独秀于 1932 年 10 月在上海被逮捕入狱，这是他第四次入狱，无力支持亚东了。1933 年之后，胡适再无新书交给亚东。1934 年，亚东的图书有 2 种被严令禁毁、4 种禁止发售、3 种暂禁发售。亚东出版的图书开始趋向革命化，尤其是介绍苏共方面图书的加多、加深，出版了一批"托派"的书，从而埋下了隐患。

亚东在 1941 年至 1949 年的近九年期间，只出版了 3 种新书，靠卖存书度日。1950 年 8 月，亚东加入通俗出版业联合书店。登记入会时，在册人员包括汪孟邹、两个职工加一个伙夫，既没有门市部，更没有分支店，周转资金极其匮乏，书刊出版亦无任何

[①] 根据《亚东图书馆出版物目录》整理，见《回忆亚东图书馆》，学林出版社 1983 年版，第 216—228 页。

计划。

1951年，汪原放编写了《诗经今译》，由亚东出版印了1 500册；不久，亚东出版了高尔基的《我的旅伴》，初印1 500册，不到两天又要货2 000册，加印3 000册又卖完了，再加印5 000册；后来，又忙着排高尔基的《流浪人契尔卡士》。亚东开始出现复苏的苗头，这让同业和汪孟邹很高兴，以为还可以继续开书店做出版。

1952年12月22日，中国"托派"就像郑超麟所说，被"迅雷不及掩耳，一网打尽"。当晚，军管会也到亚东检查。第二天，军管会和汪孟邹、汪原放谈话，双方说得都很有意思。

军管会工作人员说："你们这个店，年份很久了，过去，'五四'时代，你们出的书，都是进步的，很有成就，很有贡献；可是后来，你们走错了路子了！你们要知道，你们出了许多托派的书，这是犯罪的。"[1]

汪孟邹口述汪原放笔录的一份材料说："1936年到1937年间，王凡西和郑超麟都在南京牢里。他们的朋友楼子青后来把他们的稿子送了来，商量印行。一来因为本子很小，二来又不要稿费，所以我竟很盲目、很麻痹地替他们印行了……可是又没销场，所以后来我也无意再印了。"[2]

1953年2月，上海市军管会决定，亚东图书馆停业，所有陈独秀著作及"托派"书籍一概没收、销毁。同年10月，亚东图书馆的创办人汪孟邹病逝于上海。

亚东图书馆成为历史，汪孟邹亦成为过往，但亚东打造的

---

[1] 吉少甫：《亚东图书馆的盛衰》，《出版史料》1993年第2期。
[2] 汪孟邹口述：《亚东图书馆简史》，《出版史料》1988年第3、4期合刊。

"亚东版"和一批有影响力的出版物仍留在中国现代出版史和新文化运动史上。

狭义上说的"亚东版",指的是亚东出版的新式标点古典小说系列,亚东人称之为"亚东本"。王子野说:"我以为在亚东这家小书店的历史中至少有两点是值得我们学习的:第一,对待出版工作严肃认真。这主要表现在出版'亚东版'古典白话小说上。"①

起初,汪原放想出版新式标点符号和分段的四大名著,而汪孟邹是相当犹豫的。他说"仲翁来的时候,我要问问他,究竟做得做不得,不要闹出笑话来。几百页的大书,不是好玩的,凶险哩!卖不掉,老本亏掉,不得了!"② 陈独秀看了样稿,不仅写了《水浒新叙》,还请胡适作序。1920年8月,《水浒》出版了,"洋装两册,售价大洋二元二角;平装四册,大洋一元八角"。胡适要到南京讲学,汪原放带了400册到南京,连夜赶写大海报,第二天上午胡适讲白话文学也讲《水浒》,当天400册就卖完了。汪原放和亚东由此尝到了甜头,一发不可收。

自1920年至1949年,先后印行了18部加有新式标点的中国古代近代小说。计有《水浒》(14版),《儒林外史》(15版),《红楼梦》(16版),《西游记》(8版),《三国演义》(10版),《镜花缘》(7版),《水浒续集》(7版),《三侠五义》(4版),《儿女英雄传》(4版),《老残游记》(10版),《海上花》,《官场现形记》(4版),《宋人话本七种》,《醒世姻缘传》,《曾文正公家书》,《今古奇观》,《十二楼》。亚东版新式标点古典小说拥

---

① 《回忆亚东图书馆》,学林出版社1983年版,第3页。
② 《回忆亚东图书馆》,学林出版社1983年版,第57页。

有一大批读者，一版再版，长销不衰，帮助亚东走出了经营困境，成为亚东一个重要的稳定的盈利来源。

1920年，亚东首先推出《水浒》《儒林外史》，立即引起广泛关注，邵力子、陈望道、日本的青木正儿等都写了书评。张静庐在《在出版界二十年》一书讲了商务印书馆、中华书局之后，还讲到："谨慎独步的亚东图书馆，仍在胡适之先生协助之下，埋头于中国通俗旧小说的考证和整理，造成铅粒的'亚东版'。对这一'亚东版'的谨勤工作，我们不能抹杀汪原放先生的苦干精神！为一部小说的校点费一年半载的时间，和十次八次重复的校对，是常有的事，这是'亚东版'之所以可贵，但也是被标点书商粗制滥造所打败的致命伤。"①

广义上说的亚东版，指的是亚东四十年出版的全部图书。1933年，亚东创办二十周年时在广告单上说："故二十年出版书籍，数量无多，而内容质量，差堪自信，并蒙学术界之相当赞许。"1947年8月10日《大公报》刊文说："亚东版的书籍，校对特别仔细，错字几乎没有，版本形式也特别优美。"亚东版之所以被作者、读者、媒体等称颂，原因在于用心、精心。深谙徽商之道的汪孟邹明白，只有将书做好做美，方能留住学者、作者、读者。亚东的编辑的主要任务不是策划组稿，而是将全部心力放在集稿、编排、核校、二校、终校，直至装订，精益求精。鲁迅在《半农题记〈何典〉后，作》一文赞叹道："我以为许多事做的人必须有这一门特长的，这才做得好。譬如，标点只能让汪原放作，序只能推胡适之，出版只能由亚东图书馆。"②

---

① 张静庐著：《在出版界二十年》，上海书店1984年版，第123页。
② 《语丝》周刊，第八十二期（1926年6月7日）。

台柱子和畅销书

亚东图书馆在激烈的书业竞争中崛起，从一家"很小很穷"的家族经营的书店，发展成为一家有特色、有影响力的出版社，得益于名家的鼎力支持。翻开亚东出版物目录，亚东四十年的出书数量不过300种，而名家作品占三分之一多。掌门人汪孟邹与陈独秀、胡适、章士钊等人有深厚的情谊，凭借陈、胡在学界的威望和人脉，为亚东物色了一大批有名的作者。但真正成为亚东出书台柱子的是胡适、汪原放、陈独秀和高语罕，他们在亚东开创了三种风格的出版走向。

胡适在亚东出版的书有：《短篇小说（第一集）》（1919）、《尝试集》（1920）、《胡适文存初集》（1921）、《先秦名学史》（英文版）（1922）、《胡适文存二集》（1924）、《神会和尚遗集》（1930）、《胡适文存三集》（1930）、《胡适文选》（自选本）（1930）、《短篇小说（第二集）》（1933）、《四十自述》（1933）。这些著作可以说是胡适学术研究的精华。1919—1933年，胡适将主要著作都交给了亚东，这些作品出版后一版再版，销量巨大。

在二三十年代，学界流传着这样一句话："我的朋友胡适之。"一方面显示胡适名望之大，另一方面表明胡适交友之广。胡适充分利用他的人脉资源帮助亚东。据汪孟邹回忆，胡适介绍到亚东的作家和学者很多，其中出书的有吴虞的《吴虞文录》（1921），俞平伯的《冬夜》（1922）、《红楼梦辨》（1923）、《西还》（1924）、《三侠五义》（1925），康白情的《草儿》（1922）、《河上集》（1922），陆志韦的《渡河》（1923），朱自清的《踪迹》（1924），赵诚之译的《普希金小说集》（1924），陶孟和的

《孟和文存》（1925），李秉之译的《俄罗斯名著（短篇选集）》、《俄宫见闻记》（1925）、《俄罗斯名著二集（小说）》（1934），张慰慈的《市政制度》（1925）、《国文故事选读》（1926），孟寿椿编述的《世界科学新谭》（1928），陆侃如编的《屈原》、《宋玉》（1929），顾颉刚的《顾颉刚通俗论著集》（1938）。

汪原放在亚东的角色是多重的：股东、编辑、作者。他是我国第一个对中国古典小说用新式标点并进行分段的先行者，标点或注的作品有：《水浒》（1920）、《儒林外史》（1920）、《红楼梦》（1921）、《西游记》（1921）、《三国演义》（1922）、《镜花缘》（1923）、《水浒续集》（1924）、《儿女英雄传》（1925）、《老残游记》（1925）、《海上花》（1926）、《三民主义》（1928）、《诗经今译（第一册）》（1951）。亚东的后人汪嘉健在《我的祖父与亚东图书馆》一文中说："中国的古典小说《红楼梦》、《三国演义》、《水浒传》、《西游记》等多部名著，首次经汪原放使用新标点符号校读出版，开创了中国古籍书刊使用标点符号的先河，成为新文化的一大亮点。"[①] 汪原放翻译的作品有：《仆人》（1928）、《伊所伯的寓言》（1929）、《一千零一夜》（1930）、《印度七十四故事》（1930）、《六裁判》（1933）、《我的旅伴》（1952）、《流浪人契尔卡士》（1952），还有卖给生活书店总经售的《事业与成功》。

陈独秀在亚东出版的书主要有：《新体英文教科书》（1914）、《独秀文存》（1922）、《字义类例》（1925）、《陈独秀先生抗战文集》（1938）、《实庵自传》（1940）。

经陈独秀介绍或跟随陈独秀在亚东出书的有高语罕、蒋光

---

① 《亚东图书馆历史追踪》，安徽教育出版社2013年3月版，第81页。

慈、钱杏邨、李季等。其中高语罕、蒋光慈在亚东出书超过了陈独秀，成为新的台柱子。

台柱子对一家出版社来说，他们既会写出有影响力的作品，又能创作出引领市场和社会风向的畅销书。畅销书对一家出版社而言，不仅是利润生长点，而且会吸引一批新作者加入，形成一个系列。

翻阅亚东的书单，从重版率和销售数来看，有一批畅销书和常销书。如果从重版率、销售数和影响力等因素综合考量的话，《尝试集》《独秀文存》《白话书信》列为亚东三大畅销书是有充足理由的。

《尝试集》的广告词："放翁说：'尝试成功自古无！'胡适说：'自古成功在尝试！'"1917年2月，《新青年》第二卷第六号刊出胡适之的《白话诗八首》；1920年3月，亚东图书馆出版胡适的白话诗集《尝试集》。《尝试集》有胡适自序，有钱玄同写的长序；书分两集：到北京以前的诗为第一集，以后的诗为第二集；在美国做的文言诗词，删剩若干首，合为《去国集》，印在后面作为"附录"。当年9月，胡适做了小改后印了第二版；1922年10月，胡适对诗集做了较大增删，出了增订四版，共收诗词64首，分三编及附录《去国集》。到1922年底，"《尝试集》印四版，共一万五千部"。共出十四版，直到抗战事起无再版，"到1953年亚东结束为止，《尝试集》总印数为四万七千册"。[①]

《尝试集》作为第一部现代白话诗集，它的出版和再版，其效果就是一本诗集唤起新兴诗歌浪潮，一本书带来了一群书：北社编的《新诗年选（1919）》、康白情的《草儿》、汪静之的

---

① 《回忆亚东图书馆》，学林出版社1983年版，第53页。

《薰的风》、俞平伯的《冬夜》、陆志韦的《渡河》、宗白华的《流存》、朱自清的《踪迹》、王独清的《王独清诗歌代表作》。亚东在新文化领域的新锐作家中声名大噪。

《独秀文存》收录陈独秀1915—1921年发表于《新青年》杂志之作品，分"论文""随感录""通信"三卷，共60万字。陈独秀在"自序"中称："我这几十篇文章，不但不是文学的作品，而且没有什么有系统的论证，不过直述我的种种直觉罢了；但都是我的直觉，把我自己心里要说的话痛痛快快的说将出来，不曾抄袭人家的说话，也没有无病而呻的说话，在这一点，或有出版的价值。在这几十篇文章中，有许多不同的论点，就此可以看出文学是社会变迁底产物，在这一点，也或者有出版的价值。既有出版的价值，便应该出版。"①

《独秀文存》初版印行于1922年，到1927年6年中，共重版八次，印行二万九千部。1933年重印，第一次一千部，第二年又印了两千部，这就是第九版和第十版。累计印行三万两千部。

后来，由陈独秀亲自编定的《独秀文存》二集、瞿秋白亲自编定的《秋白文存》，因"四一二"政变而搁下来未能出版。《独秀文存》《胡适文存》是新文化运动的产物，堪称当时思想界的标杆，带动了其后林林总总"文存"的出版。

《白话书信》这本书写于1920年，是高语罕在芜湖教书时为芜湖商业夜校学生编写的讲义。他在"自序"中说，书中所收的信多为"乌有先生"，说是编，实为创作。当时的广告词："不但教授一般的书信知识，并且启发青年文学的兴趣，引导他们顺应时代的潮流。已有许多学校采用于课本。"

---

① 《独秀文存》，安徽人民出版社1987年版，第1页。

从形式上看，这是一本类似推广白话文和介绍怎样写信的入门书，内容却吻合了当时广大青年读者的阅读心理，侧重人们的思想问题。全书分四大类：家庭书信、社交书信、工商书信、论学书信。"家庭书信"讲妇女平等和婚姻自由；"社交书信"讲劳工痛苦和资本剥削；"论学书信"讲《共产党宣言》和社会主义主张。虽是片言只语，实亦传播了新思想和新文化，适应了当时的社会潮流和读书界的风气，吸引了无数读者。

1921年1月出版，当年发行三版，达9 000册，先后印过二十版。这是亚东图书馆唯一发行量超过10万册的书。

高语罕继《白话书信》之后在亚东出版的作品有：《国文作法》（1922）、《白话书信二集》（1926）、《现代的公民》（1927）、《现代情书（1、2、3）》（1929）、《康德的辨证法》（1929）、《斐斯特"辨证法"》（1929）、《辨证法经典》（1930）、《理论与实践》（1930）、《国文评选第一集》（1931）、《国文评选第二、三集》（1932）、《百花亭畔》（1933）、《青年好书信》（1934）、《申报读者顾问集》（1935）、《作文与人生》（1935）、《烽火归来》（1936）。

家族经营和出版风格

20世纪二三十年代书店、书局创立的初期大都是合伙企业，发展到一定阶段扩资成为股份有限公司，陆费逵、戴克敦、陈协慕、沈颐1912年创办中华书局，1915年扩资成为股份有限公司。没有从合伙企业完成股份制转型的书店、书局，大多是家族企业：亚东图书馆、群益书社、北新书局。

亚东图书馆打的牌子是"图书馆"，却是一家名副其实的书局（出版社+书店），掌门人即创办人汪孟邹。他1878年出生于安徽绩溪，20 岁中秀才，23 岁步其兄长之后插班进入南京江南陆师学堂。汪孟邹的大哥汪希颜在陆师学堂有一班要好的同学如章士钊、赵声等，这些人后来成为亚东的骨干力量。可惜汪希颜英年早逝，临终前，他将汪孟邹托付给挚友"皖城志士陈仲甫"。汪孟邹 25 岁在芜湖创办科学图书社，35 岁在上海创办亚东图书馆。他说："亚东初开时，有的钱是作为股子的，可是后来生意不好，朋友都来拿走了，所以这个店完全是我个人的了，并没有别股。其实，朋友们给我的钱，原来都是带讲人情的，并没有人一定要来搭股，这是很可感的。"

在经营困难时期，1916 年前后，1935 年前后，陈独秀积极为亚东策划招股增资，但最终未能成局。汪孟邹说："亚东自开设以后，也有几次想改公司，连章程也已经印过，可是直到现在成绩毫无，仍旧还是我一人一家的一个独资的企业。"① 汪原放在 1965 年撰写亚东图书馆的回忆时说："亚东图书馆是一个独资经营的店，自始至终，是我的大叔一个负责，发行、出版、印刷等等，都是他一人作主，再老的同事，也只是帮工、助手。"②

亚东出版了那么多里程碑式的图书，却一直没有能够做大做强，曾在亚东任职过的王子野说："亚东是一家很小很穷的独资经营的书店，五十年中先后进用职工不过五十来人。"③ 一路走来，它有过多次危机，也有扩大发展的机会。1913 年至 1919 年，亚东惨淡经营，这在汪孟邹的日记中多有记叙，如"社务乏款，焦急之至"，"芜（湖）款未至，焦灼万分"，"暂借到洋五百元，真正可感"等。20 年代是亚东的黄金期，却没有把握机遇扩大发

---

① 《出版史料》，1988 年第 3、4 期合刊。
② 《亚东图书馆与陈独秀》，学林出版社 2006 年版，第 222 页。
③ 《回忆亚东图书馆》，学林出版社 1983 年版，第 1 页。

展。在资金的使用和调度安排方面，汪孟邹把省下的钱大多用于储蓄，既不用银行的钱又不用钱庄的钱，自己的钱搞长期储蓄，企业就难以扩大再生产。汪孟邹善于交友，常常因为帮助肯做事的人而抽出亚东的钱去"搭股"，或碍于情面做担保，又被套进，明显削弱自身发展的资本力量。30年代开始，中国时局发生大变化，汪孟邹还是固守着小作坊式的小本经营，经不住残酷的同业竞争，很快处于下风。

亚东创办伊始就是家族式的经营模式，汪孟邹依照徽州人"亲帮亲，邻帮邻"的传统做法，在家乡招纳了一批宗族、亲戚、朋友及其子女，父子、兄弟、连襟一起上场，如汪孟邹的侄子汪原放、侄女汪协和、外甥章洛声。汪原放曾做了一份《亚东图书馆同仁名录》记有46人，多来自绩溪汪氏、胡氏、章氏、程氏、周氏这五大姓的人家。这就是亚东的基本团队和人脉，汪孟邹就是说一不二的"大家长"。

亚东为家族式书店，内部的纷争表面看是叔侄之间经营理念不合、意见相左，实际上是两代出版人的经营理念和发展模式的冲突。1910年，13岁的汪原放进入科学图书社当学徒，1913年进入亚东图书馆工作。工作之余，刻苦学习英语、日语、德语、法语。1925年加入中国共产党，任亚东图书馆党支部书记，曾任中共中央出版局局长。他在亚东工作多年，不仅编书，而且写书、译书，对编辑、出版以及经营管理有经验、有想法，与大叔汪孟邹在亚东的经营与发展上存有严重分歧，为此叔侄几次分家：1930年由胡适协调，办了分家的法律手续；1933年又请章士钊做证明律师，办了汪孟邹退出股本亚东让给汪原放兄妹共同接办的法律手续；1936年在章士钊主持下，汪原放立了一个与亚东脱离股份及一切权利义务的字据。叔侄相争不仅影响书店的正常运营，而且导致书店元气大伤，以至汪孟邹经常大为感叹："书店真难做啊！""真正困难呵。"虽然一直做出版，但一直在低层次徘徊，有辉煌但很短暂，只占四分之一时光。

出版家有着出版理想和人文情怀，出什么书、不出什么书有着选择判断的标准，既不是来者不拒，也不是随波逐流，就在这出与不出的取舍中形成独特的风格和特色。汪孟邹从芜湖到上海创办亚东图书馆并不是主动的、积极的，从某种意义上是被陈独秀赶来的，"亚东图书馆"是陈独秀命名的，《亚东图书馆开幕宣言》是陈独秀起草的，"聚海内耆宿、欧学巨子，综辑群艺百家之言，迻译欧美命世之作"的办馆宗旨也是陈独秀喊出来的。[①]

就亚东的发展大局而言，对汪孟邹有决定性影响的人是陈独秀。汪陈二人年龄相仿，在汪氏艰难的创业中二人一起共过事，可谓患难之交；另一方面，汪孟邹对陈独秀的政治观点持支持、同情的态度。从亚东出版总体的政治倾向看，亚东是追随陈独秀的，可以说陈独秀奠定了亚东兴盛衰亡的基调。当初若不是陈独秀竭力相劝，汪孟邹也不会到上海经营出版业，亚东图书馆也就无从谈起；若没有陈独秀在北大任职领导新文化运动，亚东图书馆也许不会迅速从经营文具、出版销路不好的地图，转向出版传播新文化、新思想的图书期刊；若不因为陈独秀的关系，亚东也不会出版"托派"书籍而导致它最终的关闭。

汪孟邹对陈独秀言听计从，对胡适推荐来的书稿更是照单全收。汪原放在总结汪孟邹十条中说："收稿，收与不收，要与不要，都是他'一言而定''一言而决'。他只相信他所相信的几个熟人，只要是他们介绍来的，总是收、买。他只把编辑当校对，

---

① 《亚东图书馆历史追踪》，安徽教育出版社2013年版，第117页。

有时要希吕兄、昌之看看,说的话又没有用。"①

  汪孟邹在出书方面是怕事的,张静庐称它为"谨慎独步的亚东图书馆",《独秀文存》二集、《秋白文集》已送印刷厂,却发生"四一二",他迅速把两部稿子抽了回来,存进银行保险箱而终于搁下,他说:"出事,吃不消呵!"有时又是胆大的。1918年革命党人朱执信计划在商务出版《孙文学说》,张元济出于对该书政治倾向性的顾虑,拒绝出版;朱执信找到亚东,汪孟邹接稿就出版。1935年汪孟邹重执亚东,1936—1937年间,出版了高语罕、王西凡、彭述之、郑超麟译述的托洛茨基和"托派"的作品。汪孟邹总结到:"一般营业当然是资本愈多愈好,规模愈大愈好;可是像亚东图书馆这样小规模也有好处。那些大出版家不免畏首畏尾,我们胆子就比较大些。"② 本是一个谨慎之人,胆大之日也是出事之时。北洋军阀时期,《甲寅》杂志、《独秀文存》、《胡适文存》一度被查禁;国民党时期,有8种书被查禁;中华人民共和国成立后,亚东图书馆被停业。这种情形从深层反映出汪孟邹出版理想不坚定,对作者及书稿不做深入分析,他不解地说:"真古怪!想不通!适之的书,本人的,行;介绍来的,都不很行。高(语罕)的,本人的,也行;介绍来的,也不行。光赤(蒋光慈)的书,本人的,好,行;所有介绍来的,也都不及他自己的。"③ 这番话不像一个有二十多年出版经验的出版人说的,倒像是初入门的书商的感叹。

  当年胡适提倡大家写自传,他不仅将自己的《四十自述》放在亚东出版,而且还劝汪孟邹出自传,亲自为汪孟邹拟订了一个

---

① 汪原放著:《回忆亚东图书馆》,学林出版社1983年版,第149页。
② 《大公报》1947年8月24日。
③ 《亚东图书馆与陈独秀》,学林出版社2006年版,第143页。

自传提纲《五十自忆》，细分为：儿时记忆，家庭，教育，早年师友，科学图书社，亚东图书馆，一些怪物的朋友，回忆与希望，等等。

1947年8月24日，汪孟邹撰文《我与新书业——答萧聪先生》在《大公报》上发表，文末，他说："新书业与中国文化关系密切，我从事此业四十余年，闻见和感想颇多，如今同业老友凋零殆尽，我也老了，很想写出来，借以给后来研究新书业历史的人做材料。但不知能否如愿。"

想写但未动笔。到底是什么原因、什么顾虑让他未动笔？这时候如若动笔，就是《七十自述》，那不仅是一部近代出版史，而且是一部新文化运动发展史。只能叹一声：可惜了！

在亚东工作过三年的胡国芳晚年对来访者说：汪孟邹先生"一生只做了一件事，即开了两爿书店。他二十多岁时妻子就去世了，没有再娶。所有的兴趣都在书业上。""我对孟邹先生的评价，可以用一句话概括，就是：他为新书业奋斗了一生。"[①]

概而言之，汪孟邹是一位有良知的出版人；准确地说，汪孟邹是一位有出版操守、有良知的出版商。

从出版史来看，新文化运动两个重要人物陈独秀、胡适同时倾心于一家小型书局——亚东图书馆，也许只是历史的偶然，是带有某种特殊性的个案。我们同时应看到，文化人的理想追求和出版人的出版努力，使亚东的出版物不仅和新文化相连，而且和马列学说相系。从这个意义上，出版商汪孟邹的敬业、厚道、情怀、认真和精明，成就了亚东图书馆的风格和特色。

[①] 《亚东图书馆历史追踪》，安徽教育出版社2013年版，第192页。

二、读书人李公朴

北京美术馆东街 22 号，三联书店大厅悬挂着九幅画像，第四、五、六幅画像是李公朴、艾思奇、黄洛峰。他们是读书生活出版社的创办人，他们都是读书人。

李公朴（1902—1946），号仆如，原名永祥，江苏武进人。1936 年参与创办读书生活出版社，任社长。著名的爱国主义者和民主战士，后遭特务暗杀。

艾思奇（1910—1966），原名李生萱，云南腾冲人，蒙古族后裔。1934 年任《读书生活》主编。1936 年参与创办读书生活出版社，任编辑部主任，后曾任总编辑。

黄洛峰（1909—1980），云南鹤庆人。1936 年参与创办读书生活出版社，后长期担任总经理。1948 年任生活·读书·新知三联书店管理委员会主席。

从淮安到延安

1902 年 11 月 26 日，李公朴出生于江苏淮安。父母给他起名永祥，字晋祥，希望这第四个儿子永远"隆盛康祥"。永祥后来自己改名公朴，号朴如。

因家境贫寒，李公朴 10 岁才有机会读私塾。3 年后被迫辍学到镇江一家洋货店做学徒，"一学就学了三年半，除最后一年每月有一块钱的收入外，其余的时候，每月只得到所谓'月规钱'两角！他十六岁'满师'，但是他刚刚'满师'就开始'不安分'了！这个时候他就在'五四'运动的怒潮中发起爱国团，参加抵制日货，攻击店主卖日货，结果被开除！我觉得公朴最大的特点是有勇气，不怕难，就在这个时候已可见端倪了。"①

十年求学

1920年，李公朴在三哥李公愚的资助下进入美国人办的教会学校——镇江润州中学。他知道自己的读书机会来之不易，因此学习十分刻苦，成绩总是名列前茅。1923年离开润州中学，考入武昌文华大学附中。他在附中只读了一年半，因校医虐待学生，酿成学潮，开除百余人，他是附中学生代表之一，也被开除，"于是被开除的学徒又做了被开除的学生！他只得转学，最后转到沪江大学的附中，总算毕了业"。

1925年高中毕业后考入教会大学——沪江大学。在沪江大学时，他一边学习，一边兼职，担任学校基督教青年会的干事，在校内外的各种社会政治活动中十分活跃。在1925年5月的"五卅运动"中，他代表沪江大学学生团体参加上海学联，担任工人科长，组织各处工人事务。有一次去散发传单时，差点被警察逮捕。这一时期，正值第一次国共合作时期，风云激荡的时代，使李公朴的思想受到很大触动，他参加了国民党。

1926年的一天，李公朴毅然投笔从戎，离开就读一年的沪江大学，南下广州参加北伐军。"在沪大一年级的时候，他又'不安分'了！他加入国民党，参加革命，从广东随北伐军出发，由福建、浙江而到达上海，做政治工作。"② 转战一年多，1927年3月又回到上海。5月，李公朴出任国民革命军东路前敌总政治部沪宁路属党政特派员，负责苏锡常等地的党政工作，驻地常州。

---

① 《经历》，三联书店1958年版，第119页。
② 《经历》，三联书店1958年版，第120页。

此时正值"四一二"政变,他开始反思和怀疑,对国民党产生不满。他的这些思想倾向被上司发觉,设计以"通共"的罪名加以迫害,幸遇有良知的勤务员,使李公朴躲过一劫。他愤然离开军队。

李公朴从投笔从戎到愤然脱离,这两年是他政治生活的一个重要经历,改变了对国民党的看法,也是人生道路的一个重要转折点。官场失意,情场得意。在一次慰问演出中,李公朴认识了叫张曼筠的女演员。张曼筠出身诗书世家,受过新式教育,毕业于金陵女子大学,她追求进步,积极参加各种进步活动。"张曼筠身上特有的东方女性的古典气质,热情奔放的性格以及她的美丽,深深吸引着李公朴。而张曼筠对李公朴的风貌、言谈,还有那深厚的爱国爱民情怀,也留下了深刻印象。他们相爱了!1928年初,在李公朴赴美求学前,他们在上海基督教暮尔堂举行婚礼,结为伉俪。婚后,李公朴和张曼筠全家搬到南京,住在陶谷街3号。张曼筠贤惠能干,生活上对李公朴关怀备至,事业上更是积极支持。此后的几十年里,他们为了抗日救国和民主革命事业,不论环境多么艰苦险恶,生生死死都在一起。"①

1928年8月,李公朴告别新婚妻子张曼筠,赴美国雷德大学政治系学习。在美国留学的两年多时间里,他一边读书一边打工维持生计,坚持参加学校各种活动,从多方面进行实地考察,极大地开阔了眼界,增长了见识。这时的他,对国内政治、教育、民主等问题开始提出自己的见解。1930年夏,李公朴从雷德大学毕业。他选择了东渡大西洋到欧洲,再东渡印度洋回国的路线,借以赴欧洲各国游历,同时做一些实地社会考察。11月,他回到

---

① 沙文涛:《民主斗士李公朴》,云南人民出版社2015年版,第5页。

了日思夜想的祖国。

两次被捕

回国后的李公朴全身心投入群众文化教育事业中，创办了《申报》流通图书馆、补习学校，创办《读书生活》月刊和读书生活出版社。他把注意力投到了上海广大的学徒、店员、工人、市民和青年学生身上，希望通过提升他们的知识文化水平、工作技能和思想觉悟，提高他们为社会服务的能力，以此来为国家服务，为抗日救亡服务。

面对日本帝国主义的步步进逼，李公朴积极投身于抗日救亡运动中，他是抗日救亡团体——"救国会"的发起人、组织者和重要领导人之一。1935年12月12日，李公朴、沈钧儒、马相伯、章乃器、邹韬奋、陶行知等280多名文化界人士联合发表了《上海文化界救国运动宣言》，号召文化界奋起站在民众面前领导救国运动。1936年5月31日至6月1日，全国20多个省市60多个救亡团体及十九路军代表共70余人齐集上海，成立全国各界救国联合会，简称"救国会"，李公朴当选执行委员、常务委员。从此，在各类活动中，总会见到他忙碌的身影。

1936年11月23日的凌晨两点半，租界巡捕房的侦探和上海市公安局的警察来到愚园路亨昌里24号李公朴的寓所，经过盘问，李公朴被逮捕了。和他同时被捕的，还有"救国会"领导者沈钧儒、章乃器、邹韬奋、王造时、沙千里、史良，史称"七君子事件"。他们被逮捕的罪名是"危害民国"。

1937年7月7日，卢沟桥事变爆发，日本发动了全面侵华战争。事实证明，李公朴等人在华北危机之际奋起抗日，不仅无罪，而且是抗日的急先锋。国民党再也没有任何理由关押他们，

7月31日,"七君子"被释放。

在牢中被关押243天的李公朴,出狱后立即投身到火热的争取民族解放的洪流中。他冒着生命危险,踏上了烽火连天的抗战前线。由于形势的变化,李公朴1938年4月从山西回到武汉。一回到武汉,他立刻投入保卫武汉的战斗中,深入学校、工厂、难民收容所做报告,宣传全民抗战。6月初,汉阳兵工厂请李公朴设法营救被抓走的汉阳兵工厂的工人代表,李公朴立即前往武汉卫戍司令部,要求卫戍司令陈诚放人。一番说理、论辩后,陈诚以"煽动兵工厂罢工,破坏抗战"的罪名,把李公朴扣留了。在多次积极营救下,李公朴于7月6日被释放。

这次被捕,促使李公朴反省:谁相信民众?谁欢迎民众起来抗日?国民党的表现令他相当失望。于是,他把眼光投向了中国共产党,投向了延安,萌生了到延安去的念头。

二访延安

1938年10月,李公朴、张曼筠和姨侄张则孙,从重庆出发经成都到达西安。他们乘坐西安八路军办事处的卡车,经过几天的颠簸,于11月24日,来到仰慕已久的延安。

11月27日,李公朴拜见了毛泽东。第二天晚上,毛泽东到招待所看望李公朴夫妇,在窑洞里,大家围火盆而坐,在座的还有生活书店的职员谷军,他是来投考鲁迅艺术学院的。双方交谈深入,最后,毛泽东恳切地说:"延安是一个抗日的实验区,一切都在试验中进行工作,既无什么神秘的、了不得的好处,也没有像有些人说的那样莫名其妙的坏处。"希望他们在这里多住一住,走一走,看一看。

夜渐渐深了,毛泽东该回去休息了。李公朴拿出一本画册请毛泽东题字。毛泽东高兴地在张曼筠画的《长城》上题上了他1935年10月填的一首词——《清平乐·六盘山》。

毛泽东的到访，更增加了李公朴对延安的好感。他调查了边区的政治，考察了边区民众组织，参观了法庭、监狱，深入合作社和制造厂，他的印象是"边区政府对于生产建设的事，无时无刻不在积极推进中"。

他考察的重点是延安的文化教育，无论是鲁迅艺术学院、抗日军政大学、陕北公学、党校、马列学院，还是边区中小学、民众识字班、冬学、夜校、随营学校，他都一一造访，"不请自来，不辞竟去"。在延安期间，李公朴会见了许多老朋友：艾思奇、柯仲平、高士其、张光年，还结识了许多新朋友：音乐家冼星海、词作家塞克、抗大教务长罗瑞卿。

一个月的延安之行，给李公朴留下了深刻的印象。他将所见所闻写入《革命的摇篮——延安》长文中，他说："作为我来说，与其说它是革命圣地，还不如说它是革命的摇篮。因为许多中华民族的优秀子孙，都在这里得到孕育、成长，然后又到四面八方去发展壮大。它在历史上的巨大影响，是至为深远的。"

1939年4月24日，李公朴结束了在晋西南的战地考察，再到延安。在晋西南考察数月，李公朴感到迫切需要组建一支"抗战建国教学团"。他重返延安，希望中共在建团人员上给以支持，最终从陕北公学、抗大、鲁艺抽调了九名干部，组成"抗战建国教学团"，李公朴任团长。6月中旬，李公朴告别延安，率领"抗战建国教学团"奔赴抗战前线——晋西北。他用诗记录了"抗战建国教学团"的生活和感受：

    人生是战斗

没有战斗，
就没有人生，
风雨过后万里晴空，
一片碧绿的海洋，
处处都是英雄的战场。

读书人的本色是出版

"公朴先生一生从事文化教育出版事业。三十年代他在上海和韬奋等筹办《生活日报》，和艾思奇一起编辑《读书生活》半月刊，后来成立'读书生活出版社'（以后改称读书出版社）。抗日战争爆发后，他在武汉和沈钧儒创办《全民周刊》，不久与韬奋主编的《抗战》合刊，出版《全民抗战》。四十年代初，公朴先生到云南，在昆明创办北门书屋和北门出版社，为西南大后方进步文化事业服务，一直到他为民主献身的那一天，才停止了工作。"[①]

《读书生活》和读书生活出版社

1932年12月1日，《申报》流通图书馆正式开馆，李公朴任馆长，负责全馆事务。他为图书馆拟定的宗旨是："改良业余生活，灌输常识，引导失学之成人与青年对读书发生兴趣，增进其工作之技能与服务之效率。"1933年夏天，在图书馆设立"读书指导部"，在《申报》开辟《读书问答》专栏，聘请各领域专家学者为读书指导部的指导，邀请社会名流为特约专门委员，同时还相继开办《申报》业余补习学校、妇女补习学校，广受市民的欢迎。

[①] 《李公朴纪念文集》，云南人民出版社1983年版，第306页。

李公朴的社会教育运动影响越来越大，引起了国民党的忌恨。《申报》总经理史量才被暗杀后，"读书问答"栏目也停刊了。"李公朴先生有鉴于此，乃召集我们三人商量，为了有计划的从'流通图书馆'撤退，为了在'读书问答'栏取消后我们能够有一个继续发表言论的园地，决定由李公朴先生负责一个出版社，先出版一个半月刊，由李公朴先生主编，我们三人负责编辑。这就是'读书出版社'和《读书生活》半月刊产生的由来。"①

1934年11月，《读书生活》半月刊创刊，创刊词说："《读书生活》提倡读书是读活书，是一面为生活挣扎一面在万分嘈杂中利用一分一分的时间去读书；是把读书融化在生活中。"《读书生活》以"浅近的文字，讲解社会、政治常识，宣传革命思想，逐期连载，适合店员、学徒、工人自学，以后成了群众组织的许多读书班、读书会的读本"。②

《读书生活》从1934年11月创刊到1936年11月第5卷第2期被查禁，共出版了50期。经常为《读书生活》撰稿的有章汉夫、张健甫、吴敏、柳乃夫、钱亦石、沈志远、胡绳、薛暮桥、立波、凌鹤、张庚、高士其。

《读书生活》上所发表的文章，1935年底开始被编成书，于1936年用"读书生活出版社"名义出版。第一本书为艾思奇的《哲学讲话》，发行不久便被查禁。经过一些修改，改名《大众哲学》继续出版，此后几十年中印了三十几版，成为支撑出版社的一本畅销书。艾思奇写的《读书问答》专栏文章，也结集为《知

---

① 《李公朴纪念文集》，云南人民出版社1983年版，第305页。
② 《生活·读书·新知革命出版工作五十年纪念集》，第225页。

识的应用》《哲学与生活》出版。接着出版了柳湜的《如何生活》《社会相》，曹伯韩、廖庶谦的《生活的逻辑》，高士其的《我们的抗敌英雄》，陈楚云的《实践的知识》，以及《社会常识读本》《读书与写作》《生活纪录》等书，极受读者欢迎。

李公朴选、周巍峙编的救亡歌曲集《中国呼声集》，印了两版，被国民党查禁。第三版改名为《民族呼声集》，化名"何立山编、山东歌曲研究会发行"。这本歌曲集先后印了几万本，这在当时已经算多的了。

1936年11月，李公朴等七人被捕入狱，《读书生活》也被查禁，但"'读书出版社'在他的精心策划下，仅仅两年，已经成了一个略具规模的出版机关"。①

四上华北抗日前线

"八一三"淞沪抗战爆发，李公朴和柳湜等人，冒着生命危险，踏上了烽火连天的华北战场，沿着平绥、平汉、津浦三条铁路线，做实地调查。从第一战区走到第二战区，历时一个月；走遍东线各战场，又费时一个月。通过两个月的考察，李公朴对抗战前线的实况有了更深入的了解，坚定了他开展民众教育、实施民众动员的决心，先后撰写了《为全民动员告国人书》《全民抗战的必然过程》《加紧上海战区的民众工作》《战区民众教育计划大纲》等文章，系统阐述了抗战必胜和"民众是抗日胜利之本"的思想。李公朴把这些文章汇编成《民众动员论》（1938），交生活书店出版，受到广泛的欢迎，连续再版。

1938年1月，李公朴应阎锡山之邀请来到临汾。阎锡山接见时闭口不谈让李公朴担任副校长之事，只请他担任民大教授和顾

---

① 《李公朴纪念文集》，云南人民出版社1983年版，第304页。

问。李公朴不计个人名利，积极投入民族革命大学的创办，第一件事就是草拟《民族革命大学创立纲领》，接着就是主讲政治课。他的课，常使听者动容，令人鼓舞。李公朴后来将这些讲演和讲课加工整理，形成有关战时教育的系统见解——《抗战教育的理论与实践》，由读书生活出版社1938年5月出版发行。

1939年1月初，李公朴一行从延安前往山西抗日前线考察，从吉县开始，跋涉于临汾、汾城、襄陵等县。他同这四个县的"山西牺牲救国同盟会"、"山西青年抗战决死队"、游击队以及区村级的抗日救国团体一起生活、战斗、工作，出席军政民运各类演讲会、谈话会、讨论会，应邀做了多场演讲。他根据这次考察的所见所闻，写成了《走上胜利之路的山西》一书，1939年5月由黄河出版社出版。

1939年6月，李公朴率"抗战建国教学团"奔赴晋西北，从兴县到岢岚县，10月28日穿过日军重重封锁线，来到晋察冀根据地的中心——五台县，随后翻过崎岖峻险的山区，走在冰天雪地的路上，考察了十几个县。李公朴根据亲眼所见到的事实和大量一手资料，完成了《华北敌后——晋察冀》一书，1940年9月由山西太行文化出版社出版发行。

北门书店和北门出版社

1942年，生活书店、读书出版社、新知书店已被迫关闭，李公朴在昆明决然地说："这是出版线上的一场生死搏斗，我们要斗下去，就要自己开书店，自己办出版社，出版进步书刊，开辟自己的阵地。"

1942年12月，李公朴全家搬到了北门街，全家住楼上两间，楼下是一间临街的店铺。"我们做了两个竹制的书架，用床板铺了个案子，简单地收拾了一下，就在年底打开了门面，书店开张了。因为位于北门街，故定名为'北门书屋'。"①

  书店的房子是昆明商会会长李琢庵先生的房产，他听说公朴先生要办书店，就从李公朴入住的那一天起不收一文租金。上海图书杂志公司、华侨书店、进修出版社、康宁书店等同行，供给大批的书刊，以后按四六或三七成结算，售不出去可如数退回，这是非常大的支援。更大的支援是远道的学校、企业、事业单位，进步的同志和地下党的同志，舍近求远地来购书。有了这些支援，北门书屋算是站稳了第一步。

  1944 年 8 月，经过李公朴等人的艰辛努力，一个新的进步出版力量在昆明诞生了，它就是北门出版社。此时与读书生活出版社的创办相距八年。北门出版社最先出版的是两本诗集：一本是张光年（笔名光未然）的诗作《雷》。"回忆当时手捧我们出版的第一本书的时候，见到公朴先生，见到作者，他们虽说是老出版家、老作家了，但和我的心情一样，却有着说不出来的兴奋和喜悦。我们总算为人民作了点事情，出了成果。"②

  在李公朴、张光年、楚图南、闻一多、曾昭抡、潘光旦等进步诗人、作家、学者、教授、民主人士的支持下，北门出版社先后出版了《新时代的黎明》《高尔基》《献给乡村的诗》《人民的歌》《阿细的先基》《名曲解说》《五月之歌》《文艺的民主问题》《保卫察里津》。"北门出版社成立两年多，共出版文艺作品、翻译小说、诗集歌曲、文学评论、少数民族地区考察记，以及青少年读物等三十余种，最后出版的一本是《社会大学》。"③

---

① 《李公朴纪念文集》，云南人民出版社 1983 年版，第 307 页。
② 《李公朴纪念文集》，云南人民出版社 1983 年版，第 309—310 页。
③ 《李公朴纪念文集》，云南人民出版社 1983 年版，第 312 页。

张光年在《怀念李公朴同志》(1982 年 8 月 16 日)一文中说:"一九四四年夏天,我愉快地应邀参加了公朴同志创办的北门出版社。除了这个出版社的编辑工作,我还被聘兼任由这个出版社经营的昆明民盟左翼的刊物《民主增刊》的编辑。除我之外,还有一位做出版工作的年轻同志王吟青。在当时的国民党统治区,在人力物力十分单薄的情况下,创办这样一个综合性出版社,出版这样一个政治性战斗性较强的半月刊,是很不容易的。"①

文中的王吟青就是王健,他说:"我们出版的新书,大部分就是在这种情况下争出来的。斗争的实践证明了一条:搞出版就是搞政治,没有政治民主就没有出版自由。公朴先生在从事出版事业的同时,拿出更大的精力从事民主运动,为争取国家政治上的民主,人民言论出版的自由而斗争。"②

"难兄难弟"的又一个

1929 年 8 月,26 岁的李公朴从南京来到上海,和 33 岁的韬奋相见。韬奋邀请即将赴美的李公朴担任《生活》周刊驻美国的特约通讯记者。1928 年秋至 1930 年秋,李公朴为《生活》周刊采写了很多篇通讯、通信,刊用的有二十多篇,涉及美国现状、在美国看中国、面对日本、教育和国民素质、其他文化思考等内容。

"他到美国以后,很热心地替《生活》周刊写通讯。我和他做朋友,就在这个时候开始。我替所主持的刊物选稿向来是很严格的,那时的公朴,思想还不及现在的成熟,写作的能力也还不

---

① 《李公朴纪念文集》,云南人民出版社 1983 年版,第 310 页。
② 《李公朴纪念文集》,云南人民出版社 1983 年版,第 270 页。

及现在的好,他的来稿并不是篇篇都登得出的。但是他却不管这些,刊登,他很兴奋地再写来;你不登,他还是很兴奋地再写来!在这件事里也可以看出他的有勇气,不怕难。"①

李公朴这些发自美国的报道,大大提高了《生活》周刊的知名度,而且密切了李、邹两人的关系,他们从相识到相知,成为志同道合的挚友。1930年11月,李公朴乘船回到上海,韬奋亲到码头迎接。"李公朴君为异常爱护《生活》之一人,二年前他赴美求学,本刊即以驻美特约通讯相托,承他于百忙中为《生活》执笔,异常勤奋。其通讯之见于本刊者夙为读者所传诵,不必记者重为介绍。李君最近由美取道欧洲回国,于十一月三日下午一时乘白山丸日轮抵沪,记者特代表本刊躬赴码头欢迎。"②

李公朴忙着创办流通图书馆、业余补习学校、读书生活出版社,韬奋忙着主编《生活》周刊,创办生活书店,被迫出国考察。然而1936年11月23日,他们又在狱中相遇,"哪里梦想得到我们会住在一个牢狱里"。韬奋对李公朴回国后的所作所为一清二楚:"他回国以来,对于民众教育特别努力。除他所创办的《读书生活》外,尤其有成绩的是他四年来在上海所办的补习学校和流通图书馆。补习学校的数量由一个增加到八个;学生的人数由两三百人增加到四千五六百人。图书馆里的书籍由两千册增加到三万册;登记的读者由两三百人增加到两万人。补习学校的最近的全部经费,每年不及五万元;图书馆的经费最初每年不过五千元,最近每年也不及一万五千元。这些在中国都打破了纪录!在这图书馆里还附设读者指导部,在中国也可算是创举。"③

---

① 《经历》,三联书店1958年版,第120页。
② 《韬奋全集》第3卷,第246页。
③ 《经历》,三联书店1958年版,第121页。

1937年7月31日，在牢狱里度过243天的韬奋和李公朴等人迈出牢狱之门，道别后汇入抗日救国的洪流中。韬奋创办了《抗战》三日刊，李公朴创办了《全面》周刊。一年后，1938年7月，两股力量积聚在一起，合成《全面抗战》。

　　1941年"皖南事变"后，韬奋自重庆飞至香港，李公朴自重庆奔赴昆明，从此天各一方。

　　1945年李公朴在韬奋去世一周年写的纪念文章中说："我和韬奋最初的相识是在民国十四年，最后一次见面是在民国三十年，我们之间的友谊共有十六七年之久；在我个人所了解的韬奋，他不仅对于争取言论自由，抱着非常坚决不屈不挠的态度，而他的生活本身就带着很强的战斗性。他的个性，最大的特点是疾恶如仇。"

　　"他的才华、精力和热情，非常的充沛，可惜他生在我们这个不民主而落后的中国。假如他若生在民主的国家，他不仅是一个进步的文化战士，他还可以成为一个伟大的文化事业家和伟大的民主政治家，虽然他在中国已经尽了他极伟大的力量，创造了辉煌的战绩，可是他对于事业的远见和坚决刻苦经营事业的精神是令人叹服的。可惜在他所怀抱的伟大事业的远景，还不能自由伸展的时候，就永远地离开我们去了，这真是令我们无限地悲痛和感慨。"[1]

　　1946年李公朴在创办北门出版社时还念念不忘远去的韬奋。"公朴先生非常敬佩邹韬奋先生对文化出版事业的忠心和管理事业的才干，他介绍我们阅读韬奋先生著的《事业管理与职业修养》一书，把它看成是出版工作者必读的教科书。"[2]

---

[1] 《邹韬奋研究》（第三辑），学林出版社2008年版，第593—594页。
[2] 《李公朴纪念文集》，云南人民出版社1983年版，第315页。

三、 革命家徐雪寒

北京美术馆东街 22 号，三联书店办公楼一楼大厅内，悬挂有九位创始人的大幅照片。第七、八、九位是钱俊瑞、徐雪寒、华应申，他们是新知书店的创办人，他们都是新知人。

钱俊瑞（1908—1985），江苏无锡人。1934 年参与创办《中国农村》杂志。1935 年参与创办新知书店，任理事会理事长。

徐雪寒（1911—2005），原名徐汉臣，浙江慈溪人。1935 年参与创办新知书店，任经理。曾任新知书店桂林总管理处负责人。创建新知书店，任副经理。抗日战争期间在汉口、桂林等地负责新知书店总店业务。

华应申（1911—1981），江苏无锡人。1935 年在上海参与创建新知书店，任副经理。抗日战争期间在汉口、桂林等地负责新知书店总店业务。

九人中，徐雪寒显得最为年轻，着西装，系领带，头发向后梳着，很有风度。九人中，唯有他和韬奋戴眼镜，精明中透着几分文气。

"徐雪寒自己就是人生"

徐雪寒 1911 年出生于浙江慈溪，父亲是留日归国的西医。然而，徐雪寒未满 5 岁，父亲便受时疫感染病故。好在继母沈氏心善，一直供他上学。

在陆军监狱坐牢六年

徐雪寒就读的上海大学附中，是大革命堡垒之一。他于 1925

年冬在校内加入共青团；1926 年 8 月间调中共杭州地委，经地委书记贺威圣介绍，转为中共党员。因显露组织天赋，破格出任中共杭州地委组织部部长，年仅 15 岁。1927 年"四一二"反革命政变后，调任中共绍兴县委书记，整顿党的组织。1928 年春，奉省委书记夏曦之命再赴绍兴整顿组织，召集此前组织遭破坏后失散的党员。3 月初，中共宁波地委遭到破坏，省委考虑迁往上海，在上海召开代表会议。徐雪寒在赴会途中被叛徒出卖，在宁波轮船码头被捕，辗转关押在杭州陆军监狱。

由于他不肯屈服，"喉咙太响"，被戴上手铐脚镣，遭受刑罚。他曾硬着心肠对前来探监的继母说："你就准备买口棺材，来收儿子的尸体吧。"然而，旺盛的生命力却使他活了下来。

他在"监狱大学"期间，跟薛暮桥、骆耕漠等关在一个"笼子"里。他们就组成世界语学习小组，学习蔡和森的《社会进化史》、卢森堡的《新经济学》等。他还通过家里搞来了一本石印的《史记》，由于没有办法圈点，"就用洗马桶的扫帚条在印泥上一印，然后在书上一点"。经难友中的教师和留学生辅导，他潜心研读亲友送入的中外名著，学会了日语和世界语，被难友称为"翻译家"。

1933 年 5 月，徐雪寒被保释出狱。坐牢的经历，使徐雪寒长期谋求不到正常职业；中共组织转移，也使他与地下党接不上关系。他只得在慈溪过着清贫的蜗居生活，埋头翻译日本左翼名著《社会科学小词典》（神田丰穗著）、《德国社会经济史》（加田哲二著），以图自谋生计。这两本译著由中华书局、商务印书馆出版后，徐雪寒一跃而成有影响的翻译家。但是，他却志不在此，一再托人寻找组织。

专门研究中国经济

待到 1934 年春，徐雪寒到上海寻找组织。经先他出狱的薛暮桥介绍，参加了著名学者陈翰笙领导的中国农村经济研究会。参加研究会的还有骆耕漠、钱俊瑞、姜君辰、张锡昌等人。他们编辑出版《中国经济情报》周刊和《中国农村》月刊，撰写文章，辩论中国社会性质，讨论经济问题，针砭时弊。

根据骆耕漠的回忆，钱俊瑞每天从塔斯社办公室回来，都要带一大捆全国的报纸交给徐雪寒。徐雪寒每天抽空翻阅一二十份报纸，用红笔将有用的内容圈出来，把资料分类并记下号码，然后交由熟人贴在白纸上。积累的资料越多，对写经济文章就越有帮助。

徐雪寒 1936 年出版《中国工业问题》，大声呼吁，面对"九一八"后的内忧外患，"一切民族资本家应当起来抗争，一切同胞应该为收复及保障工业资源，为保护民族工业而战"。"民族工业……愈发展，民族的生产力便愈有畅通发展的前途"；"生产力的丧失，对于国力的损失是难于计算的"。

投身救国会

1935 年冬，"一二九"运动在北平风起云涌，上海的爱国知识分子率先响应。沈钧儒、宋庆龄、马相伯等民主救亡领袖，在钱俊瑞、徐雪寒、顾准等中共党员协助下，创建了声势浩大的救国会。

徐雪寒被推举为全国救国会副总干事。经他与同事奔波，"全救会"如同滚雪球一般，在南京、北平、广州等地建立了分会。1936 年 12 月，西安分会发动学生赴临潼请愿，触发了"西安事变"。

邹韬奋因徐雪寒创建新知书店，显露很强的出版经营能力，便又举荐他兼任全救会机关报《救亡情报》社经理，并与主编刘群共管编辑部。这份没有准印证的报纸，发行量达 1 万份。鲁迅、何香凝、冯玉祥等，都是它的作者或受访者。各国外交官，都把它当作观察中国进步运动的窗口。96 岁的马相伯，盛赞二十余岁的刘群、徐雪寒代表了中国的希望。

章乃器、沈钧儒、邹韬奋、陶行知"四贤人"，在中共代表潘汉年推动下，于 1936 年 7 月 15 日联署发表《团结御侮的几个基本条件与最低要求》，以民族大义呼吁国共合作，"各党各派，尽可以有不同的主张，……互相宽容，是联合战线的第一要义"。此文经徐雪寒、刘群努力，在国内广泛传播。

毛泽东于 1936 年 8 月 10 日、9 月 18 日，两次致函"四贤人"，诚恳表示："同意你们的宣言纲领和要求"，"愿意在全国联合救国会的纲领上加入签名"。他并特别强调："民主共和国的口号"，是"实行真正抗日救国的最好方策"。

毛泽东的复函，指出了中国的光明方向。许多知识青年获知后，积极投身抗日运动，有些人还加入了共产党。

蒋介石却于 1936 年 11 月以"勾结赤匪""危害民国"等罪名，悍然拘捕"七君子"沈钧儒、章乃器、邹韬奋、李公朴、王造时、史良、沙千里，并将他们关押至抗战爆发后。

为了让"七君子"在狱中继续发挥领导作用，徐雪寒不顾自身安危，以沈钧儒"外甥"名义，亲往苏州探监。此后，他又协助宋庆龄发起"同罪投案入狱"运动，使蒋介石不敢对"七君子"下毒手。

与此同时，徐雪寒和同事大力加强组织工作，使全救会成员在逆境中激增，到西安事变后竟达数十万人！

出版就是革命事业

1935年夏天，党组织委托徐雪寒和华应申筹办新知书店。徐雪寒回忆道："我们这一群人，都是两手空空，勉勉强强靠卖文为生的人。为了有一个自己可以绝对控制的出版机构，我们决定办一个革命书店。"

创办书店第一个难题是如何筹措资金。当时作为发起人的钱俊瑞、姜君辰、薛暮桥、孙晓村、张锡昌、骆耕漠、朱楚辛、石西民、孙冶方、罗琼、马宾、孙克定、华应申、徐雪寒等，其中少数人有固定职业收入，多数人靠稿费维持生活。大家只能10元、20元地凑集，有的人就干脆以文章抵充"股本"；还在进步的文化人士和职业界募股，10元一股，半股也收。就这样才凑到五六百元。这时有两笔巨款帮了大忙：一是邹韬奋慨然允诺生活书店投入1 000元，二是中国农村经济研究会李如柏卖去部分家产投入500元。到1937年8月份，书店资金总共有了2 000多元。靠一点点的筹募资金，凑起六七百元之后挂出了牌子。徐雪寒和华应申知道此举不但政治风险很大，经济上也要冒收不回书款、吃倒账的风险，于是决定，一方面力争公开合法，一方面尽量节省日常开支。在十里洋场的上海，书店全体工作人员过着极为清苦的生活。1940年周恩来还赞许地说过，比根据地的供给制还要艰苦。

创办书店的第一个难题是采用什么样的企业组织形式。徐雪寒拜访了邹韬奋。韬奋详细介绍了生活书店的经营模式，扩展了徐雪寒的办店思路。1935年秋，当募集的股本达500元左右时，新知书店采用合作社组织形式，召开了社员大会，公推钱俊瑞、张仲实、薛暮桥、孙晓村、张锡昌、徐雪寒为理事会理事，并选举钱俊瑞为理事长,徐雪寒与华应申负责业务工作,姜君辰主持编辑工作。钱俊瑞(1935)、张仲实(1925)、薛暮桥(1927)已是中共党员,1936年,徐雪寒、姜君辰、华应申先后解决党的组织关系问题。这样,新知书店从创办起,就完全在党的领导下进行出版工作。

新知书店1935年10月开始出书,出版的第一本书是钱俊瑞、章乃器、朱楚辛等集体著作的《中国货币制度往那里去》;第二、三本书是钱亦石、姜君辰等集体著作的《意阿战争与第二次世界大战》,孙冶方译述的《帝国主义铁蹄下的阿比西尼亚》;第四本是《中国农村》月刊同中国托派大论战一年的结集——《中国农村社会性质论战》。

新知书店从1935年秋到1937年8月,两年间一共出版了二十多种全是社会科学的书。"新知书店的方针,是出版严肃的社会科学书籍,探讨中国经济问题。"[①] 它的一个鲜明的特色就是系统地出版有关马列主义的政治经济学理论和现实经济问题的书籍。其中代表性的著述有:《通俗经济学》(狄超白著)、《大众政治经济学》(吴大琨译)、《帝国主义论》(增订本)(吴清友译)、《农村经济底基本知识》、《中国农村经济常识》(薛暮桥著)、《中国经济问题讲话》(钱俊瑞、姜君辰、徐雪寒合著)、《妇女问题讲话》(杜君慧著)、《从一个人看一个新世界》(《斯大林传》)(徐懋庸译)。这些书深受读者欢迎,一版再版。

1937年"八一三"抗战爆发后,新知书店经过千辛万苦,将一批书运到广州,王益就留在广州设立分店,这是新知书店第一

---

① 《徐雪寒文集》(增订版),三联书店2006年版,第474页。

个有门市的分店；一批书运到武汉，年底在武汉恢复出版发行业务。

1938年，徐雪寒从华北前线绕道返抵武汉，组织上即决定徐雪寒重回新知书店工作。这时，沈静芷、岳中俊、张朝同、曾霞初、陈敏之、周德炎、储继陆续进店，加上之前进店的王益、朱希、徐律、吴渊等，已有十多人了。这时，湖北省委创办的扬子江出版社，长江局筹办的中国出版社同新知书店合并一起。长江局派凯丰领导新知书店和中国出版社的工作。凡用中国出版社名义出版的书籍，书稿一律送凯丰审查决定；凡中国出版社出版的书籍的编辑费和稿费，一律转为新知书店的股金。在汉口时期，中国出版社出版了《共产主义运动中的"左"派幼稚病》《论反对派》《国家与革命》《列宁主义问题》《吴玉章抗战言论选集》等书。

在武汉短短的八九个月，是新知书店大发展时期。用新知书店名义出版的书刊有：《辩证法唯物论入门》《历史哲学教程》《列宁的故事》《社会科学基础教程》《中国现代革命运动史》，还有薛暮桥主编的《中国农村战时特刊》。由于营业发达，书店就有了新增的资金，在丽水、金华、襄阳等地开设分店。"总计在武汉六、七个月，我们出版了新书几十种，开设了包括香港办事处在内的十几个分店。"[①]

1938年8月，军事形势恶化，当时党中央代表团和《新华日报》、生活书店总店、读书出版社总店决定迁往重庆。徐雪寒、华应申商量请示后，新知书店总店迁往桂林，由华应申主持；徐雪寒往来重庆、桂林间，长住重庆，办理中国出版社的出版事

---

① 《徐雪寒文集》（增订版），三联书店2006年版，第474页。

宜。在重庆，以出版中国出版社的书为主，1938年10月到1941年1月，出版了《什么是列宁主义》《什么是马克思主义》《斯大林言论选集》《马克思论中国》《毛泽东救国言论选集》《共产国际纲领》《共产党宣言》《中国共产党党章》《支部工作纲要》等等。

1941年12月，徐雪寒、华应申受组织安排调离新知书店。

1982年10月，徐雪寒撰写《新知书店的战斗历程》，文章结束时有两段话，说得很直白：

"新知书店从1935年8月开创，到1948年10月结束转为'三联书店'为止，这十三年的历史，自始至终，是在党直接领导下进行工作的。出资者从发起创办的那一天起，就自觉地把微薄的资金，作为对党的出版事业的捐献，从来没有分取书店一分钱的利润，新知书店（包括中国出版社）实质上是在私人事业的合法外衣的掩护下，在国民党和敌伪统治区进行战斗的党的公营出版事业。"

"新知书店在十三年中，大致出版了书籍二百几十种，刊物近十种。如果用全国解放后革命出版事业的成就来衡量，当然，在数量上是不够多的，有些书籍的质量现在看来还不够高。但历史地看，这些出版物无疑是革命的，是宣传了马克思主义的，完成了党所交给的任务。"[1]

韬奋的嘱托

韬奋与徐雪寒的交往非常特殊。韬奋是生活书店的创办人之一，徐雪寒是新知书店的创办者之一。正是在创办新知书店时，

---

[1] 《徐雪寒文集》（增订版），三联书店2006年版，第543—544页。

徐雪寒与韬奋有了第一次相见。

"韬奋先生,我是比较熟悉的。我第一次见到韬奋先生,是一九三五年九月,他刚从美国和苏联考察回来。他所办的为广大进步青年所热爱的《生活》周刊,我也是一个热心的读者。那里党要在上海创办一个出版机关,我去找韬奋先生帮助。他不但热情地接待了我,而且竭力支持我们的工作。"[1] "竭力支持我们的工作"指的是,韬奋不仅介绍了生活书店的经营活动和书店性质,而且慨然允诺以生活书店名义投入新知书店1 000元。"徐雪寒闻之喜不自胜,连连表示感谢。此行也开启了他们以后多年非常特殊的情感与交往。"[2]

再一次有意义的相见是1937年五六月间。"全国救国联合会总干事会推荐我去苏州高等法院看守所探望衡老等七君子。我的母亲陪同我前去,由于我母亲也姓沈,所以我就冒充是衡老的外甥。我见到衡老及韬奋、乃器等先生后,向他们汇报了全国各界救国会的工作,和张、杨'双十二'事变后国内救国形势的发展和延安方面的消息等等。"[3]

1944年3月的一天,陈毅突然约见徐雪寒,神情凝重地说:"韬奋同志在上海病势危殆,华中局根据城工部的报告,决定再度派你去上海探望病情表示慰问,并送去一笔医疗费用,希望摒挡一切,尽速成行。"徐雪寒二话未说来到上海。半年不见,再见时,韬奋迫不及待地说:"雪寒先生,我看来不行了,日本帝国主义还没有赶出去,我却再也不能拿起笔保卫祖国、保卫人民了!我的心意,我的希望,寄托在延安,寄托在党中

---

[1] 《忆韬奋》,三联书店2015年版,第385页。
[2] 《邹韬奋研究》(第五辑),上海三联书店2017年版,第141页。
[3] 《徐雪寒文集》(增订版),三联书店2006年版,第500页。

央,我要求入党,请你代我起草一份遗嘱,也就是一份申请书,请求党在我死了之后,审查我的一生行为,如果还够得上共产党党员这样光荣的称号,请求追认我为伟大的中国共产党的党员。"

徐雪寒第二天将写成的几百字的申请书,给韬奋念了一遍,"他点点头,说声'谢谢',就放在枕头旁边。"①

40年后,徐雪寒缅怀往事,高度评价:"韬奋同志不仅是一位杰出的从爱国主义走向共产主义的政论家、新闻工作者,而且是一位现代中国史中最伟大的出版家。他的热情奔腾迸发出生命火花的如椽巨笔,和他领导创办遍及后方前线、国内国外的生活书店出版事业相结合,才使他在30年代、40年代前后10余年间,成为全国爱国青年的精神导师,形成鼓舞全国人民团结抗战的宣传堡垒,在抗战前后时期,影响了整整一代青年的成长发展。"②

一年后,1986年1月1日,生活·读书·新知三联书店恢复建制,成为独立出版机构。

四、总经理徐伯昕

1940年3月20日,生活书店在渝以无记名投票方式选举第六届领导机构,对其中一位候选人是这样介绍的:"徐先生是本店事业的舵手,十余年来引导全体同人渡过了不知多少惊风巨

---

① 《徐雪寒文集》(增订版),三联书店2006年版,第510—511页。
② 《出版史料》第4辑,1984年12月。

浪，才把本店的事业缔造成目前的规模。我们的事业之船在商业竞争的海洋中行进，每个同人都热烈拥戴这位熟练无比的舵手，是毫无疑义的。"这位"徐先生"就是徐伯昕，他以127票最高票数当选为生活书店总经理。

三年：中华职业学校

1920年7月，徐伯昕经冠英小学校长张沂推荐介绍，考入中华职业学校珐琅科。16岁的徐伯昕从武进来到上海，进入职业教育的实验场——中华职业学校。它成立于1918年9月，先后设有铁工、木工、纽扣、珐琅、商业、机械、石油等专业，教学多采取半工半读、工读结合学制。

在中华职业学校三年，徐伯昕喜爱画画，机械制图课及美术课成绩尤佳。学习期间，武进县职校因经费不足，无力办珐琅工场，解约并停止供给上学费用。为继续学习，他课余兼任职教社办的中华珐琅厂美术设计，厂方除供膳宿外还给一些零用。徐伯昕就用这种勤工俭学的方式度过最后一个学年。

三年，徐伯昕学到的不仅是工具技术，还有视野和思想，更重要的是将"敬业乐群"的校训转为一种理念。1920—1923年，16岁到19岁，从武进到上海，再到留校，他和中华职业学校、中华职业教育社有着不解之缘。许觉民在《出版家徐伯昕同志传略》中说："20年代时军阀混战，连年灾荒，民生凋敝，伯昕的家庭景况已不允许他再读中学，这就迫使他考入了半工半读的上海中华职业学校，他进习的是珐琅科。在学校作化学实验，工场做实习，学习制图和美术，初步学到了一些技术，生活可以自立了，到1922年毕业，先生在职校图书馆工作，后转入中华职业教育社作练习生，这样他就成为黄炎培先生主持的职教社中一个年轻的成员。"①

九年：《生活》周刊

1925年10月11日，《生活》周刊创刊。其宗旨是宣传职业教育、进行职业指导，发表职教社的简要言论。四开一张，售价三个铜板，主要赠送职教社社员。《生活》周刊社社长由杨卫玉兼任，王志莘任主编。"年轻的徐伯昕兼职负责出版、发行和广告工作，职教社的工作也仍做着。"② "伯昕那时参加了周刊的工作，他担任发行，几年之后，他为周刊征登广告，他所学到的绘画制图技术开始发挥了很大作用。他十分喜爱这个工作，他开始省悟到在这里有他宽广的用武之地。"③

1926年10月，32岁的韬奋和22岁的徐伯昕相聚于《生活》周刊，韬奋接办《生活》周刊，徐伯昕仍承担印刷、发行、广告、总务等事宜，孙梦旦兼职会计。编辑部设在今天的复兴中路442号一个过街小楼上，后人称他们是从"过街楼上走出的出版家"。也就从这过街小楼，韬奋和徐伯昕相伴相行十八年的风雨历程。

韬奋1937年在狱中回首接办《生活》周刊时说："《生活》周刊在这阶段的内容，现在看来显然有着很多的缺点，不过我所指出的是当时的这种工作已引起我的兴会淋漓的精神，使我自动地用着全副的精神中，不知疲乏地干着。同时还有一位好友徐伯昕先生，也开始了他对于本刊事业的兴趣。我接办本刊后，徐先生就用全力帮助我主持本刊营业的事务，他和我一样地用着全副的精神努力于本刊的事业。孙梦旦先生最初用一部分的时间加入

---

① 《新文化出版家徐伯昕》，中国文史出版社1994年版，第8页。
② 《中国出版家徐伯昕》，人民出版社2018年版，第17页。
③ 《新文化出版家徐伯昕》，中国文史出版社1994年版，第9页。

努力，后来渐渐地也用着他全部的时间。最初经常替《生活》周刊努力的职员就只有这三个人。"①

年轻的"好友徐伯昕"刻苦、好学，还有小特长，他们三人是一个小团队，各有分工侧重："徐先生是偏重于营业和广告的事情，虽则他在总务方面也很重要，在编辑方面他常用'吟秋'的笔名作些漫画凑凑热闹，因为他不但在营业和广告方面富有创造的天才，而且也对于美术具有深切的兴趣。"②

1929年12月1日，《生活》周刊从第5卷第1期起，改为十六开16页本子式，刊物销数达8万份。韬奋1940年在《生活史话》里写道："在上海办报，一般的来说，在报纸本身是要赔钱的，全靠广告来弥补。我们的这个小小周刊幸亏非常节省，勉强支持，但是要发展非另有筹款办法不可，职教社筹措教育经费已经感到焦头烂额，绝对没有余力顾到，唯一办法只有'自力更生'……我和伯昕先生商量又商量，一方面充实内容，推广销路，一方面努力拉广告。"③

韬奋自己曾外出拉广告，深知拉广告的艰辛，韬奋深有感触地说："他当时替薄薄的一本《生活》周刊所拉的广告，每期所登在五六十家以上，而且像煞有介事，限制非常的严，略有迹近妨碍道德的广告不登，略有迹近招摇的广告不登，花柳病药的广告不登，这样不登，那样不登，但是一方面由于销数的增加，一方面由于伯昕先生的手段高明，广告仍然大大地发达起来，引起上海整个广告界的震惊。"④

---

① 《经历》，三联书店1958年版，第72页。
② 《经历》，三联书店1958年版，第73页。
③ 《事业管理与职业修养》，学林出版社2004年版，第128页。
④ 《事业管理与职业修养》，学林出版社2004年版，第132页。

1930年，职教社任命韬奋为《生活》周刊社社长兼主编，继续主持社务工作，周刊社迁到今雁荡路80号中华职业教育社新址办公。1931年，韬奋称徐伯昕为"营业部主任"。1933年7月8日，生活书店举行第一次社员大会，徐伯昕当选理事；第一次理事会选举邹韬奋为经理，徐伯昕为副经理。①

从中华职业教育社练习生到生活出版合作社理事、副经理，生活书店的法人代表、生活版书刊的发行人，经历十年，实现大跨越。

1933年8月，韬奋被迫出国考察，委托胡愈之、艾寒松负责编务，徐伯昕负责店务。1933年12月16日，《生活》周刊发满第8卷第50期，这也是最后一期。因上一期在"小言论"专栏上发表胡愈之执笔的《让民众起来吧》一文，国民党上海市党部以"言论反动，思想过激，毁谤党国"的罪名，严令查禁。在最后一期尾声中，徐伯昕刊发了《生活周刊社启事》，说明迫于压力，本刊无法出版，结束办法将另行通告，用户的订购款项一律整理发还，并附上了联系的邮政地址。

从1925年10月创刊到1933年12月停刊，这九个年头，徐伯昕目睹了《生活》周刊的成长，他亦将希望、努力、血汗浇注在《生活》周刊。

十二年：生活书店

1932年对韬奋、徐伯昕、胡愈之来说，是一个很重要的年份，他们作为生活书店的创办人，不仅在生活书店发展史上留下了足迹，而且在中国现代出版史上留下光辉。

---

① 《生活书店会议记录（1933—1937）》，中华书局2018年版，第7—13页。

徐伯昕摹仿黄炎培书写的"生活"字体，续写"书店"两字，作为生活书店店招。续书与黄炎培的书法风格一致，体现了他的书法功力。

从周刊到书店，本版书的自编、自印、自己出版发行由此开端，将前几年出版的《读者信箱集》《读者信箱外集》改用《最难解决的一个问题》《悬想》《该走哪条路》《迟疑不决》《迷途的羔羊》等书名再版，受到读者注目，发行量猛增。生活书店有了自己的第一批图书。

《生活》周刊被关停了，《新生》周刊创刊，发行达 10 万份；《文学》《译文》《世界知识》《太白》相继创刊。徐伯昕先后制订《特约银行免费经汇购书汇款办法》《通讯邮购简章》《通讯购书办法》等条例，书店的各种期刊订户和邮购户已近 10 万户。

这期间，徐伯昕推出了生活书店最具分量的丛书——《世界文库》，这也是他一生出版工作的代表作之一。1935 年 5 月，由郑振铎主编的《世界文库》由生活书店出版，徐伯昕担任文库的发行人，担负了排印和装帧设计工作。徐伯昕非常珍爱这套丛书，家中一直收藏着一套，从售书印章看，是分别从生活书店和美华书店在打折时购买的。[①]

1935 年 6 月初，徐伯昕因劳累过度、压力过大，患肺病咯血，在江湾医院治疗。韬奋回国后，"强制"他去浙江莫干山休养。就在莫干山，他部署《大众生活》周刊的宣传和发行，并手书"大众生活"四个字为刊头。

韬奋目睹生活书店的发展和徐伯昕的辛劳，总结说："本店

[①] 《中国出版家徐伯昕》，人民出版社 2018 年版，第 125 页。

在我出国后，由于诸位同事的努力，在我出国后的第二年间，不但不衰落，而且有着长足的发展。伯昕先生的辛勤支撑，劳怨不辞，诸同事的同心协力，积极工作，愈之先生的热心赞助，策划周详，以及云程仲实诸先生的加入共同努力，为本店发展史上造成最灿烂的一页。"①

1936年2月，徐伯昕病体初愈，经杭州回上海，继续负责书店的经营。这一时期，他主持编印并参与设计的《生活日记》《文艺日记》出版。日记印刷精致，并把预约的读者亲笔签名制成锌版，用金粉印在封面上，受到读者喜爱，并为收藏者珍藏。他所策划的又一创举——生活书店版的《全国总书目》也出版了。

1937年10月，战争局势日益恶化，根据韬奋"到内地去"设店的决策，生活书店总店迁往武汉。就在此时，"利用上海出版业停顿、纸张跌价的机会，作成一笔纸张生意，赚了三千块钱，又赊购了一批《申报》馆编印的'中国地图集'，运往内地出售，从而解决了书店内迁，及在后方开设分店的资金问题"。②

他极有远见地创设远东图书杂志公司，"作为生活书店在上海的隐蔽据点"，要求留沪的职员重视环境变化，留守为主，能应付，照常印书；资金紧可找新华银行总行行长王志莘贷款；要保持与在沪作家的联系，并保存好书店的资产等。

1938年春，生活书店总店迁抵武汉。生活书店总店改为总管理处，徐伯昕主持经营业务及分支店的管理。1939年2月，生活出版合作社在重庆召开社员大会，韬奋被推选为总经理，徐伯昕

---

① 《事业管理与职业修养》，学林出版社2004年版，第142页。
② 《新文化出版家徐伯昕》，中国文史出版社1994年版，第458页。

为理事会主席兼经理。4月,专门成立读者顾问部,同时发行《生活推荐书》,在《店务通讯》第四十七号发文《为什么成立读者顾问部》。韬奋说,这"在中国可以说是创举"。"本年,在韬奋、伯昕及全体同人努力下,新开辟屯溪……等分支店,生活书店在全国的分支店达56个,工作人员达四、五百人。"①

1940年3月在重庆召开社员大会,选举第六届领导机构,徐伯昕以127张最高票数当选总经理。3个月后,书店遭当局的进一步疯狂迫害。"在全国56个分支店中被封闭达44个,40多名员工被逮捕或强迫押送出境,大批出版物遭到没收,公私财产遭侵吞。书店只剩下重庆、成都、昆明、贵阳、桂林、曲江等6个分店(另5个分店因战局关系而收歇)。生活书店进入更为艰难的时期。"② 1941年2月,成都、桂林、贵阳、昆明、曲江5个分店先后被国民党当局查封或限期停业,只剩下重庆分店。

1941年2月25日,韬奋愤而辞去参政员之职,出走香港。徐伯昕根据党中央指示,把《理论与现实》杂志改组为学术出版社;投资3万元与职教社合作设立国讯书店;与潘序伦合作创办立信会计图书用品社;与冯玉祥合资办三户图书社、三户印刷厂,利用三户图书社发行生活书店出版物;创办学艺出版社;经营建华文具公司、西南印刷厂、建华印刷厂等。"这些出版、工商企业的创建,从洽谈到人事、资金、物资的安排,都由伯昕亲自筹划经办。"③ 4月中旬,徐伯昕结束重庆总管理处工作,经桂林赴港。

1943年8月,徐伯昕接上海来电,韬奋病危,急赴上海,向

---

① 《新文化出版家徐伯昕》,中国文史出版社1994年版,第466页。
② 《新文化出版家徐伯昕》,中国文史出版社1994年版,第466页。
③ 《新文化出版家徐伯昕》,中国文史出版社1994年版,第470页。

韬奋汇报周恩来对书店工作的指示及书店在内地的工作情况,并谈了自己到解放区的愿望。徐伯昕在沪期间化名赵锡庆、徐味冰,蛰居于徐家汇郊区。

1944年6月2日,韬奋叫来徐伯昕,做了身后嘱托,交代身后将其多年来所写的文字整理出版,并希望组织能追认入党。徐伯昕在1982年4月《战斗到最后一息》一文中说:"他在一次昏厥后口述遗言说:'倘能重获健康,决定先完成《患难余生记》,再写《苏北观感录》和《各国民主政治史》,先去陕甘宁边区和晋察冀边区等抗日民主根据地,视察民主政治情况,从事著作,决不做官。如时局好转,首先恢复书店,继办图书馆和日报,愿始终为进步文化事业努力,再与诸同志继续奋斗二三十年!'"①

1944年7月底,徐伯昕携韬奋遗嘱赴苏北,向新四军军部和华中局报告韬奋逝世情况,并请将其遗嘱转告延安中共中央及将韬奋逝世消息转告重庆救国会和文化界。

在苏北,徐伯昕向党组织提出入党要求,由钱俊瑞介绍,加入中国共产党。党组织指示徐伯昕秘密返沪,以生活书店老板和社会活动家身份,积极开展活动。

十年:总经理总经理总经理

1940年,徐伯昕高票当选生活书店总经理。

8年后,1948年10月26日,"生活·读书·新知三联书店"临时管理委员会在香港成立,同时成立三联书店管理处,徐伯昕被推任总经理。

10年后,1950年11月23日,徐伯昕被任命为新华书店总店

---

① 《忆韬奋》,三联书店2015年版,第343页。

总经理。

胡愈之说:"《生活》周刊改组为生活书店以后,事业虽有发展,规模仍然很小。全体职工不过二十余人,韬奋负责编辑部,其中唯一助理编辑是艾寒松。徐伯昕负责经理部。徐和邹从一九二五年中华职业教育社时候起就是同事,政治上跟韬奋走。徐长于经营管理,生活书店营业所以逐步发展,主要由于读者群众的支持,但和徐伯昕个人的业务才能也有关系。"①

张友渔说:"我和伯昕的交往是很多的,他给我的印象是审慎和勤奋,审慎不只是自身谨慎,在事业的经营中,以很少资金运营着在大后方具有深远影响的文化出版事业,这样的事业在当年既有政治风流的冲击,经济上又容易折本,非审慎从事是难以支撑的。而伯昕的作风恰好在政治上坚定地执行党的决定,经营上关于精打细算,他的审慎正好适应了当时的斗争要求。说他勤奋,是他除全身心投于工作外,别无他顾。他要经营出版和发行的全部业务,最忙碌时全国有几十个分店,向总管理处请求报告的处理都集于他一身。你只要在他的办公室经过,不论是白天或深夜,他都在埋头工作。"②

徐雪寒说:"生活书店的出版发行、经营管理全部业务,都经过伯昕夜以继日,呕心沥血地擘划运筹,他在出版事业方面有突出的才能,生活书店由小到大成为具有全国性影响的爱国出版业的巨子,是和他的贡献分不开的。"③

1982年,徐伯昕在生活书店成立50周年之际说:"韬奋同志将他毕生的心血浇灌在出版事业中,他的贡献不仅是创办了一个

---

① 《胡愈之文集》第6卷,三联书店1996年版,第25页。
② 《回忆徐伯昕》,中国文史出版社2017年11月版,第2页。
③ 《徐雪寒文集》(增订版),三联书店2006年版,第560页。

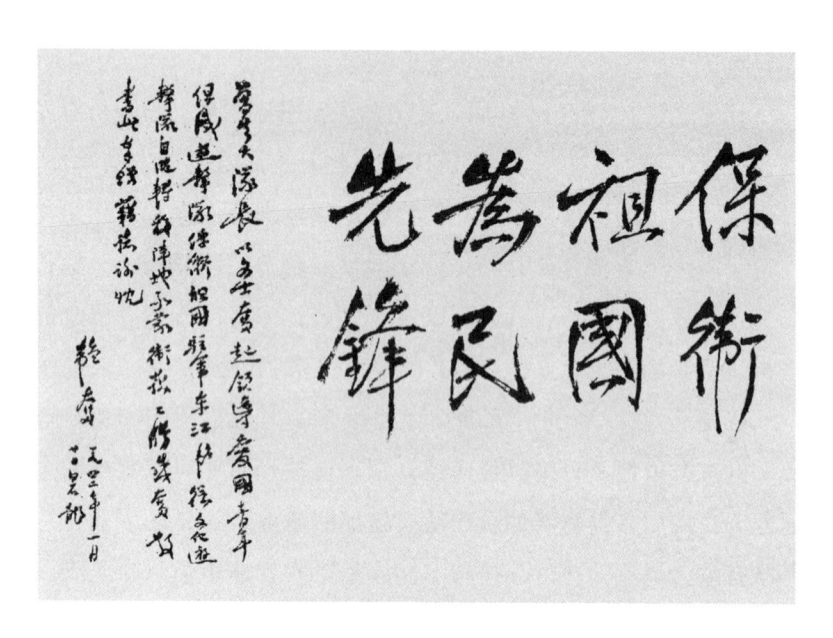

为曾生题词
（1942 年 1 月 20 日）

生活书店，而是对进步的文化出版事业进行了极为重要的探索，为我们留下了珍贵的精神财富。称他是新文化出版事业的开拓者，这并非过誉。"①

---

① 《回忆徐伯昕》，中国文史出版社 2017 年版，第 350 页。

参考文献

陈旭麓：《近代中国社会的新陈代谢》，上海人民出版社 1992 年。
袁伟时：《晚清大变局中的思潮与人物》，海天出版社 1992 年。
曹聚仁：《中国学术思想史随笔》，三联书店出版社 1986 年 6 月。
俞子林：《百年书业》，上海书店出版社 2008 年 5 月。
俞晓群：《前辈：从张元济到陈原》，上海书店出版社 2012 年。
罗智国：《近代中国书业的非凡时代：1905—1937》，黄山书社 2017 年 12 月。
汪耀华：《1843 年开始的上海出版故事》，上海人民出版社 2014 年 6 月。
姚一鸣：《中国旧书局》，金城出版社 2014 年 6 月。
周为筠：《杂志民国：刊物里的时代风云》，金城出版社 2009 年。
冉彬：《上海出版业与三十年代上海文学》，上海文化出版社 2012 年 12 月。
雷群明等：《编辑修养十日谈》，上海科技教育出版社 2002 年。
弗雷德里克·巴比耶：《书籍的历史》，广西师范大学出版社 2005 年 1 月。
托马斯·沃尔：《为赢利而出版》，中国人民大学出版社 2005 年。
霍尔格·贝姆等：《未来的出版社》，商务印书馆 1999 年 10 月。

网络与书编辑部：《书的迷恋》，现代出版社 2006 年 9 月。

约翰·B. 亨奇：《作为武器的图书》，商务印书馆 2015 年 12 月。

绥青：《为书籍的一生》，广西师范大学出版社 2005 年 1 月。

费夫贺、马尔坦：《印刷厂的诞生》，广西师范大学出版社 2006 年。

王一禾：《保持个性与质量》，辽宁教育出版社 2005 年 1 月。

董方奎：《梁启超家族百年纵横》，崇文书局 2012 年 11 月。

沈大德、吴廷嘉：《梁启超评传》，百花洲文艺出版社 1996 年。

张人凤、柳和城：《张元济年谱长编》，上海交通大学出版社 2011 年 1 月。

汪家熔：《张元济》，上海辞书出版社 2012 年 10 月。

邵建：《胡适的前半生》，广西师范大学出版社 2007 年 12 月。

唐德刚等：《我们的朋友胡适之》，岳麓书社 2015 年 6 月。

黄炎培：《八十年来：黄炎培回忆录》，中国文史出版社 2017 年。

谢长法：《教育家黄炎培研究》，山东人民出版社 2016 年 1 月。

邹韬奋：《韬奋全集》，上海人民出版社 1995 年 10 月。

邹嘉骊：《韬奋年谱长编》，上海交通大学出版社 2015 年 10 月。

沈谦芳：《邹韬奋传》，三联书店出版社 2016 年 1 月。

邹嘉骊：《忆韬奋》，三联书店 2015 年 10 月。

邹嘉骊：《韬奋著译系年目录》，学林出版社 1984 年 7 月。

生活书店史稿编辑委员会：《生活书店史稿》，三联书店 2013 年 12 月。

上海韬奋纪念馆：《生活书店会议记录 1933—1937》，中华书局 2018 年 11 月。

北京印刷学院、韬奋纪念馆：《〈店务通讯〉排印本》（上、中、下），学林出版社 2007 年 8 月。

仲江、吉晓蓉：《爱书的前辈们》，三联书店 2015 年 10 月。

吉晓蓉：《书韵流长》，三联书店 2015 年 11 月。

曹鹤龙、李雪映：《三联书店图书总目：1934—1994》，三联书店 1995 年 10 月。

仲秋元：《三联书店文献史料集》（上、下），三联书店 2004 年。

宁成春、汪家明：《三联书店书衣 500 帧》，三联书店 2008 年。

王世襄等：《我与三联：三联书店成立六十周年纪念集（1948—2008）》，三联书店 2008 年 11 月。

韬奋纪念馆：《邹韬奋研究》（第一、二、三辑），学林出版社 2004 年、2005 年、2008 年。

韬奋纪念馆：《邹韬奋研究》（第四、五辑），上海三联书店 2016 年、2017 年。

韬奋纪念馆：《邹韬奋研究》（第六辑），上海锦绣文章出版社 2018 年 12 月。

雷群明、钱小柏：《韬奋与出版》，学林出版社 1983 年 6 月。

刘火雄：《邹韬奋与中国现代出版转型》，南京大学出版社 2018 年。

聂震宁：《韬奋精神六讲》，三联书店 2015 年 11 月。

张文明：《邹韬奋新闻出版实践与思想研究》，社会科学文献出版社 2015 年 7 月。

陈挥：《中国出版家邹韬奋》，人民出版社 2017 年 2 月。

张静庐：《在出版界二十年》，上海书店 1984 年 9 月。

夏衍：《懒寻旧梦录》（增订本），中华书局 2016 年 1 月。

茅盾：《我走过的道路》（上），人民文学出版社 1981 年 10 月。

俞筱尧：《书林随缘录》，中华书局 2002 年 5 月。

胡愈之：《胡愈之文集》，三联书店 1996 年 8 月。

陈原：《书和人和我》，三联书店1994年7月。
陈原：《总编辑断想》，辽宁教育出版社2001年4月。
范用：《爱看书的广告》，三联书店出版社2004年4月。
沈昌文：《最后的晚餐》，上海书店出版社2007年8月。
张仲实：《张仲实文集》，中央编译出版社2016年6月。
陈明远：《文化人的经济生活》，文汇出版社2005年2月。
傅国涌：《追寻失去的传统》，湖南文艺出版社2004年10月。
白槐：《金仲华传》，文汇出版社2013年3月。
孙艳、童翠萍：《书衣翩翩》，三联书店2006年9月。
俞子林：《那时文坛》，上海书店出版社2008年5月。
汪原放：《亚东图书馆与陈独秀》，学林出版社2006年2月。
程庸祺：《亚东图书馆历史追踪》，安徽教育出版社2016年3月。
李公朴研究会：《李公朴文集》（上、下），群言出版社2012年。
方仲伯：《李公朴纪念文集》，云南人民出版社1983年。
徐雪寒：《徐雪寒文集》（增订版），三联书店2006年。
三联书店老同志联谊会：《怀念徐雪寒同志》，三联书店2005年。
江苏省政协文史资料委员会等编：《新文化出版家徐伯昕》，
　　中国文史出版社1994年2月。
张文彦：《中国出版家徐伯昕》，人民出版社2018年3月。

后　记

怕　不　怕

　　读韬奋，读韬奋的《经历》《萍踪寄语》《抗战以来》《患难余生记》，再读《生活史话》《店务通讯》，读懂了韬奋。在很多场景和细节里，读出了韬奋的人生态度：怕，不怕。

　　1921年，27岁的韬奋，行毕业礼的那一天："我很觉得好像是个孤零零的孤儿在怪热闹的环境中，想到平日的苦忙，想到平日的奔波，想到平日筹措学费的艰辛，想到这一天所剩下来的是三四百元的债务和身上穿着的赊账的西装。"穷并不可怕，只要勤奋、努力，照样可以住进万宜坊。

　　1937年，43岁的韬奋，这天的下午："很静寂地坐在看守所的餐室里一个方桌的一旁。在这方桌的右边坐着章先生，对面坐着沙先生，都在和我一样地拿着笔很快地写着，左边坐着王先生，很静默地看着他的书。"坐牢并不可怕，只要抗战救国，有立场有主张，照样可以著书立说。

　　1944年，50岁的韬奋，女儿记录的清晨时分："父亲已经说不出话，病室里除了妈妈低低的哭泣外，寂静无声……父亲瘦如枯柴的躯体躺在床上，神智还很清楚，胸脯却急促地上下起伏。妈妈给了父亲一支笔和一本练习本，父亲用仅有的微力，颤抖地写出了三个不成形的字：不要怕！"死并不可怕，只要有信仰，有思想，生命可以是永久的。

出版家的本色是战士，"不怕"就是一种人生态度："我要掮着这枝秃笔，挥洒我的热血，倾献我的精诚，追随为民族解放和大众自由而冲锋陷阵的战士们，'冒着敌人的炮火前进'！"

穷不可怕，坐牢不可怕，病不可怕，死不可怕，韬奋有什么怕的呢？

1935年，41岁的韬奋，五六月间在美国旅行到芝加哥时："突然在芝加哥最著名的《论坛报》上看到长电，详载'《新生》事件'的发生及杜先生含冤入狱的情形，初则为这惊愕，继则为之神伤，珠泪夺眶而出。"他怕的是失去志同道合的战友。

1938年，44岁的韬奋，在武汉的一天，韬奋将亲笔写的入党申请书交给钱俊瑞，要求他转交给中共中央代表团。首席代表王明看了申请书后说，党认为，韬奋在党外对革命更有帮助，最好去加入国民党，那么对革命就更有作用了。当钱俊瑞把王明的决定告诉韬奋时，他勃然而起地说："我活着不能入党，死后也要入党；但要我去加入国民党，这是万万办不到的。"他怕的是党组织不接受他。

1939年，45岁的韬奋，满怀深情地写了《给严长衍同事的一封信》："书店能有今日之规模，兄尽力实多，而书店未能厚报于兄，乃弟等所深感愧悚者也。但以能共患难如兄者，必能深予谅解，继续共同努力于文化事业。"他怕的是共同打拼多年的老同事不辞而别。

1941年，47岁的韬奋，夜访沈钧儒。沈钧儒回忆说："那是一个最不祥的夜晚，忽然见你匆匆推门进屋，形色像有点仓皇，手里拿着几份电报，眼眶里含着带怒的泪，告诉我昆明、成都、桂林、曲江、贵阳五处分店先后都被当地政府无理由的封禁。你说'这是什么景象！一点不要理由，就是这样干完了我的书店！'"他怕的是书被禁、店被封、人被捕。

1942年，48岁的韬奋，准备从香港转移到广东。那时，韬奋的子女都还年少，经不起艰苦的长途跋涉，于是决定韬奋先行，妻子沈粹缜和孩子们暂留香港。1月9日下午，临行前，韬奋长跪在沈粹缜面前，心如刀绞，长长的叮嘱。他怕的是骨肉分离、妻离子散。

回望韬奋的怕与不怕，心中满是感动和感悟，常常默念他的话："我们如朝着光明的方向前进，心目中无时没有所欲达到的目标，用坚毅的意志，百折不回的精神，活泼快活的心境，无时无地不向着这个光明的方向前进，决不念念与此相反的黑暗方面，我们的一生，便可有惊异的进步。"

作为出版家的韬奋以笔为剑、以笔为枪。在烽火连天的时代，有人怕了，更多人不怕了。韬奋以信仰、情怀、思想和精神划过黑暗，照亮了觉醒了的人们的心田，也照亮了今天的我的内心。

感谢韬奋先生！

感谢那些给我鼓励、力量、支撑的友人、恩人和亲人们，让我写成了这本书，让我继续向着光明处行进。

黄　勇

2019年4月

图书在版编目（CIP）数据

韬奋出版思想研究／黄勇著．—上海：文汇出版社，2019.5
ISBN 978－7－5496－2902－2

Ⅰ.①韬… Ⅱ.①黄… Ⅲ.①邹韬奋(1895－1944)－出版工作－思想评论 Ⅳ.①G239.2

中国版本图书馆 CIP 数据核字（2019）第 108963 号

韬奋出版思想研究

著　　者／黄　勇

责任编辑／陈润华
封面装帧／周夏萍

出版发行／文汇出版社
　　　　　上海市威海路 755 号
　　　　　（邮政编码 200041）
经　　销／全国新华书店
排　　版／南京展望文化发展有限公司
印刷装订／启东市人民印刷有限公司
版　　次／2019 年 5 月第 1 版
印　　次／2019 年 5 月第 1 次印刷
开　　本／710×1 000　1/16
字　　数／260 千字
印　　张／19.75

ISBN 978－7－5496－2902－2
定　　价／58.00 元